SARL GIBERT
3, Place des Martyrs de la Résistance
BP 2015
34024 MONTPELLIER Cedex 1
Tél. 04.67.66.27.20 - Fax 04.67.66.21.05
RCS 324 309 559

Charles Baudelaire

CRITIQUE DE LA POLITIQUE
Collection dirigée par Miguel Abensour

Petite Bibliothèque Payot/39

Walter Benjamin
Charles Baudelaire

Un poète lyrique à
l'apogée du capitalisme

Traduit de l'allemand et
préfacé par Jean Lacoste
d'après l'édition originale
établie par Rolf Tiedemann

« Sur quelques thèmes baudelairiens »
a été précédemment publié, dans une traduction
de Maurice de Gandillac, dans le volume *Poésie et révolution*
publié aux Éditions Lettres Nouvelles/Maurice Nadeau

Cet ouvrage (*Charles Baudelaire. Ein lyriker im Zeitalter des Hochkapitalismus*, Suhrkamp Verlag, Francfort) est paru en première édition française dans la Petite Bibliothèque Payot, collection « Critique de la politique » dirigée par Miguel Abensour, en 1979. La présente édition en reprend le texte intégral.

© 1955, 1969, 1974, Suhrkamp Verlag.
© 1979, Éditions Payot
pour la traduction en langue française.

PRÉFACE

> « Quant à moi qui sens quelquefois en moi le ridicule d'un prophète, je sais que je n'y trouverai jamais la charité d'un médecin. Perdu dans ce vilain monde, coudoyé par les foules, je suis comme un homme lassé dont l'œil ne voit en arrière, dans les années profondes, que désabusement et amertume, et devant lui qu'un orage où rien de neuf n'est contenu, ni enseignement, ni douleur. »
>
> Charles Baudelaire, *Fusées XV*.

Les trois textes de Walter Benjamin que nous présentons au lecteur français : *Le Paris du second Empire chez Baudelaire, Sur quelques thèmes baudelairiens* et *Fragments sur Baudelaire (Zentralpark),* sont les documents d'une rencontre tout à fait exceptionnelle et, en un sens, tragique, entre le penseur allemand et le poète français. *Charles Baudelaire, un poète lyrique à l'apogée du capitalisme* n'est en effet que le titre du livre que Walter Benjamin avait projeté de consacrer à Baudelaire. Nous n'avons, de ce livre, à peu de choses près, que les fragments qui suivent, et qui furent publiés en allemand pour la première fois par Rolf Tiedemann en 1969[1]. Quand tant de livres paraissent, qui n'ont pas de nécessité visible, il nous a paru utile de raconter brièvement l'histoire de ces textes, qu'on nous pardonnera de trouver poignante.

Deux de ces trois textes, l'étude plutôt sociologique sur *Le Paris du second Empire chez Baudelaire* et les fascinants fragments de *Zentralpark,* sont inédits en français[2]. Le long article philosophique *Sur quelques thèmes baudelairiens* a déjà paru en français dans le tome II des *Œuvres* de Walter Benjamin publié en 1971 par les Lettres Nouvelles, tome intitulé *Poésie et Révolution.* Le traducteur tient à remercier très vivement M. Maurice de Gandillac qui, par sa traduction, contribua considérablement à la connaissance de W. Benjamin en France, et les Lettres Nouvelles/ Maurice Nadeau qui nous ont permis de reprendre cette traduction, de l'harmoniser avec la nôtre et d'y adjoindre aussi quelques notes.

Il faut faire remonter au moins aux années 1914-1915 l'intérêt de Walter Benjamin pour Baudelaire. En réaction contre l'interprétation du poète français proposée par Stefan George et son école, W. Benjamin traduit les *Tableaux parisiens* (octobre 1923) et rédige à cette occasion l'important essai sur « La tâche du traducteur » (*M.V.,* p. 261). Mais cette approche n'est pas couronnée de succès. Dès janvier 1924, dans des lettres à Florens Christian Rang et à Hofmannsthal, Benjamin, qui a déjà perçu le caractère paradoxal du « style » de Baudelaire et de la métrique des *Fleurs du Mal,* critique sa traduction et d'emblée indique ce qui sera le germe des développements futurs : il évoque le « baroque de la banalité » chez Baudelaire. Un pont est ainsi jeté, audacieusement, entre Baudelaire et l'analyse de l'allégorie dans le livre que Benjamin prépare alors sur l'origine du drame (*Trauerspiel*) allemand (publié en 1928).

Mais il faut attendre 1935 pour voir Baudelaire revenir au centre des préoccupations de W. Benjamin. Deuis 1927 probablement, Benjamin médite un grand travail sur le XIXe siècle, une construction du XIXe siècle dans la perspective d'une philosophie de l'histoire qui trouvera seulement en 1940 sa formulation explicite (*P.R.*, p. 277). L'œuvre, inachevée, devait s'appeler *Les Passages*. Or, en 1935 l'*Institut für Sozialforschung,* exilé à Genève, demande à Benjamin un premier exposé des Passages. Il faut dire que W. Benjamin, lui-même en exil depuis 1934, n'avait guère d'autres ressources que l'allocation qu'il recevait de l'Institut. Il avait déjà publié dans la revue de l'Institut, la fameuse *Zeitschrift für Sozialforschung,* un premier essai sur la situation sociale des écrivains français (*G.S.* II 2, p. 776) et une étude sur les problèmes de la sociologie du langage (*G.S.* III, p. 452; *P.R.* p. 91). Benjamin rédige donc une présentation des Passages : c'est le texte, fort dense, intitulé *Paris, capitale du XIXe siècle,* qu'on peut lire en français dans *Poésie et révolution.* Il s'agit d'une sorte de catalogue des fantasmagories du XIXe siècle : Fourier et les passages, Daguerre ou les panoramas, Grandville ou les Expositions universelles, Louis-Philippe ou l'intérieur, Baudelaire ou les rues de Paris, Haussmann ou les barricades. Dans cette première étude, Baudelaire est encore assimilé au flâneur, à la bohème et à la séduction wagnérienne. On peut dire que Benjamin n'a pas encore opéré cette identification entre lui et Baudelaire, si frappante dans certains des textes qui vont suivre.

Malgré l'intérêt que Horkheimer et Pollock — les directeurs de l'Institut — portent au projet, Benjamin doit se tourner vers d'autres travaux; il rédige en particulier à cette époque l'étude capitale sur *L'Œuvre d'art à l'ère de sa reproductibilité technique* (*G.S.* I2, p. 431; *P.R.,* p. 171) et l'essai sur Fuchs, collectionneur et historien (*G.S.* II 2, p. 465) ; « un pensum » qui contient « bon nombre de réflexions importantes sur le matérialisme historique » (lettre à G. Scholem du 4 avril 1937). Au printemps 1937, W. Benjamin hésite donc encore ; il est également tenté, en particulier, par « une critique de la psychologie jungienne » dont il veut montrer l'« ossature fasciste » (lettre du 9 juillet 1937 à F. Lieb). A ses yeux, la confrontation entre l'image dialectique, le contenu révolutionnaire utopique, et l'image archaïque au sens de Jung et Klages, est une des tâches essentielles du livre sur les Passages. Il ne fait pas de doute que cette question resurgira d'ailleurs au centre des études sur Baudelaire.

Benjamin travaille à Paris dans des conditions fort difficiles (lettre à Horkheimer du 3.8.1938). La misère matérielle et morale du penseur allemand en exil trouve une sorte d'image fraternelle dans la gêne du poète poursuivi par les créanciers. Et le 6 janvier 1938, W. Benjamin fait part à Horkheimer d'une « trouvaille rare » dont l'influence sur le *Baudelaire* sera « déterminante ». « Je suis tombé », écrit-il, « sur le texte écrit en dernier par Blanqui dans son ultime prison, le Fort du Taureau. C'est une spéculation cosmologique. Il s'appelle *L'Eternité par les astres.* » Ce livre, où Benjamin retrouve un élément essentiel de sa vision de l'histoire, l'histoire comme un enfer toujours renouvelé, l'éternel retour du même, c'est-à-dire des vainqueurs, « représente un asservissement sans réserve, mais en même temps la plus terrible des accusations portées contre une société qui jette au ciel comme une projection d'elle-même cette image du cosmos » (*Corr.* II, p. 231 sq.). Le livre sur Baudelaire prend dès lors, en cette année 1938, une forme plus précise. L'image de Baudelaire se mêle à celle de Blanqui, l'« insurgé » selon le titre de la biographie « exemplaire » de Geffroy. Leur révolte, pleine de « rogne », se détache sur un arrière-plan sombre : l'échec, l'éternel retour. La tâche se précise alors : opposer ces insurgés à Victor Hugo, l'ancêtre de ces sociaux-démocrates humanistes que la confiance dans le progrès continu et les Lumières ne peuvent qu'aveugler sur l'allure véritable de l'histoire.

Une longue lettre à Horkheimer du 16 avril 1938 présente le livre sur Baudelaire comme un « modèle-miniature » du livre sur les Passages. Elle indique un plan en trois parties (Idée et Image ; Antiquité et Modernité ; Le Nouveau et le retour du Même) et donne une clé : « La signification tout à fait exceptionnelle de Baudelaire tient en ceci que, le premier (...), il a appréhendé (...) la force productive de l'homme aliéné : il l'a reconnue et, par la réification, lui a donné plus de force » (*Corr.* II, p. 241). Les choses vont alors plus vite. Horkheimer et Adorno demandent l'article sur Baudelaire pour le cahier de l'automne 1938 (où doivent paraître un article de Grossmann sur Marx et un d'Adorno sur Husserl). C'est au Danemark, chez Brecht à Svendborg (lettre à Scholem du 8 juillet 1938 et à K. Marx-Steinschneider du 20 juillet 1938), que Benjamin rédige le texte dont nous publions ici la première traduction en français : *Le Paris du second Empire chez Baudelaire*. Benjamin écrit à cette époque d'intense travail : « Si grande que soit mon amitié pour Brecht, je dois veiller à poursuivre mon travail dans un isolement rigoureux. Ce travail comporte des aspects tout à fait déterminés qu'il ne peut assimiler » (*Corr.* II, p. 255). « Quelques-unes des catégories fondamentales des Passages sont ici développées pour la première fois » (*Corr.* II, p. 256) : le nouveau, le retour du même, l'allégorie, le modern style, l'aura, le fétichisme. « Je puis dire qu'en cas de réussite un modèle très précis des Passages sera construit » (*Corr.* II, p. 253). Brecht, dans son *journal de travail* (le 25.7.1938), résume en ces termes le travail de Benjamin : « il démontre comment la croyance en l'imminence d'une époque sans histoire après 1848 a faussé la littérature. on escomptait d'avance la victoire de la bourgeoisie versaillaise sur la commune. on s'arrangea avec le mal. il prit forme de fleur. (...) il part de qq. chose qu'il appelle aura (...) celle-ci tendrait à dépérir depuis peu, conjointement avec le cultuel. (...) pure mystique (...) c'est donc ainsi qu'on adapte la conception matérialiste de l'histoire ! il y a plutôt de quoi s'effrayer. »

En septembre 1938, Benjamin envoie à ses amis de l'Institut le *Paris du second Empire chez Baudelaire,* la deuxième partie du livre sur Baudelaire que Benjamin projette d'écrire (et qu'il n'a pas achevé). Cette deuxième partie comporte trois essais distincts (« La Bohème », « Le Flâneur » et « La Modernité ») et s'insère elle-même dans une construction très méditée. Le livre sur Baudelaire devait en effet (*Corr.* II, p. 260 sq.) comporter trois parties. La première — Baudelaire comme poète allégorique, comme « allégoricien » — devait poser le problème. La troisième partie — la marchandise comme objet poétique — devait livrer la solution. La deuxième partie, la seule entièrement rédigée, rassemble les données nécessaires à la solution. « La fonction de cette seconde partie », écrit W. Benjamin, « est, généralement parlant, celle de l'antithèse. Elle tourne résolument le dos à la problématique posée dans la première partie en termes de théorie esthétique et entreprend l'interprétation du poète du point de vue de la critique sociale. Celle-ci est une présupposition (*Voraussetzung*) de l'interprétation marxiste, mais n'en accomplit pas à elle seule le concept. C'est là la tâche de la troisième partie où la forme doit affirmer ses droits » (*Corr.* II, p. 260). « Il est impossible, ajoute-t-il, de saisir, à partir de cette deuxième partie, les bases philosophiques du livre dans sa totalité » (*Corr.* II, p. 260).

Ces réserves de Benjamin permettent de comprendre la place très importante qu'il faut réserver aux fragments sur Baudelaire rassemblés sous le titre énigmatique de *Zentralpark*. Nous n'avons pas la première et la troisième partie du livre sur Baudelaire. Nous n'avons ni le « problème » ni la « solution ». Seuls ces fragments (qui datent probablement de la période qui va de juillet 1938 à février 1939) nous donnent la possibilité de rattacher *Le Paris du second Empire chez Baudelaire* au vrai Benjamin, au Benjamin des *Thèses sur la philosophie de l'histoire* de 1940. On peut dire, sans exagération, qu'eux seuls peuvent nous donner un aperçu du livre sur les Passages (en attendant la publication toujours retardée du tome V des *Gesammelte Schriften*, dont il est permis de beaucoup espérer). Il est probable, en particulier, que ces fragments donnent une meilleure idée de ce que doivent être les Passages que le texte de 1935.

Il ne faut pas oublier les circonstances historiques de ce grand travail de rédaction de l'été 1938 : les menaces de guerre, avec toutes les conséquences qu'un pareil événement pouvait avoir sur la vie précaire d'un émigré allemand, Munich enfin, en septembre. Le 4 octobre 1938, Benjamin écrit à Adorno : « Ce fut une course contre la guerre ; et malgré toute la peur qui me serrait la gorge, j'éprouvai un sentiment de triomphe le jour où j'eus mis à l'abri (celui, fragile, d'un manuscrit !) du déclin du monde le chapitre « Le Flâneur » projeté depuis près de 15 ans » (*Corr.* II, p. 264).

Ce geste, typique de Benjamin, qui fait briller une lueur d'« espérance » (lettre du 1er novembre) en sauvant du « déclin » un manuscrit, rencontra un destin tout aussi typique. Le 10 novembre 1938, Adorno envoie, au nom de l'Institut, une longue lettre à Benjamin qui expose des critiques et exprime une déception. Adorno comprend fort bien que l'absence d'interprétation théorique des différentes catégories empruntées aux Passages (le nouveau, le modern style, etc.) est chez Benjamin une forme d'ascétisme, une sorte de ruse et de diplomatie. Mais le texte, tel qu'il est, s'il était publié, serait perçu comme une présentation « innocente » des données, dans l'esprit de la sociologie empiriste et positiviste. Or l'Institut cherche à défendre et définir son originalité dans le milieu culturel et universitaire américain, précisément en luttant contre ce positivisme « magique » et l' « exposition étonnée de la facticité ». Loin d'être une critique des fantasmagories, des illusions objectives du XIXe, le travail de Benjamin court le risque de devenir lui-même une fantasmagorie. Sans doute Marx occupe-t-il une place importante et les interprétations « matérialistes » ne manquent pas : tel poème de Baudelaire sur le « Vin des chiffonniers » est mis en rapport avec l'impôt sur le vin et le « vin des barrières ». Mais c'est précisément ce « matérialisme immédiat (...) anthropologique » des rapports entre la base et la superstructure qu'Adorno, qui semble craindre l'influence de Brecht sur Benjamin, refuse. Adorno reproche donc à Benjamin de donner des gages à la fois au positivisme sociologique et au marxisme orthodoxe en se soumettant, par une sorte de « censure préventive », à ce qu'il croit être le marxisme de l'Institut.

Benjamin peut bien se défendre (dans sa lettre du 9 décembre 1938) en faisant l'éloge de la philologie, cette inspection minutieuse du texte dans son détail, qui transforme le document en « monade » et le rapproche de « notre propre expérience historique ». Il peut bien montrer comment la philologie est une critique de la « rigidité mythique » dans laquelle est d'abord pris le texte, et comment elle dégage, et délivre de son habillage « chtonien » (chez Hugo), la notion, l'expérience baudelairienne de la masse. Le coup est tout de même cruel. Benjamin écrit à G. Scholem le 4 février 1939 : « L'isolement dans lequel je vis et surtout travaille, crée une dépendance anormale vis-à-vis de l'accueil que rencontre ce que je fais. » Il est rare que le destin d'un manuscrit envoyé à une revue soit presque une question de vie et de mort. On peut dire, en respectant cette réserve, cette pudeur qui caractérisent les textes intimes et les lettres de Benjamin, que ce fut le cas à ce moment de la vie de l'auteur d'*Enfance berlinoise.*

Un dialogue s'instaure malgré tout entre Adorno et Benjamin, par des lettres très précises (1.2.39 ; *G.S.* I3, p. 1107 ; réponse de W.B. 23.2.1939), surtout consacrées à l'essai central sur « Le Flâneur », et dont nous avons tiré souvent profit dans les notes. Benjamin hésite à entreprendre une refonte de cet essai. Peu à peu le thème du flâneur va se transformer. Benjamin va devoir exposer à un niveau théorique supérieur ce qui restait trop implicite dans *Le Paris du second Empire.* A un âge où domine la morale bourgeoise du travail, comment analyser l'oisiveté du flâneur ? La flânerie n'est-elle pas une fantasmagorie, une illusion objective, une ivresse produite par le marché des marchandises ? En mai 1939, les Décades de Pontigny, sous la direction de Paul Desjardin, offrent à Benjamin l'occasion de faire une conférence dont on a conservé le texte : *Notes sur les Tableaux parisiens de Baudelaire (G.S.* I2, p. 740-748). Cette conférence nous donne une première image de ce qui deviendra *Sur quelques thèmes baudelairiens.* Le 26 juin 1939, Benjamin écrit à Gretel Adorno, la femme de T. W. Adorno : « Dans sa nouvelle version, le chapitre sur le Flâneur (...) tentera d'intégrer (...) des thèmes capitaux du travail sur la « Reproduction » et du Narrateur. Dans aucun de mes travaux précédents, je n'ai eu cette certitude de la position du point de fuite vers où convergent (depuis toujours, me semble-t-il) mes réflexions dans leur totalité « (...) ». Les *Thèmes baudelairiens* ne sont donc, si l'on veut bien, que la refonte élargie du deuxième chapitre, ou essai (« Le Flâneur »), de la deuxième partie du livre sur Baudelaire ! En août 1939, Benjamin écrit en effet, en envoyant à New York le texte des *Thèmes baudelairiens* : « Les thèmes des passages, du noctambulisme, du feuilleton comme aussi l'introduction théorique de la notion de fantasmagorie sont réservés au premier chapitre de la seconde partie. La trace, le type, l'intropathie avec l'âme de la marchandise sont destinés au troisième chapitre. Le chapitre intermédiaire actuellement existant de la seconde partie ne fixera définitivement la figure du Flâneur qu'avec le premier et le troisième chapitre » (*Corr.* II, p. 303 sq.).

Mais, comme toujours chez Benjamin, et comme il l'a montré en particulier avec les livres, les jouets, les timbres et les minuscules événements de son *Enfance berlinoise,* le détail est toujours révélateur, le petit est une monade où se reflètent les grands événements et les perspectives les plus générales, avec une profondeur nouvelle. Les *Thèmes baudelairiens,* qui sont enfin publiés dans le cahier double de 1939 de la *Zeitschrift für Sozialforschung,* ne sont pas une œuvre aussi modeste que l'indique le titre. Des liens très étroits l'unissent aux *Thèses sur la philosophie de l'histoire* (lettre à Horkheimer du 22.2.1940), et l'intuition centrale de Benjamin dans tous ses travaux sur Baudelaire peut y être aperçue. La conférence de Pontigny, écrite en français, nous fournit à cet égard, par son commentaire d'une « fusée » baudelairienne (« Le monde va finir... »), la meilleure des conclusions : « Nous ne sommes déjà pas si mal placés pour convenir de la justesse de ces phrases. Il y a bien des chances qu'elles gagneront en sinistre. Peut-être la condition de la clairvoyance dont elles font preuve était-elle beaucoup moins un don quelconque d'observation que l'irrémédiable détresse du solitaire au sein des foules. Est-il trop audacieux de prétendre que ce sont ces mêmes foules qui, de nos jours, sont pétries par les mains des dictateurs ? Quant à la faculté d'entrevoir dans ces foules asservies des noyaux de résistance — noyaux que formèrent les masses révolutionnaires de quarante-huit et les communards —, elle n'était pas dévolue à Baudelaire. Le désespoir fut la rançon de cette sensibilité qui, la première abordant la grande ville, la première en fut saisie d'un frisson que nous, en face de menaces multiples, par trop précises, ne savons même plus sentir. »

Jean LACOSTE.

NOTES DE LA PRÉFACE

1. Le chapitre central du *Paris du second Empire* (« Le Flâneur ») a été publié une première fois par R. Tiedemann dans *Neue Rundschau* (78ᵉ année, 1967, p. 549-574). Puis le 3ᵉ chapitre (« La Modernité ») a paru en 1968 dans *Das Argument* (N° 46, 10ᵉ année, p. 44-73), également grâce aux soins de R. Tiedemann. Le texte intégral (donc avec « La Bohème ») ne fut connu qu'en 1969.

Le manuscrit original de ce texte est perdu. Le texte publié a été établi à partir d'une dactylographie corrigée par Benjamin. Mais il existe une version manuscrite plus ancienne qui se trouve à Potsdam, en D.D.R., avec le double de certaines lettres. Un article important de Rosemarie Heise dans la revue *alternative* (n° 56/57, 1967, p. 186-194) (*Der Benjamin - Nachlass in Potsdam*) se fondait sur ces archives pour critiquer l'édition de la correspondance par Th. W. Adorno et

G. Scholem (*Briefe,* Francfort, 1966) et, d'une manière générale, pour accuser Horkheimer et surtout Th. W. Adorno d'avoir essayé de refouler ce qu'il y avait de plus marxiste chez Benjamin, en particulier en opposant au Benjamin marxiste des essais sur Brecht, de la conférence sur l'auteur comme producteur et de l'article sur l'œuvre d'art à l'ère de sa reproductibilité technique, l'image d'un Benjamin surréaliste et surtout messianique. L'accusation était d'autant plus grave qu'elle pouvait invoquer l'indiscutable dépendance, morale et financière, de Benjamin vis-à-vis de l'Institut. On pouvait, à la limite, voir dans les efforts de G. Scholem et Th.W. Adorno après la guerre pour faire connaître Benjamin (avec la publication en 1955 des *Schriften*) une ultime manipulation posthume.

La polémique entre la revue *alternative* et les « gens de Francfort » fut fort vive. R. Tiedemann répond par un article dans *Das Argument* (1968), et *alternative* réplique (n° 59/60, 1968). En 1971, Rosemarie Heise a publié la version de Potsdam (Deutsche Akademie der Künste, Berlin-Weimar, 1971).

Cette querelle, dont on trouvera un résumé mesuré et fort juste dans un article de Pierre Missac (« Du nouveau sur Walter Benjamin ? » *Critique,* 1969, n° 267/268, p. 681-696), doit nous laisser froids. Il paraît vain de nier la dépendance de Walter Benjamin et, en un certain sens, le caractère tragique des interventions de l'Institut. Préoccupés par leur propre situation d'intellectuels exilés, Horkheimer et Adorno n'ont peut-être pas tout à fait senti la détresse de Benjamin et n'ont peut-être pas mesuré à quel point Benjamin se sentait obligé, par son projet sur les Passages, de rester en France. Mais il faut aussi remettre cette dépendance et, d'une certaine manière, cette tendance à l'échec, à l'œuvre inachevée et « ruinée », dans le contexte des orientations fondamentales de l'existence même de Benjamin. Sa vie tout entière est, à cet égard, sous le signe de Saturne et de la mélancolie. Benjamin a lui-même donné sa forme parfaite à cette tonalité « existentielle » à la fin d'*Enfance berlinoise* (« Le Petit Bossu »). Si, par conséquent, l'auteur d'*Enfance berlinoise* a souffert d'être couché dans le lit de Procuste de la sociologie francfortoise, faut-il le statufier en héros marxiste, en martyr du *plumpes Denken* brechtien ? Politiquement, Benjamin semble avoir adopté une attitude parfaitement « nihiliste ». Le matérialisme historique des *Thèses sur la philosophie de l'histoire* de 1940, où nous serions tenté de voir le « vrai » Benjamin et la clé de toute l'œuvre, n'a pas grand-chose à voir avec ce qui circule largement sous ce nom. Si l'on pose même que le marxisme se définit d'abord par une certaine confiance dans le progrès en général, et le progrès technique, les « forces productives », en particulier, on peut dire que Benjamin refuse radicalement le marxisme.

Mais il ne faut pas nier le plaisir que Benjamin semble prendre à manier « massivement » les catégories marxistes et ce dès *Sens unique* (1928). Le « marxisme » de Benjamin (si manifeste dans le texte de 1938 refusé par Adorno, plus délicat) entre en fait dans une stratégie dont la clé est à la fois théologique et existentielle. L'intuition centrale de Benjamin, si l'on peut avoir la témérité de la formuler, semble résider dans cette conviction que l'espérance ne peut venir qu'à celui qui a perdu tout espoir, comme l'étoile filante dans les *Affinités électives* de Goethe. Il faut donc, dans une lucidité impitoyable, se dépouiller de tout ce qui a pu faire croire au bonheur, (l'aura), pour pouvoir espérer un jour le recouvrer. D'où la *stratégie ascétique* de Benjamin, ce pari sur la « pauvreté » ; il choisit toujours la modernité : le surréalisme et son montage, Brecht et la *Verfremdung,* le marxisme et sa brutale réduction de la superstructure, Baudelaire et la poésie de la réification. Benjamin opposera ainsi la lucidité de Baudelaire aux fantasmagories du flâneur et de Hugo, parce qu'il sait que c'est dans cette poésie de la marchandise et de l'homme réifié qu'il y a une petite chance de voir briller l'auréole perdue. Adorno a donc sans doute tort de s'offusquer de la brutalité « massive » du marxisme de Benjamin dans le *Paris* de 1938. C'est cette brutalité provocatrice, source de « chocs », que recherche Benjamin. Mais il a raison de dire à Benjamin qu'il n'y dévoile pas assez sa pensée de derrière la tête et que sa stratégie, sa vision théologique du XIXe siècle, y est trop implicite. Benjamin a peut-être voulu faire une politesse aux universitaires marxistes de l'Institut. Il est caractéristique de Benjamin que cette politesse, dans la détresse la plus extrême, soit aussi au service d'une stratégie bien plus secrète et intime.

2. Rolf Tiedemann a publié par la suite dans les notes du tome I des *Gesammelte Schriften* (1974 ; *G.S.* I 3, p. 1135) tous les fragments qui se rapportent à Baudelaire. Ces textes, très redondants, mais dont nous avons essayé de tirer profit dans les notes de la présente édition, sont les suivants :

a) Des annotations aux poèmes de Baudelaire dans l'édition de la Pléiade de 1931 (un volume d'œuvres poétiques présenté par Yves-Gérard Le Dantec). Ces annotations, point de départ naturel du livre sur Baudelaire, dateraient de 1937, début 1938 (*G.S.* I 3, p. 1135 sq.).

b) Un résumé du livre sur Baudelaire (*G.S.* I3, p. 1150-1152) très semblable à ce qu'écrit Benjamin dans une lettre à Horkheimer d'avril 1938 (cf. *Corr.* II, p. 239).

c) Des textes sur Blanqui et *L'Eternité par les astres,* donc de janvier 1938 très probablement (cf. lettre du 6 janvier 1938 à Horkheimer, *Corr.* II, p. 231) (*G.S.* I 3, p. 1152-1154).

d) Des fragments et des rédactions antérieures au texte définitif (*G.S.* I 3, p. 1154-1159 et *G.S.* I 3, p. 1169-1173).

e) Deux textes intéressants dont les manuscrits se trouvent à Potsdam : des réflexions méthodologiques (*G.S.* I 3, p. 1160-1167) et un fragment sur le goût (*G.S.* I 3, p. 1167).

f) D'assez nombreux fragments correspondant au travail de refonte du « Flâneur » et donc à la préparation de l'article *Sur quelques thèmes baudelairiens* (*G.S.* I 3, p. 1173-1185).

g) Un résumé en allemand et un résumé en français (par Benjamin lui-même) de l'article publié en 1939 dans la *Zeitschrift für Sozialforschung* (*G.S.* I 3, p. 1186-1188).

La traduction de tous ces fragments, souvent peu rédigés, aurait considérablement alourdi le présent volume, sans contribuer essentiellement à la compréhension du *Baudelaire*.

SOMMAIRE

PRÉFACE	5
LE PARIS DU SECOND EMPIRE CHEZ BAUDELAIRE	21
La Bohème	23
Le Flâneur	55
La Modernité	99
SUR QUELQUES THÈMES BAUDELAIRIENS	147
ZENTRALPARK	209
NOTES DU TRADUCTEUR	253
INDEX	282

AVERTISSEMENT

Les notes introduites par : (1), (2), etc., et par un astérisque *, sont de W. Benjamin.

Les notes introduites par un chiffre supérieur : [1] sont du traducteur.

સ*LE PARIS DU SECOND EMPIRE CHEZ BAUDELAIRE*
(1938)

I

LA BOHÈME

La bohème[1], chez Marx[2], apparaît dans un contexte révélateur. Les conspirateurs de profession dont il parle dans le compte rendu détaillé des Mémoires de l'agent de police de la Hodde qu'il publie en 1850 dans la *Nouvelle Gazette Rhénane,* en font, à ses yeux, partie. Si l'on veut évoquer la physionomie de Baudelaire, l'on doit mentionner la ressemblance qu'il présente avec ce type d'homme politique. Marx décrit celui-ci en ces termes : « Le développement des conspirations prolétariennes fit naître le besoin d'une division du travail. Les membres étaient partagés en *conspirateurs d'occasion,* c'est-à-dire en travailleurs qui ne participaient à la conspiration qu'à côté de leur occupation ordinaire, qui se contentaient de venir aux réunions et qui se tenaient prêts à se rendre au rassemblement sur l'ordre du chef, et en *conspirateurs de profession* qui consacraient toute leur activité à la conspiration et vivaient d'elle. (...) Les conditions d'existence de cette classe définissent d'emblée son caractère. (...) Leur existence incertaine, plus dépendante dans certains cas du hasard que de leur activité propre, leur vie déréglée dont les seuls points fixes sont les cabarets des marchands de vin — les maisons de rendez-vous des conjurés — les relations qu'ils entretiennent inévitablement avec toutes sortes de gens douteux font qu'ils appartiennent à ce milieu qu'à Paris on appelle *la bohème* » (1)*.

Il faut noter en passant que Napoléon III lui-même a commencé son ascension dans un milieu qui est en relation avec celui qui vient d'être décrit. Il est de notoriété publique qu'un des instruments de sa présidence a été la société du 10 Décembre, dont les cadres, selon Marx, étaient issus de « toute cette masse confuse, décomposée, flottante, que les Français appellent la " bohème " » (2). Pendant l'Empire, Napoléon III a gardé, en les développant, ses habitudes de conspirateur. Les proclamations surprenantes et les petites machinations de trois sous, les attaques soudaines et l'ironie impénétrable font partie de la raison d'Etat du second Empire [4]. On retrouve ces traits dans les écrits théoriques de Baudelaire. Il avance ses opinions, la plupart du temps, sous une forme apodictique. La discussion n'est pas son affaire. Il l'évite même lorsque les contradictions brutales entre les thèses qu'il fait siennes les unes après les autres exigeraient un débat. Il a dédié le *Salon de 1846* « aux bourgeois » ; il se présente comme leur porte-parole et son attitude

---

* Proudhon, qui veut prendre ses distances d'avec les conspirateurs de profession, se désigne à l'occasion comme « un homme nouveau — un homme dont l'affaire n'est pas la barricade, mais la discussion, un homme qui pourrait s'asseoir chaque soir à la même table que le préfet de police et mettre dans ses confidences tous les de la Hodde du monde » (cit. Gustave Geffroy [3], *L'Enfermé,* Paris, 1897, p. 180-181).

(1) Karl Marx et Friedrich Engels, compte rendu des *Conspirateurs* d'Adolphe Chenu, Paris, 1850, et de *La naissance de la République en février 1848* de Lucien de la Hodde, Paris, 1850 ; cit. dans *Die Neue Zeit* 4 (1886), p. 555.

(2) Marx, *Der achtzehnte Brumaire des Louis Bonaparte*. Vienne et Berlin, 1927, p. 73. [Marx, *Le 18 Brumaire de Louis Bonaparte,* trad. fr. Paris, 1969, p. 76.]

n'est pas celle de l'avocat du diable. Plus tard, par exemple dans ses invectives contre l'école du *bon sens,* il trouve, pour l' « *honnête bourgeoise* » et le notaire, « *son homme* », les accents du bohémien le plus enragé (3). Il proclame vers 1850 que l'art ne doit pas être séparé de l'utilité; quelques années plus tard, il défend *l'art pour l'art.* Chaque fois il cherche aussi peu à donner à son public des médiations que Napoléon III, qui passe du jour au lendemain ou presque, et derrière le dos du Parlement français, de la protection douanière au libre-échange. Ces traits font en tout cas comprendre pourquoi la critique officielle — au premier rang de laquelle se trouve Jules Lemaître [5] — a si peu deviné les énergies théoriques qui sont cachées dans la prose de Baudelaire.

Marx continue sa description des *conspirateurs de profession* de la façon suivante : « La seule condition de la révolution est pour eux l'organisation suffisante de leur conspiration. (...) Ils se jettent sur des inventions qui doivent faire des miracles révolutionnaires ; les bombes incendiaires, les machines infernales à effet magique, les émeutes qui doivent avoir des conséquences d'autant plus surprenantes et miraculeuses que leur fondement est moins rationnel. Occupés par une telle frénésie de projets, ils n'ont d'autre but que celui, immédiat, de renverser le gouvernement actuel et méprisent au plus haut point les efforts pour faire prendre conscience aux travailleurs de leurs intérêts de

---

(3) Charles Baudelaire, *Œuvres.* Texte établi et annoté par Yves-Gérard Le Dantec. 2 vol. Paris, 1931/1932. (Bibliothèque de la Pléiade n° 1 et 7.) II, p. 415 (*Les drames et romans honnêtes*)*.

* Les œuvres de Baudelaire sont citées dans cette édition de 1931/1932, sans mention de l'auteur, avec seulement l'indication du volume et de la page. Pour plus de commodité nous donnons entre parenthèses le titre de l'œuvre de Baudelaire ou du poème. (*N.d.T.*)

classe. De là vient leur colère plébéienne, et non prolétarienne, devant les *habits noirs,* les hommes plus ou moins cultivés qui incarnent cet aspect du mouvement, et dont ils ne peuvent malgré tout être indépendants, dans la mesure où ce sont les représentants officiels du parti » (4). Les intuitions politiques de Baudelaire ne vont pas fondamentalement au-delà de celles de ces conspirateurs de profession. Que ses sympathies aillent à la réaction cléricale ou qu'elles se portent vers la révolution de 1848, leur expression ignore toujours les médiations et leur fondement demeure fragile. L'image qu'il a présentée lors des journées de Février — à un coin de rue dans Paris, brandissant un fusil aux cris de « Il faut aller fusiller le général Aupick ! » * — en est la preuve. Il aurait pu, en tout cas, faire sienne la formule de Flaubert : « Je ne comprends qu'une chose à la politique : la révolte. » Il aurait alors fallu comprendre cette phrase à la lumière de la conclusion d'un passage qui nous est parvenu avec ses notes sur la Belgique : « Je dis Vive la Révolution comme je dirais Vive la Destruction ! Vive l'Expiation ! Vive le Châtiment ! Vive la Mort ! Non seulement je serais heureux d'être victime, mais je ne haïrais pas d'être bourreau, — pour sentir la Révolution des deux manières ! Nous avons tous l'esprit républicain dans les veines, comme la vérole dans les os, nous sommes démocratisés et syphilisés » (5).

On pourrait appeler ce que Baudelaire transcrit ici la métaphysique du provocateur. En Belgique, où cette note fut écrite, il fut considéré un moment comme un mouchard de la police française. De tels arrangements, en eux-mêmes, seraient si peu étonnants que Baude-

---

* Le général Aupick était le beau-père de Baudelaire.
(4) Marx et Engels, compte rendu de Chenu et de la Hodde, l.c. p. 556.
(5) II, p. 728 (*Pauvre Belgique*).

laire a pu écrire à sa mère le 20 décembre 1855, à propos des écrivains stipendiés : « Jamais mon nom ne paraîtra dans les ignobles paperasses du gouvernement » (6). Il est difficile d'imaginer que seule l'hostilité que Baudelaire manifesta envers Hugo ait pu nuire à sa réputation en Belgique, où le proscrit était fêté. Son ironie dévastatrice a eu sa part dans la naissance de ce bruit ; il a pu se complaire à le répandre. Le *culte de la blague,* que l'on retrouve chez Georges Sorel et qui est devenu un élément essentiel de la propagande fasciste, forme chez Baudelaire ses premiers bourgeons. Le titre sous lequel, et l'esprit dans lequel Céline a écrit ses *Bagatelles pour un massacre*[6], renvoient immédiatement à une note du journal de Baudelaire : « Belle conspiration à organiser pour l'extermination de la race juive » (7). Le blanquiste Raoul Rigault, qui acheva sa carrière de conspirateur comme préfet de police de la Commune de Paris, semble avoir eu cet humour macabre dont il est souvent question dans les témoignages sur Baudelaire. « Rigault », lit-on dans *Les hommes de la révolution de 1871* de Charles Prolès, « avait, en toute chose, même dans son fanatisme, avec un singulier sang-froid, je ne sais quel air de mystificateur sinistre et impassible » (8). Même le délire terroriste que Marx découvre chez les conspirateurs, trouve son pendant chez Baudelaire. « Mais si jamais je peux rattraper la verdeur et l'énergie dont j'ai joui quelquefois, je soulagerai ma colère par des livres épouvantables. Je voudrais mettre la race humaine tout entière contre moi. Je vois là une jouissance qui me consolerait

(6) Baudelaire, *Lettres à sa mère.* Paris, 1932, p. 83.
(7) II, p. 666 (*Mon cœur mis à nu*).
(8) Charles Prolès, *Raoul Rigault. La préfecture de police sous la Commune. Les otages. (Les hommes de la révolution de 1871.)* Paris, 1898, p. 9.

de tout » (9). Cette colère rentrée — *la rogne* — était l'état d'esprit qui avait nourri chez les conspirateurs de profession parisiens un demi-siècle de combats sur les barricades.

« Ce sont eux », dit Marx à propos de ces conspirateurs, « qui dressent et commandent les premières barricades » (10). La barricade, de fait, est comme le centre immobile du mouvement conspirateur. Elle a pour elle la tradition révolutionnaire. Plus de quatre mille barricades ont sillonné la ville pendant la révolution de Juillet (11). Lorsque Fourier cherche autour de lui un exemple de « *travail non salarié mais passionné* », le premier qu'il aperçoit est la construction de barricades. Victor Hugo, dans les *Misérables,* a donné une image impressionnante du réseau de ces barricades, tout en laissant dans l'ombre ceux qui les occupaient. « L'invisible police de l'émeute veillait partout, et maintenait l'ordre, c'est-à-dire la nuit. (...) L'œil qui eût regardé d'en haut dans cet amas d'ombre eût entrevu peut-être çà et là, de distance en distance, des clartés indistinctes faisant saillir des lignes brisées et bizarres, des profils de constructions singulières, quelque chose de pareil à des lueurs allant et venant dans des ruines ; c'étaient là qu'étaient les barricades » (12). Dans l'adresse à Paris qui devait conclure les *Fleurs du Mal* et qui est restée à l'état de fragment, Baudelaire ne prend pas congé de la ville sans en évoquer les barricades ; il se souvient de ses « magiques pavés

---

(9) Baudelaire, *Lettres à sa mère,* l.c. p. 278.
(10) Marx et Engels, compte rendu de Chenu et de la Hodde, l.c. p. 556.
(11) Cf. Ajasson de Grandsagne et Maurice Plaut, *Révolution de 1830. Plan des combats de Paris au 27, 28 et 29 juillet.* Paris, sans date.
(12) Victor Hugo, *Œuvres complètes. Edition définitive d'après les manuscrits originaux. Roman. 8e vol. Les Misérables. IV.* Paris, 1881, p. 522/523.

dressés en forteresses » (13). Ces pierres sont certes « magiques » dans la mesure où le poème de Baudelaire passe sous silence les mains qui les ont mises en mouvement. Mais ce pathos même pourrait être imputé au blanquisme. Car le blanquiste Tridon s'écrie en des termes semblables : « O force, reine des barricades, (...) toi qui brilles dans l'éclair et dans l'émeute (...) c'est vers toi que les prisonniers tendent leurs mains enchaînées » (14). A la fin de la Commune le prolétariat, comme un animal blessé à mort, se retira à tâtons dans sa tanière, derrière la barricade. Les travailleurs, entraînés au combat sur les barricades, n'étaient pas favorables à la bataille ouverte qui aurait dû bloquer le chemin de Thiers ; ce fait a contribué également à la défaite. Comme l'écrit un des historiens modernes de la Commune, ces travailleurs formaient « une troupe peu soucieuse de franchir les remparts, à la lutte en rase campagne préférant l'atmosphère de bataille de son quartier (...) et, s'il le fallait, la mort derrière les pavés amoncelés d'une rue de Paris » (15).

Le plus important des chefs de barricade, Blanqui[7], se trouvait alors dans sa dernière prison, le Fort du Taureau. Marx vit en lui et ses camarades, quand il jeta un dernier regard sur la Révolution de Juin, « les véritables chefs du parti prolétarien » (16). Il est difficile d'exagérer le prestige révolutionnaire que Blanqui possédait alors et qu'il a conservé jusqu'à sa mort.

---

(13) I, p. 229 (Projet d'Epilogue pour les *Fleurs du Mal*).
(14) Cit. dans Charles Benoist, « La crise de l'Etat moderne. Le " mythe " de la " classe ouvrière " », in *Revue des deux mondes*, 84ᵉ année, 6ᵉ période, tome 20, 1ᵉʳ mars 1914, p. 105.
(15) Georges Laronze, *Histoire de la Commune de 1871 d'après des documents et des souvenirs inédits. La justice.* Paris, 1928, p. 532.
(16) Marx, *Der achtzehnte Brumaire des Louis Bonaparte*, l.c. p. 28. [trad. fr. p. 23.]

Avant Lénine, personne n'a eu une figure plus nette aux yeux du prolétariat. Elle a également marqué Baudelaire. Il y a un dessin de lui qui montre, à côté d'autres dessins improvisés, la tête de Blanqui. — Les concepts auxquels Marx recourt dans sa présentation des milieux conspirateurs de Paris font voir, à plus forte raison, la place ambiguë que Blanqui y occupait. Ce n'est pas sans de bonnes raisons, d'un certain point de vue, que Blanqui est entré dans la tradition avec la réputation d'un putschiste[8]. Il représente à ses yeux le type même de l'homme politique qui considère, comme dit Marx, que sa tâche consiste à « anticiper le processus révolutionnaire, à le pousser artificiellement vers la crise, et à faire une révolution à l'improviste, sans les conditions d'une révolution » (17). Si, d'un autre côté, on examine les descriptions qu'on possède de Blanqui, il ressemble plutôt à un des habits noirs qui étaient les concurrents mal aimés de ces conspirateurs de profession. Un témoin oculaire décrit ainsi le club des Halles, un club blanquiste : « Représentez-vous l'aspect de la Comédie-Française, les jours où on y joue Racine et Corneille, comparez l'auditoire de ces jours-là à la foule qui emplit un cirque où des acrobates exécutent des sauts périlleux : vous aurez l'impression exacte qu'on éprouvait en entrant au Club révolutionnaire de Blanqui, comparée à celle que donnaient les deux clubs en vogue du parti de l'ordre, celui des Folies-Bergère et celui de la salle Valentino. C'était comme une chapelle consacrée au culte orthodoxe de la conspiration classique, où les portes étaient ouvertes à tout le monde, mais où l'on ne sentait l'envie de venir que si l'on était adepte. Après le maussade défilé des opprimés (...) le prêtre du lieu se levait, et, sous prétexte de résumer les

---

(17) Marx et Engels, compte rendu de Chenu et de la Hodde, l.c. p. 556.

griefs de son client, le peuple, représenté par la demi-douzaine d'imbéciles prétentieux et furieux qu'on venait d'entendre, il exposait la situation. L'extérieur était distingué, la tenue irréprochable, la physionomie délicate, fine et calme, avec un éclair farouche et sinistre qui traversait quelquefois des yeux minces, petits, perçants, et, à leur état habituel, plutôt bienveillants que durs; la parole mesurée, familière et précise, la parole la moins déclamatoire que j'aie jamais entendue avec celle de Thiers » (18). Blanqui apparaît ici comme un doctrinaire. Le signalement de l'habit noir correspond, jusqu'au plus petit détail. Il était de notoriété publique que le « Vieux » avait l'habitude de faire cours en gants noirs*. Mais la gravité mesurée, l'impénétrabilité qui caractérisent Blanqui prennent un autre sens avec l'éclairage que leur donne une remarque de Marx. « Ce sont », dit-il de ces conspirateurs, « les alchimistes de la révolution et ils ont tout à fait la confusion mentale et les idées fixes [9] et bornées des anciens alchimistes » (19). L'image de Baudelaire se met comme d'elle-même au point : le capharnaüm énigmatique de l'allégorie chez l'un, le bric-à-brac mystérieux du conspirateur chez l'autre.

Marx parle en termes méprisants, comme on pouvait s'y attendre, des cabarets où le conspirateur de bas étage avait l'impression d'être chez lui. Les vapeurs qui s'y condensent étaient également familières à Baudelaire. C'est au milieu d'elles que s'est déployé le grand

---

* Baudelaire savait apprécier de tels détails : « Pourquoi donc », écrit-il, « les pauvres ne mettent-ils pas des gants pour mendier ? Ils feraient fortune » (II, p. 424). Il attribue ce mot à un inconnu, mais il porte l'empreinte de Baudelaire lui-même.

(18) Souvenir de J.-J. Weiss, cit. dans Gustave Geffroy, *L'enfermé,* l.c. p. 346-348.

(19) Marx et Engels, compte rendu de Chenu et de la Hodde, l.c. p. 556.

poème intitulé « Le vin des chiffonniers ». On pourra placer la date de sa composition vers le milieu du siècle. A cette époque les thèmes qui résonnent dans ce poème faisaient l'objet de débats dans l'opinion publique. Il s'agissait d'abord des taxes sur le vin. L'Assemblée constituante de la République avait promis de les supprimer, comme on avait déjà promis de le faire en 1830. Dans *Les Luttes de classes en France,* Marx a montré comment, avec la suppression de cet impôt, une revendication du prolétariat urbain coïncidait avec une revendication des paysans. L'impôt, qui frappait le vin ordinaire autant que le vin le plus fin, diminuait la consommation, « en élevant des octrois aux portes de toutes les villes de plus de quatre mille habitants et en les transformant en autant de pays étrangers prélevant des droits de douane contre le vin français » (20). « C'est à l'impôt sur les boissons », dit Marx, « que le paysan reconnaît le bouquet du gouvernement, sa tendance. » Mais cet impôt cause également un préjudice au citadin et le force, pour trouver du vin bon marché, à gagner les établissements qui se trouvent en dehors de la ville. On servait là le vin sans taxes qu'on appelait le *vin de la barrière*[10]. Si l'on peut en croire le « chef de bureau à la Préfecture de la Seine », H.-A. Frégier, le travailleur faisait parade du plaisir qu'il y prenait, plein d'orgueil et de bravade, car il s'agissait du seul plaisir qui lui était accordé. « Il est des femmes qui ne se font pas scrupule de suivre, avec leurs enfants déjà capables de travailler, leur mari à la barrière. (...) L'on rentre chez soi, le lundi soir, dans un état voisin de l'ivresse, affectant, quelquefois les enfants, comme leurs parents, de paraître plus avinés

---

(20) Marx, *Die Klassenkämpfe in Frankreich 1848 bis 1850.* Berlin, 1895, p. 87. [Karl Marx, *Les luttes de classes en France 1848-1850,* Paris, 1970, p. 135 sqq.]

qu'ils ne sont en effet, afin qu'il soit évident à tous les yeux qu'ils ont bu et largement bu » (21). « Croyez-moi », écrit un observateur de cette époque, « le vin des barrières a sauvé bien des secousses aux charpentes gouvernementales » (22). Le vin ouvre aux déshérités des rêves de vengeance et de splendeur futures. Ainsi dans « Le Vin des chiffonniers » :

> On voit un chiffonnier qui vient, hochant la tête,
> Buttant, et se cognant aux murs comme un poëte,
> Et, sans prendre souci des mouchards, ses sujets,
> Epanche tout son cœur en glorieux projets.
>
> Il prête des serments, dicte des lois sublimes,
> Terrasse les méchants, relève les victimes,
> Et sous le firmament comme un dais suspendu
> S'enivre des splendeurs de sa propre vertu (23).

Les chiffonniers étaient de plus en plus nombreux dans les villes depuis que les déchets avaient acquis une certaine valeur du fait des nouveaux procédés industriels. Ils travaillaient pour des intermédiaires et représentaient une sorte de travail à domicile qui s'effectuait dans la rue. Le chiffonnier[11] a fasciné son époque. Les regards de ceux qui, les premiers, ont enquêté sur le paupérisme, se posent sur lui, comme fascinés par la question muette de savoir quand est atteinte la limite de la misère humaine. Frégier lui consacre six pages dans son livre sur *Les classes dangereuses de la population*. Le Play donne, pour l'époque entre 1849 et 1850,

---

(21) H.-A. Frégier, *Des classes dangereuses de la population dans les grandes villes et des moyens de les rendre meilleures*. Paris, 1840, vol. 1, p. 66.
(22) Edouard Foucaud, *Paris inventeur. Physiologie de l'industrie française*. Paris, 1844, p. 10.
(23) I, p. 120 (« Le Vin des chiffonniers »).

probablement celle qui a vu naître le poème de Baudelaire, le budget d'un chiffonnier parisien et sa famille *.

* Le budget [12] est un document social, moins par ses recherches sur une seule famille que par la tentative pour rendre la misère la plus profonde moins choquante en la faisant entrer dans des rubriques bien nettes. Avec l'ambition de ne laisser aucun de leurs procédés inhumains privé des paragraphes et des rubriques dont ils sont l'application, les Etats totalitaires ont développé jusqu'à son terme un germe qui, on peut le supposer en lisant ce document, sommeillait déjà à un stade antérieur du capitalisme. La 4ᵉ section de ce budget d'un chiffonnier — « Dépenses concernant les besoins moraux, les récréations et le service de santé » — se présente ainsi : « Culte : L'exercice du culte ne donne lieu à aucune dépense. Instruction des enfants : Frais d'école payés par le patron de la famille : 48 F, livres achetés : 1,45 F. Secours et aumônes. (Les ouvriers de cette condition ne donnent point ordinairement d'aumônes.) Récréations et solennités : Repas pris par la famille entière à l'une des barrières de Paris (huit excursions par an) : vin, pain et pommes de terre frites : 8 F ; repas de macaroni au beurre et au fromage et vin pris les jours de Noël, du mardi-gras, de Pâques et de la Pentecôte : dépenses comprises dans la 1ʳᵉ section ; tabac à chiquer pour l'ouvrier (bouts de cigares ramassés par l'ouvrier) (...) 34 F ; tabac à priser pour la femme (acheté) (...) 18,66 F ; joujoux et autres cadeaux donnés à l'enfant : 1 F (...). Correspondance avec les parents : Lettres des frères de l'ouvrier demeurant en Italie : une par an en moyenne (...) 0,50 F. (...) Nota : La ressource principale de la famille en cas d'accidents se trouve dans la bienfaisance privée. Epargne de l'année. (L'ouvrier, entièrement dépourvu de prévoyance, désireux surtout de donner à sa femme et à sa petite fille tout le bien-être compatible avec leur condition, ne fait jamais d'épargne : il dépense, jour par jour, tout ce qu'il gagne.) » (Frédéric Le Play, *Les ouvriers européens*, Paris, 1855, p. 274-275.) Une remarque sarcastique de Buret illustre l'esprit d'une pareille enquête : « L'humanité et même la décence ne permettant pas de laisser mourir des êtres humains comme des animaux, on ne peut pas refuser l'aumône du cercueil. » (Eugène Buret, *De la misère des classes laborieuses en Angleterre et en France ; de la nature de la misère, de son existence, de ses effets, de ses causes et de l'insuffisance des remèdes qu'on lui a opposés jusqu'ici ; avec l'indication des moyens propres à en affranchir les sociétés*, Paris, 1840, t. I, p. 266.)

On ne peut naturellement pas considérer que le chiffonnier fait partie de la bohème. Mais, de l'écrivain au conspirateur de profession, celui qui appartenait à la bohème pouvait retrouver dans le chiffonnier une part de lui-même. Chacun d'entre eux se trouvait en révolte plus ou moins sourde contre la société, affronté à une existence plus ou moins précaire. Il pouvait au bon moment se sentir en accord avec ceux qui ébranlaient les assises de cette société. Le chiffonnier n'est pas seul dans son rêve. Il est « suivi de compagnons »; une « odeur de futailles » les parfume eux aussi, et eux aussi ont « blanchi dans les batailles ». Sa moustache « pend comme un vieux drapeau ». Il rencontre dans sa ronde des mouchards qui sont dans son rêve devenus ses « sujets »*. On trouve déjà chez Sainte-Beuve des

---

* C'est un spectacle fascinant que de voir comment la révolte se fraie lentement un chemin dans les différentes versions de la fin du poème. Voici la première version :

> C'est ainsi que le vin règne par ses bienfaits,
> Et chante ses exploits par le gosier de l'homme.
> Grandeur de la bonté de Celui que tout nomme,
> Qui nous avait déjà donné le doux sommeil,
> Et voulut ajouter le Vin, fils du Soleil,
> Pour réchauffer le cœur et calmer la souffrance
> De tous ces malheureux qui meurent en silence.
> (I, p. 605.)

Ces vers en 1852 sont devenus :

> Pour apaiser le cœur et calmer la souffrance
> De tous ces innocents qui meurent en silence,
> Dieu leur avait déjà donné le doux sommeil ;
> Il ajouta le vin, fils sacré du Soleil. (I, p. 606.)

Enfin en 1857, avec une profonde transformation du sens :

> Pour noyer la rancœur et bercer l'indolence
> De tous ces vieux maudits qui meurent en silence,
> Dieu, touché de remords, avait fait le sommeil ;
> L'Homme ajouta le Vin, fils sacré du Soleil ! (I, p. 121.)

On voit nettement comment la strophe ne trouve sa forme achevée qu'avec le contenu blasphématoire.

thèmes sociaux tirés de la vie quotidienne à Paris. Ils représentaient chez lui une conquête de la poésie lyrique, mais ce n'était pas encore une conquête de l'intuition et de l'intelligence. La misère et l'alcool, dans l'esprit du rentier cultivé, concluent un accord essentiellement différent de celui qu'on trouve chez Baudelaire.

> Dans ce cabriolet de place j'examine
> L'homme qui me conduit, qui n'est plus que machine,
> Hideux, à barbe épaisse, à longs cheveux collés :
> Vice et vin et sommeil chargent ses yeux soûlés.
> Comment l'homme peut-il ainsi tomber ? Pensais-je,
> Et je me reculais à l'autre coin du siège (24).

Tel est le début du poème ; ce qui suit en est l'interprétation édifiante. Sainte-Beuve se demande si son âme n'est pas aussi abandonnée que celle du cocher.

La litanie intitulée « Abel et Caïn » montre sur quel fondement repose la conception plus libre et plus compréhensive que Baudelaire avait des déshérités. Ce poème présente la lutte des deux frères de la Bible comme celle de races irréconciliables pour l'éternité.

> Race d'Abel, dors, bois et mange ;
> Dieu te sourit complaisamment.
>
> Race de Caïn, dans la fange
> Rampe et meurs misérablement (25).

Le poème se compose de seize distiques qui commencent tous, alternativement, par « Race d'Abel » et

---

(24) Charles Augustin Sainte-Beuve, *Les consolations. Pensées d'août. Notes et sonnets — un dernier rêve. (Poésies de Sainte-Beuve. (2e partie.))* Paris, 1863, p. 193.
(25) I, p. 136 (« Abel et Caïn »).

« Race de Caïn ». Caïn, l'ancêtre des déshérités, apparaît ici comme le père d'une race, et celle-ci ne peut être autre que la race prolétarienne. En 1838, Granier de Cassagnac [13] publia son *Histoire des classes ouvrières et des classes bourgeoises*. Cette œuvre était en mesure de révéler l'origine des prolétaires ; ils forment une classe de sous-hommes issus du croisement de bandits et de prostituées. Baudelaire a-t-il connu ces spéculations ? C'est bien possible. Il est certain que Marx, qui salua en Granier de Cassagnac le « penseur » de la réaction bonapartiste, en avait pris connaissance. *Le Capital* répliqua à la théorie raciale de celui-ci avec l'idée d'une « singulière race d'échangistes », qui désigne chez lui le prolétariat (26). La race née de Caïn apparaît tout à fait en ce sens-là chez Baudelaire. Il n'aurait certes pas pu la définir. C'est la race de ceux qui ne possèdent d'autre marchandise que leur force de travail.

Le poème de Baudelaire se trouve dans le cycle intitulé « Révolte »*. Les trois œuvres qui composent

---

(26) Marx, *Das Kapital. Kritik der politischen Oekonomie.* Berlin, 1932, p. 173 [Marx, *Le Capital,* trad. J. Roy, Livre premier, tome I, Paris, 1971, p. 174.]

* Le titre est suivi d'une remarque qui fut supprimée dans les éditions ultérieures. Elle présente les poèmes du cycle comme un « pastiche des raisonnements de l'ignorance et de la fureur ». Il ne peut être question en vérité d'un pastiche. Le Parquet du second Empire a bien compris cela, et ses successeurs le comprennent aussi. Le baron Seillière le révèle avec beaucoup de nonchalance dans le commentaire du poème qui sert d'introduction au cycle « Révolte », « Le reniement de saint Pierre ». Ce poème contient les vers suivants :

> Rêvais-tu de ces jours (...)
> Où, le cœur tout gonflé d'espoir et de vaillance,
> Tu fouettais tous ces vils marchands à tour de bras,
> Où tu fus maître enfin ? Le remords n'a-t-il pas
> Pénétré dans ton flanc plus avant que la lance ? (I, p. 136.)

ce cycle ont en commun un ton blasphématoire. Il ne faut pas prendre trop au sérieux le satanisme de Baudelaire. S'il a quelque signification, c'est parce qu'il représente la seule attitude qui permît à Baudelaire de garder un certain temps une position non conformiste. Le dernier poème du cycle, « Les Litanies de Satan », est, dans son contenu théologique, le *miserere* d'une liturgie ophitique [14]. Satan y est auréolé de son nimbe luciférien, c'est le gardien de la sagesse profonde, l'instructeur ès techniques prométhéennes, le patron protecteur des opiniâtres et des indociles. On voit luire comme un éclair entre ces lignes le sombre visage de Blanqui.

> Toi qui fais au proscrit ce regard calme et haut
> Qui damne tout un peuple autour d'un échafaud (27).

Ce Satan-là, que la série des litanies appelle aussi le « confesseur (...) des conspirateurs », est différent de l'intrigant infernal auquel les poèmes donnent le nom de « Satan Trismégiste », de « démon » (« Au lecteur »), et que les pièces en prose appellent « Votre Altesse », celui qui a sa « demeure souterraine près du boulevard » (« Le joueur généreux »). Jules Lemaître a attiré l'attention sur la contradiction qui fait qu' « on envisage » le Diable « tour à tour ou à la fois comme le père du Mal ou comme le grand Vaincu et la grande victime » (28). On se contente de donner au problème une autre formulation lorsque l'on se demande ce qui

---

Le commentateur ironique voit ici « le remords d'avoir laissé passer une si belle occasion de proclamer la dictature du prolétariat » (Ernest Seillière, *Baudelaire,* Paris, 1931, p. 193).

(27) I, p. 138 (« Les litanies de Satan »).
(28) Jules Lemaître, *Les contemporains. Etudes et portraits littéraires.* 4ᵉ série. 14ᵉ édition, Paris, 1897, p. 30.

forçait Baudelaire à donner une forme théologique radicale à son rejet radical des maîtres et des puissants.

La révolte contre les notions bourgeoises d'ordre et d'honorabilité, après la défaite du prolétariat lors des journées de Juin, était mieux préservée chez les puissants que chez les opprimés. Ceux qui défendaient la liberté et le droit ne voyaient pas en Napoléon III l'Empereur-soldat qu'il voulait être à la suite de son oncle, mais le chevalier d'industrie favorisé par le sort. C'est ainsi que les *Châtiments* ont conservé son image. La *bohème dorée,* pour sa part, voyait dans ses fêtes bruyantes et dans la vie de cour dont il s'entourait la réalisation de ses rêves de vie « libre ». Comparés à l'entourage de l'Empereur, tel qu'il est décrit dans les Mémoires du comte Viel-Castel[15], une Mimi et un Schaunard semblent bien honnêtes et bien petits-bourgeois. Le cynisme faisait partie du bon ton dans la classe dirigeante comme les arguties de la révolte dans la classe opprimée. Sur les traces de Byron, Vigny avait, dans *Eloa,* rendu hommage à l'ange déchu, à Lucifer au sens gnostique. Barthélémy, d'autre part, avait dans sa satire *Némésis* accolé le satanisme à la classe dirigeante : il fait dire une messe des agios et chanter un psaume de la rente (29). Ce double visage de Satan est parfaitement familier à Baudelaire. Satan, selon lui, ne parle pas seulement pour les humbles. Il parle aussi pour les puissants. Marx n'aurait guère pu souhaiter un meilleur lecteur pour ces lignes, qu'on peut lire dans le *18 Brumaire :* « Lorsque, au concile de Constance, les puritains se plaignirent de la vie dissolue des Papes et se lamentèrent sur la nécessité d'une réforme des mœurs, le cardinal Pierre d'Ailly leur cria d'une voix de tonnerre : « Seul le Diable en personne peut sauver

---

(29) Cf. Auguste-Marseille Barthélémy, *Némésis. Satire hebdomadaire.* Paris, 1834, 1er vol., p. 225 (« L'archevêché et la bourse »).

l'Eglise catholique, et vous demandez des anges ! » (...) De même, la bourgeoisie française s'écria au lendemain du coup d'Etat : « Seul le chef de la société du 10 Décembre peut encore sauver la société bourgeoise ! Seul le vol peut encore sauver la propriété, le parjure la religion, la bâtardise la famille, le désordre l'ordre » (30). Baudelaire, l'admirateur des Jésuites, ne voulait pas, même en ses heures de rébellion, tout à fait et pour toujours rompre avec ce sauveur. Ses vers se réservaient ce que sa prose ne s'était pas interdit. C'est pour cette raison que Satan y apparaît. C'est à lui qu'ils doivent la force subtile de ne pas tout à fait refuser, au cœur même de la protestation désespérée, l'obéissance à celui contre lequel l'intelligence et l'humanité s'élèvent. La protestation de piété jaillit presque toujours de Baudelaire comme un cri de guerre. Il ne veut pas qu'on lui prenne son Satan. C'est lui, le véritable enjeu de la bataille que Baudelaire devait mener avec son incroyance. Il ne s'agit pas de sacrement ou de prière. Il s'agit du privilège luciférien de blasphémer le Diable dont on est la victime.

Baudelaire a voulu se présenter comme un poète social par son amitié avec Pierre Dupont. Les œuvres critiques de Barbey d'Aurevilly esquissent de cet auteur le portrait suivant : « Le Caïn l'emporte sur le doux Abel dans ce talent et cette pensée ; le Caïn grossier, affamé, envieux et farouche, qui s'en est allé dans les villes pour boire la lie des colères qui s'y accumulent et partager les idées fausses qui y triomphent ! » (31). Cette description dit très exactement en quoi Baudelaire se sentait solidaire de Pierre Dupont. Comme

---

(30) Marx, *Der achtzehnte Brumaire des Louis-Bonaparte,* l.c. p. 124. [trad. fr. corrigée, p. 138.]

(31) Jules-Amédée Barbey d'Aurevilly, *Les œuvres et les hommes. (XIXe siècle.) 3e partie : Les poètes.* Paris, 1862, p. 242.

Caïn, Dupont « s'en est allé dans les villes » et s'est détourné de l'idylle. « La chanson telle que la comprenaient nos pères, et non pas seulement la Muse en goguette, mais la chanson à boire ou la simple romance, lui est absolument étrangère » (32). Dupont a senti venir la crise de la poésie lyrique [16] avec le divorce croissant entre la ville et la campagne. Un de ses vers avoue cela, gauchement ; il dit que le poète « écoute tour à tour les forêts et la foule ». Les masses l'ont récompensé de son attention ; vers 1848, Dupont était dans toutes les bouches. Lorsque les acquis de la révolution disparurent les uns après les autres, Dupont composa son « Chant du vote ». Dans la poésie politique de cette époque il y a peu de choses qui puissent se comparer à son refrain. C'est une feuille de laurier prise à cette couronne que Karl Marx réclama jadis pour le « front dangereusement sombre » des combattants de Juin (33).

> Fais voir, en déjouant la ruse,
> O République ! à ces pervers,
> Ta grande face de Méduse [17]
> Au milieu de rouges éclairs ! (34).

L'introduction qu'en 1851 Baudelaire « annexa » à une édition des poèmes de Dupont était un acte de stratégie littéraire. On y trouve cette remarquable déclaration : « La puérile utopie de l'école de *l'art pour l'art,* en excluant la morale, et souvent même la

---

(32) Pierre Larousse, *Grand dictionnaire universel du XIXe siècle.* 6e vol. Paris, 1870, p. 1413 (Article « Dupont »).
(33) Marx, *Dem Andenken der Juni-Kämpfer.* Citation d'après *Karl Marx als Denker, Mensch und Revolutionär. Ein Sammelbuch.* Vienne et Berlin, 1928, p. 40. [Marx, *A la mémoire des combattants de juin,* non traduit.]
(34) Pierre Dupont, *Le chant du vote.* Paris, 1850.

passion, était nécessairement stérile. » Et plus loin, en se référant à l'évidence à Auguste Barbier : « Quand un poète, maladroit quelquefois, mais presque toujours grand, vint dans un langage enflammé proclamer la sainteté de l'insurrection de 1830 et chanter les misères de l'Angleterre et de l'Irlande, malgré ses rimes insuffisantes, malgré ses pléonasmes, malgré ses périodes non finies, la question fut vidée, et l'art fut désormais inséparable de la morale et de l'utilité » (35). On ne retrouve rien ici de la profonde duplicité qui anime la poésie de Baudelaire lui-même. Elle prenait fait et cause pour les opprimés, mais elle adoptait leurs illusions en même temps que leur cause. Elle savait entendre les chants de la révolution, mais n'était pas sourde à la « voix supérieure » qui s'élève dans le roulement de tambour des exécutions capitales. Lorsque Bonaparte prit le pouvoir grâce au coup d'Etat, Baudelaire est un instant indigné. « Puis il regarda les événements " du point de vue providentiel " et se soumit comme un moine » (36). « Théocratie et communisme » (37) n'étaient pas pour lui des convictions mais des murmures inspirés qui se disputaient son oreille : l'un n'était pas aussi séraphique, et l'autre aussi luciférien qu'il voulait bien le croire. Quelque temps encore et Baudelaire avait abandonné son manifeste révolutionnaire, et il écrit plusieurs années après : « C'est à cette grâce, à cette tendresse féminine, que Pierre Dupont est redevable de ses premiers chants. Par grand bonheur, l'activité révolutionnaire, qui emportait à cette époque presque tous les esprits,

---

(35) II, p. 403-405 (*Pierre Dupont*).
(36) Paul Desjardins, « Poètes contemporains. Charles Baudelaire », in *Revue bleue. Revue politique et littéraire* (Paris), 3ᵉ série, tome 14, 24ᵉ année, 2ᵉ semestre, nᵒ 1, 2 juillet 1887, p. 19.
(37) II, p. 659 (*Mon cœur mis à nu*).

n'avait pas absolument détourné le sien de sa voie naturelle » (38). La rupture brutale avec *l'art pour l'art* n'avait aux yeux de Baudelaire que la valeur d'une attitude. Elle lui permettait de proclamer la liberté et toute la latitude dont il disposait en tant qu'homme de lettres. Il était par là en avance sur les écrivains de son temps — y compris les plus grands d'entre eux. On voit ainsi en quoi il se trouvait au-dessus de la vie littéraire qui l'entourait.

La vie littéraire quotidienne s'était rassemblée pendant cinquante ans autour des revues. Vers la fin du premier tiers du siècle, les choses commencèrent à changer. Les belles-lettres trouvèrent grâce au feuilleton [18] un débouché dans la presse quotidienne. L'apparition du feuilleton résume à elle seule les transformations que la révolution de Juillet avait apportées à la presse. Sous la Restauration on n'avait pas le droit de vendre les journaux aux numéros ; on ne pouvait recevoir une publication qu'en souscrivant un abonnement. Celui qui ne pouvait débourser les 80 F de l'abonnement annuel, une somme importante, devait se rabattre sur les cafés où l'on était souvent plusieurs à lire un numéro. En 1824, il y avait à Paris 47 000 abonnés, en 1836 70 000 et en 1846 200 000. *La Presse,* le journal de Girardin, a joué un rôle décisif dans cette ascension. Il a introduit trois innovations importantes : l'abaissement du prix de l'abonnement à 40 F, les petites annonces et le roman-feuilleton. En même temps, l'information brève, abrupte, commença à faire concurrence à l'exposé composé. L'information avait l'avantage de pouvoir être utilisée à des fins commerciales. Ce qu'on appelait la « réclame » lui ouvrit la voie : on entendait par là une note en apparence

---

(38) II, p. 555 (*Réflexions sur quelques-uns de mes contemporains. Pierre Dupont*).

indépendante, mais en réalité payée par l'éditeur, qui attirait l'attention, dans la partie rédactionnelle, sur un livre qui, la veille ou dans le même numéro, faisait l'objet d'une publicité. Dès 1839, Sainte-Beuve s'est plaint de ses effets démoralisants. « Comment condamner (...) ce qui se proclamait et s'affichait deux doigts plus bas comme la merveille de l'époque ? L'attraction des majuscules croissantes de l'annonce l'emporta : ce fut une montagne d'aimant qui fit mentir la boussole » (39). La « réclame » se trouve au début d'une évolution au terme de laquelle apparaît l'information boursière publiée dans les journaux et payée par les intéressés. Il est difficile d'écrire l'histoire de l'information en la séparant de celle de la corruption de la presse.

Les informations exigeaient peu de place ; c'étaient elles, et non l'éditorial politique et le roman publié dans le feuilleton, qui permettaient au journal d'avoir chaque jour un aspect nouveau, habilement varié grâce à la mise en page, et d'où il tirait une partie de son attrait. Il fallait qu'elles fussent sans arrêt renouvelées : les cancans, les intrigues de théâtre et les « faits-Paris » constituaient leurs sources préférées. On remarque dès le début cette élégance bon marché qui leur est propre et qui devient si caractéristique du feuilleton. Dans ses *Lettres parisiennes,* Mme de Girardin salue en ces termes la photographie : « On s'occupe aussi beaucoup de l'invention de M. Daguerre, et rien n'est plus plaisant que l'explication de ce prodige donnée sérieusement par nos savants de salon. M. Daguerre peut être bien tranquille, on ne lui prendra pas son secret. (...) Vraiment cette découverte est admirable, mais nous n'y

---

(39) Sainte-Beuve, « De la littérature industrielle », in *Revue des deux mondes,* 4e série, 1839, p. 682/683.

comprenons rien du tout : on nous l'a trop expliquée » (40). Le style du feuilleton ne fut pas accepté aussi tôt et partout. En 1860 et en 1868 parurent à Marseille et Paris les deux volumes des *Revues parisiennes* du baron Gaston de la Flotte. Ces revues se donnaient pour mission de combattre la légèreté des références historiques, en particulier dans le feuilleton de *La Presse* de Paris. C'était au café, à l'apéritif, que prenait naissance la masse des informations. « L'heure de l'absinthe est d'éclosion toute récente ; elle date de l'épanouissement et de la splendeur de la petite presse. Autrefois, quand il n'y avait que de grandes feuilles sérieuses, gourmées, discutant avec solennité sur l'attitude de l'Angleterre et de la Russie, il n'y avait pas d'heure de l'absinthe. L'heure de l'absinthe est la résultante logique des échos de Paris et de la chronique. Le succès toujours croissant du fait divers l'a définitivement assise » (41). La vie des cafés habitua les rédacteurs au rythme des agences de presse avant même que soit développé l'appareillage nécessaire. Le jour où le télégraphe électrique entra en usage à la fin du second Empire, le boulevard [19] avait perdu son monopole. Les nouvelles des accidents et des crimes pouvaient désormais venir du monde entier.

L'assimilation de l'écrivain à la société dans laquelle il se trouvait eut ainsi lieu sur le boulevard. Sur le boulevard il se tenait prêt à saisir le premier incident venu, le premier mot d'esprit, le premier bruit qui pouvait circuler. Sur le boulevard il déployait la draperie de ses relations avec ses collègues et les « viveurs », et il dépendait des effets de celles-ci comme les cocottes

---

(40) Mme Emile de Girardin née Delphine Gay, *Œuvres complètes.* 4e vol. *Lettres parisiennes 1836-1840.* Paris, 1860, p. 289/290.
(41) Gabriel Guillemot, *Le bohème. Physionomies parisiennes.* Dessins par Hadol. Paris, 1868, p. 72.

de leur art du costume*. Sur le boulevard, il passe ses heures d'oisiveté qu'il met en vente devant les gens comme une partie de son temps de travail. Il se comporte comme s'il avait appris de Marx que la valeur de toute marchandise est déterminée par le temps de travail socialement nécessaire à sa production. La valeur de sa propre force de travail, compte tenu de l'oisiveté prolongée qui est, aux yeux du public, nécessaire à sa pleine utilisation, prend ainsi un caractère presque fantastique. Le public n'était pas seul à penser ainsi. Les rémunérations importantes du feuilleton à cette époque montrent que cette opinion avait son fondement dans les rapports sociaux. Il y avait, de fait, une corrélation entre l'effondrement des taux d'abonnement, l'essor des petites annonces et l'importance croissante du feuilleton.

« Dans la combinaison nouvelle » — l'abaissement des taux d'abonnement — « le journal dut vivre par l'annonce : les quarante ou quarante-huit francs payés par l'abonné suffisant à peine aux frais matériels, les frais de rédaction et d'administration durent être payés par les annonces de la quatrième page (...) Pour donner un journal à quarante francs, il fallut avoir beaucoup d'annonces ; pour avoir beaucoup d'annonces, il fallut que la quatrième page, devenue une affiche, passât sous les yeux d'un très grand nombre d'abonnés ; pour avoir beaucoup d'abonnés il fallut trouver une amorce qui s'adressât à toutes les opinions à la fois, et susbtituât un intérêt de curiosité général à l'intérêt politique. (...) C'est ainsi qu'en partant du journal à

---

* « Avec un œil tant soit peu exercé, il est facile de se convaincre qu'une fille, à huit heures, dans un costume élégant, riche, est la même qui paraît en grisette à neuf heures et qui se montre à dix en paysanne » (F.-F.-A. Béraud, *Les filles publiques de Paris et la police qui les régit,* Paris-Leipzig, 1839, tome 1, p. 51).

quarante francs, et en passant par l'annonce, on arriva presque fatalement au feuilleton-roman » (42). Cela explique les prix élevés qu'on payait ces contributions au feuilleton. En 1845, Dumas signa avec *Le Constitutionnel* et *La Presse* un contrat qui lui assurait pendant cinq ans un revenu annuel minimum de 63 000 F en échange d'une production annuelle d'au moins 18 volumes (43). Eugène Sue reçut pour *Les Mystères de Paris* un acompte de 100 000 F. On a calculé que les droits de Lamartine, de 1838 à 1851, se montaient à 5 millions de Francs. Pour l'*Histoire des Girondins,* qui avait tout d'abord paru en feuilleton, il avait reçu 600 000 F. Les somptueuses rémunérations de cette marchandise littéraire quotidienne conduisirent nécessairement à des abus. Les éditeurs qui achetaient un manuscrit se réservaient parfois le droit de le faire signer par un écrivain de leur choix. Cela supposait que quelques romanciers à succès n'étaient pas trop pointilleux sur l'usage qu'on pouvait faire de leur signature. Un pamphlet, intitulé *Fabrique de romans, Maison Alexandre Dumas et Cie* (44), donne quelques détails sur ce point. *La Revue des deux mondes* écrivit jadis : « Qui sait les titres de tous les livres que M. Dumas a signés ? Les connaît-il lui-même ? S'il ne tient pas un registre en partie double avec doit et avoir, évidemment il a oublié (...) plus d'un de ces enfants dont il est le père légitime, ou le père naturel, ou le par-

---

(42) Alfred Nettement, *Histoire de la littérature française sous le Gouvernement de Juillet,* 2ᵉ éd., Paris, 1859, vol. 1, p. 301/302.

(43) Cf. Ernest Lavisse, *Histoire de la France contemporaine. Depuis la révolution jusqu'à la paix de 1919.* Vol. 5. S. Charléty, *La monarchie de juillet* (1830-1848). Paris, 1921, p. 352.

(44) Cf. Eugène de Mirecourt, *Fabrique de romans. Maison Alexandre Dumas et Compagnie.* Paris, 1845.

rain » (45). Une légende veut que Dumas ait fait travailler dans ses caves tout un régiment d'écrivains dans le besoin. Dix ans après les constatations de la grande revue, en 1855, on trouve dans un petit organe de la bohème cette description pittoresque de la vie d'un romancier à succès que l'auteur appelle M. de Santis : « Arrivé chez lui, Monsieur de Santis s'enferme à double tour dans sa chambre et va ouvrir une petite porte effacée derrière sa bibliothèque. — Il se trouve alors dans un cabinet assez sale et fort mal éclairé. Il y a là, une longue plume d'oie à la main, les cheveux hérissés, un homme au visage sinistre et mielleux à la fois. — Oh ! Pour celui-là, il sent le romancier d'une lieue, quoique ce ne soit qu'un ancien employé du ministère qui a appris l'art de Balzac dans le feuilleton du *Constitutionnel*. C'est le véritable auteur de *La Chambre des crânes* ! c'est le romancier » (46)*. Sous la seconde République, le Parlement tenta de lutter contre la mainmise du feuilleton. Chaque épisode publié d'un roman-feuilleton fut frappé d'une taxe de un centime. Les lois réactionnaires sur la presse, en restreignant la liberté d'opinion, donnèrent une valeur encore plus grande au feuilleton et abrogèrent peu de temps après cette réglementation.

Les rémunérations élevées du feuilleton, conjuguées avec ses ventes importantes, donnèrent aux écrivains qui le fournissaient en copie, une grande réputation

---

* L'usage des « nègres » n'était pas limité au feuilleton. Scribe employa toute une série de collaborateurs anonymes pour écrire le dialogue de ses pièces.

(45) Paulin Limayrac, « Du roman actuel et de nos romanciers », in *Revue des deux mondes,* tome 11, 14e année, nouvelle série, 1845, p. 953/954.

(46) Paul Saulnier, « Du roman en général et du romancier moderne en particulier », in : *Le bohème. Journal non politique.* 1re année, n° 5, 29 avril 1855, p. 2.

dans le public. Il était tentant pour un écrivain de mettre à profit et ses revenus et sa renommée : la carrière politique lui était ouverte presque naturellement. Apparurent ainsi de nouvelles formes de corruption, et celles-ci eurent plus de succès que la manipulation des manuscrits et des signatures. Une fois éveillée l'ambition politique de l'écrivain, il était tentant pour le régime de lui indiquer le bon chemin. En 1846, Salvandy, le Ministre des Colonies, offrit à Alexandre Dumas d'entreprendre un voyage à Tunis pour faire de la propagande en faveur des colonies. L'entreprise était dotée d'une subvention de 10 000 F. L'expédition avorta, dévora beaucoup d'argent et finit par une petite question orale à la Chambre. Eugène Sue fut plus heureux puisque le succès de ses *Mystères de Paris* non seulement fit passer le nombre des abonnements au *Constitutionnel* de 3 600 à 20 000, mais lui permit d'être élu à la députation en 1850 avec 130 000 voix d'ouvriers parisiens. Les électeurs prolétaires n'y gagnèrent pas grand-chose ; Marx appelle cette élection d'avril un « commentaire sentimental qui affaiblissait » (47) la victoire électorale du parti social-démocrate de mars. Si la littérature pouvait offrir une carrière politique aux écrivains préférés du public, cette carrière peut à son tour servir à l'examen critique de leurs œuvres. Lamartine en donne un bon exemple.

Les succès décisifs de Lamartine [20], *Les Méditations, Les Harmonies,* remontent à une époque où la paysannerie française pouvait encore jouir du fruit des terres qu'elle avait conquises. Le poète ainsi a comparé sa production à celle d'un vigneron dans un poème à Alphonse Karr :

---

(47) Marx, *Der achtzehnte Brumaire des Louis-Bonaparte,* l.c. p. 68. [trad. fr. p. 70.]

Tout homme avec fierté peut vendre sa sueur!
Je vends ma grappe en fruit comme tu vends ta fleur,
Heureux quand son nectar, sous mon pied qui la foule,
Dans mes tonneaux nombreux en ruisseaux d'ambre coule,
Produisant à son maître, ivre de sa cherté,
Beaucoup d'or pour payer beaucoup de liberté! (48).

Ces vers où Lamartine célèbre sa prospérité comme celle d'un paysan et se vante des rénumérations que son produit lui apporte sur le marché sont bien révélateurs lorsqu'on voit en eux moins l'aspect moral* que l'expression de la conscience de classe de Lamartine. C'était celle du paysan parcellaire. C'est là qu'on peut trouver une partie de l'histoire de la poésie de Lamartine. La situation du paysan parcellaire était devenue critique dans les années 40. Il était obéré. Sa parcelle ne se trouvait plus « dans la prétendue patrie, mais dans le registre des hypothèques » (49). L'optimisme paysan, la base même de la transfiguration de la nature qui est propre au lyrisme de Lamartine, s'en était allé déclinant. « Si la parcelle nouvellement constituée, dans son accord avec la société, sa dépendance à l'égard des forces naturelles et sa soumission à l'autorité qui la protège d'en haut, était naturellement religieuse, la

---

* L'écrivain ultramontain Louis Veuillot remarque dans une lettre ouverte à Lamartine : « Quoi! beaucoup d'or pour payer beaucoup de liberté! Vous ne savez pas être libre sans cela! Vous ne savez pas que le moyen d'être libre est de mépriser beaucoup l'or! Et pour acheter cette liberté que l'on se procure à prix d'or, c'est-à-dire à prix de liberté, vous produirez vos livres de la même façon mercenaire que vos légumes et votre vin » (Louis Veuillot, *Pages choisies*, avec une introduction critique par Antoine Albalat, Lyon, Paris, 1906, p. 31).

(48) Alphonse de Lamartine, *Œuvres poétiques complètes*. Ed. Guyard. Paris, 1963, p. 1506 (« Lettre à Alphonse Karr »).

(49) Marx, *Der achtzehnte Brumaire des Louis Bonaparte*, l.c. p. 122/123. [trad. fr. p. 133.]

parcelle accablée de dettes, brouillée avec la société et l'autorité, poussée au-delà de sa propre étroitesse, devient naturellement irréligieuse. Le ciel était un agréable supplément au mince lopin de terre que l'on venait d'acquérir, d'autant plus que c'est lui qui fait la pluie et le beau temps. Mais il devient une insulte dès qu'on veut l'imposer pour remplacer la parcelle » (50). Les poésies de Lamartine avaient été des nuages accrochés à ce ciel, comme Sainte-Beuve l'avait écrit dès 1830 : « La poésie d'André Chénier n'a point de religion ni de mysticisme ; c'est, en quelque sorte, le paysage dont Lamartine fait le ciel » (51). Ce ciel s'effondra pour toujours lorsque les paysans français élirent en 1849 Bonaparte comme président. Lamartine avait également préparé leur vote*. « Ce qu'il ne prévoyait pas », écrit Sainte-Beuve à propos du rôle qu'il a joué dans la révolution, « c'est qu'il serait l'Orphée qui plus tard dirigerait et réglerait par moments de son archet d'or cette invasion des bar-

---

* M. Pokrovski a prouvé, en s'appuyant sur les rapports de l'ambassadeur de Russie à Paris, Kisseliov, que les événements ont eu lieu de la façon décrite par Marx dans *Les Luttes de classes en France*. Lamartine[21] avait assuré à l'ambassadeur, le 6 avril 1849, que des troupes convergeaient vers la capitale — une mesure que la bourgeoisie tenta par la suite de justifier en prenant prétexte des manifestations ouvrières du 16 avril. La remarque de Lamartine selon laquelle il aurait besoin d'environ dix jours pour effectuer cette concentration de troupes, jette, effectivement, une lumière ambiguë sur ces manifestations (cf. Michail N. Pokrovski, *Historische Aufsätze.* [Essais historiques] *Ein Sammelband,* Vienne, Berlin, 1928, p. 108-109).

(50) Marx, *Der achtzehnte Brumaire des Louis-Bonaparte,* l.c. p. 122. [trad. fr. p. 133.]

(51) *Vie, poésies et pensées de Joseph Delorme. Nouvelle édition. (Poésies de Sainte-Beuve. 1ʳᵉ partie.)* Paris, 1863, p. 159/160.

bares » (52). Baudelaire dit de lui sèchement qu'il est « un peu catin, un peu prostitué » (53).

Personne n'a, mieux que Baudelaire, perçu les aspects problématiques de cette figure pleine d'éclat. Cela peut venir du fait que lui-même s'était depuis toujours bien peu auréolé de cet éclat. Porché estime que tout se passe, en apparence, comme si Baudelaire n'avait pas eu le choix de l'endroit où placer ses manuscrits (54). « Baudelaire », écrit Ernest Raynaud, « subit les exigences des écumeurs de lettres, de directeurs flibustiers qui exploitent la vanité des gens du monde, des amateurs et des débutants, et chez qui l'on n'est imprimé que si l'on souscrit des abonnements » (55). Le comportement de Baudelaire lui-même correspond à cet état de fait. Il soumet un même manuscrit à plusieurs rédactions en même temps, autorise des rééditions sans les signaler en tant que telles. Il a, très tôt, considéré le marché littéraire d'un regard parfaitement dépourvu d'illusions. Il écrit en 1846 : « Quelque belle que soit une maison, elle est avant tout — avant que sa beauté soit démontrée —, tant de mètres de haut sur tant de large. — De même la littérature, qui est la matière la plus inappréciable, — est avant tout un remplissage de colonnes ; et l'architecte littéraire dont le nom seul n'est pas une chance de bénéfice, doit vendre à tout prix » (56). Jusqu'à la fin de sa vie, Baudelaire fut mal placé sur le marché

---

(52) Sainte-Beuve, *Les consolations*, p. 118.

(53) Cit. dans François Porché, *La vie douloureuse de Charles Baudelaire*. Paris, 1926, p. 248.

(54) Cf. Porché, l.c. p. 156.

(55) Ernest Raynaud, *Charles Baudelaire. Etude biographique et critique suivie d'un essai de bibliographie et d'iconographie baudelairiennes*. Paris, 1922, p. 319.

(56) II, p. 385 (*Conseils aux jeunes littérateurs*).

littéraire. On a calculé qu'il n'a pas gagné avec son œuvre tout entière plus de 15 000 F.

« Balzac se brûle à force de café, Musset s'abrutit avec de l'absinthe et produit encore ses plus belles strophes, Murger meurt de tout dans une maison de santé, comme Baudelaire dans ce moment-ci. Et aucun de ces écrivains n'est socialiste ! » (57), écrit Jules Troubat, le secrétaire particulier de Sainte-Beuve. Baudelaire a certainement mérité la reconnaissance que la dernière phrase voulait lui manifester. Mais cela ne signifie pas qu'il n'ait pas perçu la véritable situation de l'écrivain. Il comparait fréquemment celui-ci — et lui-même au premier chef — à la prostituée. Le sonnet intitulé « La muse vénale » traite de ce thème. Le grand poème d'introduction aux *Fleurs du Mal,* « Au lecteur », présente le poète dans la situation peu flatteuse de celui qui fait payer grassement ses aveux. Un de ses premiers poèmes, un de ceux qui ne trouvèrent pas de place dans *Les Fleurs du Mal,* est dédié à une fille des rues. En voici la deuxième strophe :

> Pour avoir des souliers, elle a vendu son âme ;
> Mais le bon Dieu rirait si, près de cette infâme,
> Je tranchais du Tartufe et singeais la hauteur,
> Moi qui vends ma pensée et qui veux être auteur (58).

La dernière strophe (« Cette bohême-là, c'est mon tout, c'est ma richesse ») fait entrer nonchalamment cette créature dans la fraternité de la bohême. Baude-

---

(57) Cit. dans Eugène Crépet, *Charles Baudelaire. Etude biographique, revue et mise à jour par Jacques Crépet.* Paris, 1906, p. 196/197.
(58) I, p. 209 (Poésie de jeunesse : « Je n'ai pas pour maîtresse une lionne illustre »).

laire savait quelle était la vraie situation de l'écrivain ; il se rend au marché en flâneur ; il prétend qu'il veut observer mais, en réalité, il cherche déjà un acheteur.

II

LE FLÂNEUR

Quand l'écrivain s'était rendu au marché, il regardait autour de lui comme dans un panorama[1]. Un genre littéraire particulier a conservé ses premières tentatives pour s'orienter. C'est une littérature panoramique. Ce n'est pas un hasard si *Le livre des Cent-et-un, Les Français peints par eux-mêmes, Le diable à Paris, La grande ville* jouissent des faveurs de la capitale en même temps que les panoramas. Ces livres sont faits d'une série d'esquisses dont le revêtement anecdotique correspond aux figures plastiques situées au premier plan des panoramas, tandis que la richesse de leur information joue pour ainsi dire le rôle de la vaste perspective qui se déploie à l'arrière-plan. De nombreux auteurs ont apporté leur contribution à ces volumes. Ainsi ces recueils sont une conséquence de ce travail littéraire collectif auquel Girardin avait offert une place dans le *feuilleton* de son journal. Ils étaient comme l'habillage distingué, pour les salons, d'un genre de littérature qui était destiné, fondamentalement, à la vente dans les rues. Dans ce genre d'écrits, les modestes volumes en format de poche qu'on appelait des « physiologies » occupaient une place privilégiée. Ils étaient consacrés à l'examen des types que peut rencontrer celui qui observe le marché. Depuis le camelot des boulevards jusqu'aux élégants au foyer de l'Opéra, il n'y a pas une figure de la vie parisienne que le *physiologue* n'ait croquée. La grande période du genre se place au début des années quarante. C'est la grande école du feuilleton : la génération de Baudelaire y a fait ses classes. Le fait que Baudelaire lui-même ait été peu attiré par ce genre montre à quel point il a emprunté très tôt une voie personnelle.

En 1841, on comptait soixante-seize physiologies nouvelles (1). C'est à cette date que commence le déclin du genre, qui disparut lui aussi avec le règne du roi-citoyen. C'était fondamentalement un genre petit-bourgeois. Monnier, le maître du genre, était un philistin qui avait un don inhabituel pour l'observation de soi. Les physiologies ne dépassaient pas l'horizon le plus borné. Après qu'elles se furent consacrées aux types humains, ce fut le tour de la physiologie de la ville. On vit paraître *Paris la nuit, Paris à table, Paris dans l'eau, Paris à cheval, Paris pittoresque, Paris marié*. Quand cette veine à son tour fut épuisée, on risqua une « physiologie » des peuples, sans oublier la « physiologie » des animaux, qui ont eu depuis toujours l'avantage de fournir des sujets anodins. Car ce qui compte, c'est ce caractère anodin. Eduard Fuchs[2] fait remarquer dans ses études sur l'histoire de la caricature qu'on trouve à l'origine des physiologies ce qu'on appelle les lois de septembre, les mesures renforcées de censure prises en 1836. Ces lois, d'un coup, écartèrent de la politique une foule d'artistes doués et exercés à la satire. La manœuvre du gouvernement, qui avait si bien marché pour la caricature, devait à plus forte raison

---

(1) Cf. Charles Louandre, *Statistique littéraire. De la production intellectuelle en France depuis quinze ans. Dernière partie*, in : *Revue des deux mondes*, tome 20, 17ᵉ année, nouvelle série, 15 novembre 1847, p. 686/687.

réussir en littérature, car celle-ci n'avait pas en elle d'énergie politique qui pût se comparer avec celle d'un Daumier. La réaction, telle est la condition qui permet d'expliquer « la gigantesque parade de la vie bourgeoise qui commença en France (...) Tout fut passé en revue (...) les jours de fête et les jours de deuil, le travail et les loisirs, les mœurs conjugales et les habitudes des célibataires, la famille, le foyer, l'enfant, l'école, la société, le théâtre, les types, les professions » (2).

L'allure nonchalante de ces descriptions s'harmonise avec la démarche habituelle du flâneur qui va herboriser sur le bitume. Mais, à cette époque déjà, il n'était pas possible de vagabonder partout dans la ville. Avant Haussmann les trottoirs larges étaient rares et les trottoirs étroits ne protégeaient guère des voitures. La flânerie aurait pu difficilement avoir l'importance qu'elle a eue sans les passages[3]. « Les passages, nouvelle invention du luxe industriel », dit un guide illustré de Paris en 1852, « sont des galeries vitrées, revêtues de marbre, à travers des blocs entiers de maisons, dont les propriétaires se sont unis pour ces spéculations. Des deux côtés de ces galeries, éclairées par en haut, se succèdent les plus élégantes boutiques, en sorte qu'un pareil passage est une ville, voire un monde en miniature » (3). C'est dans ce monde que le flâneur est chez lui ; grâce à lui « ce séjour préféré des promeneurs et des fumeurs, ce théâtre de tous les petits métiers » a trouvé son chroniqueur et son philosophe. Et lui-même trouve ici le remède infaillible contre l'ennui qui se développe facilement sous le regard de basilic[4] d'un

---

(2) Eduard Fuchs, *Die Karikatur der europäischen Völker. Erster Teil : Vom Altertum bis zum Jahre 1848.* 4ᵉ éd. Munich, 1921, p. 362.
(3) Ferdinand von Gall, *Paris und seine Salons.* 2, Oldenbourg, 1845, p. 22.

régime réactionnaire rassasié. « Tout homme », déclare Constantin Guys, dans une remarque rapportée par Baudelaire, « qui s'ennuie au sein de la multitude est un sot! un sot! et je le méprise! » (4). Les passages sont des intermédiaires entre la rue et l'intérieur. Si l'on veut parler d'un art, d'un tour de main propre aux physiologies, c'est l'art, éprouvé, du feuilleton : transformer le boulevard en intérieur. La rue devient un appartement pour le flâneur qui est chez lui entre les façades des immeubles comme le bourgeois entre ses quatre murs. Il accorde aux brillantes plaques d'émail où sont écrits les noms des sociétés la valeur que le bourgeois accorde à une peinture à l'huile dans son salon. Les murs sont le pupitre sur lequel il appuie son carnet de notes, les kiosques à journaux lui tiennent lieu de bibliothèque et les terrasses des cafés sont les bow-windows d'où il contemple son intérieur après son travail. Que la vie, dans toute sa variété et dans la richesse inépuisable de ses variations, ne puisse se développer que sur les pavés gris et devant la façade grise du despotisme — telle était la secrète pensée politique du genre d'écrits dont faisaient partie les physiologies.

Même socialement, ce genre d'écrits était suspect. La longue série de caractères excentriques ou simplets, sympathiques ou sévères, que les physiologues offrent à leurs lecteurs ont une chose en commun. Ils sont anodins et d'une parfaite bonhomie. Pareille image des contemporains était trop éloignée de l'expérience ordinaire pour ne pas avoir des raisons particulièrement solides. De fait, la raison en était une inquiétude d'une nature particulière. Les gens devaient s'adapter à une situation nouvelle, assez déconcertante, qui est propre aux grandes villes. Georg Simmel a formulé de façon

---

(4) II, p. 333 (*Le peintre de la vie moderne*).

heureuse ce dont il est question ici. « Celui qui voit sans entendre est beaucoup plus confus, beaucoup plus perplexe, plus inquiet que celui qui entend sans voir. Il doit y avoir ici un facteur significatif pour la sociologie de la grande ville. Les rapports des hommes, dans les grandes villes, (...) sont caractérisés par une prépondérance marquée de l'activité de la vue sur celle de l'ouïe. Et cela (...) avant tout à cause des moyens de communication publics. Avant le développement qu'ont pris les omnibus, les chemins de fer, les tramways au XIXe siècle, les gens n'avaient pas l'occasion de pouvoir ou devoir se regarder réciproquement pendant des minutes ou des heures sans se parler » (5). Comme l'a vu Georg Simmel[5], cette situation nouvelle est rien moins qu'agréable. Bulwer orchestra déjà sa description de l'homme des grandes villes, dans *Eugène Aram,* en se référant à la remarque de Goethe[6] selon laquelle « chacun de nous, le meilleur comme le pire, cache en lui quelque chose, un sentiment, un souvenir, qui, s'il était connu, ferait haïr cet homme » (6). Les physiologues excellaient à écarter les idées inquiétantes de ce genre comme des vétilles. Ils représentaient, si l'on peut dire, les œillères de l' « animal borné des villes » dont parle Marx quelque part (7). Avec quelle efficacité, quand il le fallait, ils bornaient le regard, c'est ce que montre une description du prolétaire dans la

---

(5) Georg Simmel, *Mélanges de philosophie relativiste. Contribution à la culture philosophique.* Traduit par A. Guillain. Paris, 1912, p. 26/27.

(6) Cf. Edward George Bulwer Lytton, *Eugene Aram. A Tale. By the Author of* « *Pelham* », « *Devereux* », *& c.* Paris, 1832, p. 314.

(7) Marx et Engels, *Ueber Feuerbach. Der erste Teil der* « *Deutschen Ideologie* », in : *Marx-Engels Archiv* (*Zeitschrift des Marx-Engels-Instituts in Moskau*), D. Riazanov, Francfort-sur-le-Main, I, 1926, p. 272. [Marx, Engels, *L'Idéologie allemande,* trad. G. Badia et alii, Paris 1968, p. 81.]

Physiologie de l'industrie française de Foucaud : « Le repos de la rente, pour le travailleur, est écrasant. Le ciel a beau être sans nuages, la maison qu'il habite verdoyante, embaumée par les fleurs et égayée par les chants des oiseaux, son esprit inactif est insensible aux charmes de la solitude. Si, par hasard, son oreille surprend quelque bruit aigu parti d'une manufacture éloignée ou même le clapotement monotone du moulin d'une usine, aussitôt son front s'éclaircit ; il n'entend plus le chant mélodieux des oiseaux, il ne sent plus le parfum exquis des fleurs ; la fumée épaisse qui s'échappe de la haute cheminée d'usine, le bruit retentissant que l'enclume lui renvoie, le font tressaillir de joie, en lui rappelant les beaux jours du travail sollicité par l'inspiration du cerveau » (8). L'entrepreneur qui lisait cette description allait peut-être dormir avec plus de sérénité que d'habitude.

De fait, la chose la plus évidente à faire était de donner aux gens une image sympathique des uns et des autres. Les physiologues contribuèrent ainsi à leur façon à la fantasmagorie [7] de la vie parisienne. Mais leurs procédés ne pouvaient conduire bien loin. Les gens savaient que les uns et les autres étaient des débiteurs et des créanciers, des vendeurs et des chalands, des employeurs et des employés — et surtout ils savaient qu'ils étaient des concurrents. Leur présenter leurs partenaires sous les apparences d'un original anodin parut à la longue stérile. C'est la raison pour laquelle on vit apparaître assez tôt dans ce genre d'écrits une autre conception qui pouvait avoir une influence plus tonique. Elle remonte aux physionomistes du XVIIIe siècle, bien qu'elle ait peu à voir avec leurs tentatives les plus sérieuses (car il y avait chez

---

(8) Foucaud, *Paris inventeur. Physiologie de l'industrie française.* Paris, 1844, p. 222/223.

Lavater et Gall, en plus des spéculations et des rêveries, une base empirique véritable). Les physiologues s'en nourrissaient, sans ajouter à celle-ci quoi que ce soit qui leur fût propre. Ils affirmaient que chacun, sans se soucier de connaissances précises, était en mesure de déchiffrer la profession, le caractère, l'origine et la vie des passants. Chez eux, ce don apparaît comme une faculté que les fées auraient déposée au pied du berceau de chaque citadin[8]. Balzac, plus que tout autre, était dans son élément avec de pareilles certitudes. Sa prédilection pour les généralisations sans limites s'accommodait fort bien avec ces convictions. « Le génie », écrit-il par exemple, « est tellement visible en l'homme, qu'en se promenant à Paris, les gens les plus ignorants devinent un grand artiste quand il passe » (9). Delvau[9], l'ami de Baudelaire et le plus intéressant des petits maîtres du feuilleton, prétendait pouvoir analyser le public de Paris dans ses strates différentes aussi facilement que le géologue distingue les couches dans la roche. Si pareille chose était possible, la vie dans la grande ville n'était plus, de loin, aussi inquiétante qu'elle devait probablement le paraître à chacun. Car est-ce seulement une question rhétorique que pose Baudelaire quand il écrit : « Qu'est-ce que les périls de la forêt et de la prairie auprès des chocs et des conflits quotidiens de la civilisation ? Que l'homme enlace sa dupe sur le boulevard, ou perce sa proie dans des forêts inconnues, n'est-il pas l'homme éternel, c'est-à-dire l'animal de proie le plus parfait ? » (10).

Pour désigner la victime, Baudelaire emploie le mot « dupe » : ce mot évoque l'homme trompé, floué, le

---

(9) Honoré de Balzac, *Le Cousin Pons*. Ed. Conard, Paris, 1914, p. 130.

(10) II, p. 637 (*Mon cœur mis à nu*).

contraire de celui qui connaît la nature humaine. Moins la grande ville devient accueillante, et plus la connaissance de l'homme, pensait-on, est nécessaire pour qui veut y opérer et agir. En réalité la concurrence accrue conduit surtout l'individu à déclarer impérativement ses intérêts. La connaissance exacte de ceux-ci sera souvent, s'il s'agit d'évaluer le comportement d'un homme, d'une plus grande utilité que celle de son essence. Le don dont le flâneur aime se faire gloire est pour cette raison plutôt une des idoles [10] que Francis Bacon déjà installe au marché. Baudelaire a peu sacrifié à cette idole. La croyance au péché originel le protégeait contre la croyance à la connaissance de la nature humaine. Il partageait cette opinion avec Joseph de Maistre, qui, pour sa part, avait réuni l'étude du Dogme et celle de Bacon.

Les petits médicaments apaisants que les physiologues offraient aux acheteurs furent vite dépassés. La littérature qui s'est attachée aux aspects inquiétants et menaçants de la vie urbaine devait avoir au contraire un grand avenir. Cette littérature a également affaire avec la masse. Mais elle procède autrement que les physiologies. Peu lui importe la détermination des types : elle étudie plutôt les fonctions propres à la masse dans la grande ville. Parmi celles-ci, une s'imposait à l'attention, comme le souligne déjà un rapport de police vers le début du XIXe siècle : « Il sera toujours presque impossible de rappeler et de maintenir les bonnes mœurs dans une population amoncelée où chaque individu, pour ainsi dire, inconnu de tous les autres se cache dans la foule, et n'a à rougir aux yeux de personne » (11). La masse apparaît ici comme l'asile

---

(11) Cité par Adolphe Schmidt, *Tableaux de la révolution française. Publiés sur les papiers inédits du département et de la police secrète de Paris*. 3, Leipzig, 1870, p. 337.

qui protège l'asocial de ses poursuivants. C'est cet aspect qui, de tous les aspects menaçants de la grande ville, est devenu le plus tôt manifeste. Il est à l'origine du roman policier [11], du *detective novel*.

En ces temps de terreur où chacun tient par quelque chose du conspirateur, chacun peut également se trouver conduit à jouer au détective. La flânerie lui offrira les meilleures perspectives. « L'observateur », dit Baudelaire, « est un prince qui jouit partout de son incognito » (12). Si le flâneur devient ainsi contre son gré un détective, cette tranformation vient pour lui à propos socialement, car elle justifie son oisiveté. Son indolence n'est qu'apparente. Derrière elle se cache la vigilance d'un observateur qui ne quitte pas le malfaiteur des yeux. Le détective voit ainsi s'offrir à son amour-propre d'assez vastes domaines. Il élabore des formes de réaction qui conviennent au rythme, au tempo de la grande ville. Il saisit les choses au vol ; il peut ainsi rêver qu'il est proche de l'artiste. Chacun loue le crayon preste du dessinateur. Balzac considère que l'essence de l'artiste, d'une manière générale, réside dans la rapidité de la saisie*. — Le flair criminologique, allié à la nonchalance plaisante du flâneur, donne l'intrigue des *Mohicans de Paris* d'Alexandre Dumas. Le héros de ce roman décide de partir à l'aventure en suivant un morceau de papier qu'il a livré au jeu des vents. Quelque trace que le flâneur puisse suivre, chacun le conduira vers un crime. Cela permet de comprendre comment le roman policier, abstraction faite de ses froids calculs, concourt à la fantasmagorie de la vie parisienne. Il ne transfigure pas

---

* Balzac parle dans *Séraphita* de « cette vue intérieure dont les véloces perceptions amènent tour à tour dans l'âme, comme sur une toile, les paysages les plus contrastants du globe ».

(12) II, p. 333 (*Le peintre de la vie moderne*).

encore le criminel ; mais il transfigure ses adversaires, et surtout les terrains de chasse sur lesquels ils le poursuivent. Régis Messac a montré comment on s'efforce d'introduire à cette occasion des réminiscences de Fenimore Cooper (13). Ce qui est intéressant dans l'influence de Fenimore Cooper, c'est qu'on ne la cache pas. Au contraire même, on l'exhibe. Dans les *Mohicans de Paris,* que nous venons de citer, l'exhibition est déjà dans le titre ; l'auteur fait espérer au lecteur qu'il verra s'ouvrir dans Paris une forêt vierge et une prairie. La gravure qui orne le frontispice du troisième volume montre une rue couverte de buissons et jadis peu fréquentée ; la légende dit : « La forêt vierge rue d'Enfer ». Le prospectus de la maison qui édite cette œuvre définit la corrélation avec une grandiose rhétorique dans laquelle on peut croire retrouver la main de l'auteur enivré de lui-même : « Paris — les Mohicans... ces deux noms s'entrechoquent comme le qui-vive de deux inconnus gigantesques. Un abîme les sépare ; il est traversé par les étincelles de cette lumière électrique qui a sa source chez Alexandre Dumas. » Avant déjà, Paul Féval [12] a introduit dans des aventures citadines un Peau-Rouge du nom de Towah, qui tue et scalpe quatre de ses ennemis en plein Paris, dans un fiacre, si dextrement que le cocher ne s'en aperçoit même pas. Les *Mystères de Paris* renvoient dès le début à Fenimore Cooper, avec la promesse que ses héros des bas-fonds parisiens sont « aussi en dehors de la civilisation que les sauvages peuplades si bien peintes par Cooper ». Mais c'est surtout Balzac qui ne s'est jamais lassé de faire référence à Cooper comme à son modèle. « Ainsi, la poésie de la terreur que les stratagèmes des tribus ennemies en guerre répandent au sein des forêts

---

(13) Cf. Régis Messac, *Le « Détective Novel » et l'influence de la pensée scientifique.* Paris, 1929.

de l'Amérique, et dont a tant profité Cooper, s'attachait aux plus petits détails de la vie parisienne. Les passants, les boutiques, les fiacres, une personne debout à une croisée, tout offrait aux Hommes-Numéros à qui la défense de la vie du vieux Peyrade était confiée, l'intérêt énorme que présentent dans les romans de Cooper un tronc d'arbre, une habitation de castors, un rocher, la peau d'un bison, un canot immobile, un feuillage à fleur d'eau. » L'intrigue de Balzac est riche en formes intermédiaires entre le roman policier et l'histoire d'Indiens. On a assez tôt critiqué ses « Mohicans en spencer » et ses « Iroquois en redingote » (14). D'un autre côté, Hippolyte Babou, qui était proche de Baudelaire, écrit rétrospectivement en 1857 : « Quand Balzac découvre les toits ou perce les murs pour donner un champ libre à l'observation, vous parlez insidieusement au portier, vous vous glissez le long des clôtures, vous pratiquez de petits trous dans les cloisons, vous écoutez aux portes, vous braquez votre lunette d'approche, la nuit, sur les ombres chinoises qui dansent au loin derrière les vitres éclairées ; vous faites, en un mot, (...) ce que nos voisins les Anglais appellent dans leur pruderie le police detective » (15).

Le roman policier, dont l'intérêt réside dans une construction logique qui, en tant que telle, n'est pas indispensable à une histoire criminelle, apparaît en France pour la première fois avec les traductions des histoires de Poe : *Le Mystère de Marie Roget, Le Double meurtre de la rue Morgue, La Lettre volée*. En traduisant ces modèles, Baudelaire a adopté le genre.

(14) Cf. André Le Breton, *Balzac. L'homme et l'œuvre.* Paris, 1905, p. 83.
(15) Hippolyte Babou, *La vérité sur le cas Champfleury.* Paris, 1857, p. 30.

L'œuvre de Poe fut totalement intégrée à la sienne ; et Baudelaire souligne ce fait en proclamant sa solidarité avec une méthode qui unifie les différents genres vers lesquels Poe se tourna. Poe a été un des grands techniciens de la littérature moderne. Il est le premier, comme le note Valéry (16), à avoir essayé le conte scientifique, le poème cosmogonique moderne, l'introduction dans la littérature des états psychologiques morbides. Ces genres étaient pour lui les productions exactes d'une méthode à laquelle il fallait accorder, selon lui, une validité universelle. C'est sur ce point précis que Baudelaire se rangeait à ses côtés, et il écrit, tout à fait dans l'esprit de Poe : « Le temps n'est pas loin où l'on comprendra que toute littérature qui se refuse à marcher fraternellement entre la science et la philosophie est une littérature homicide et suicidaire » (17). Le roman policier, celle des réalisations techniques de Poe qui a eu le plus de succès, faisait partie d'un genre qui satisfaisait au postulat de Baudelaire. L'analyse de ce genre littéraire, c'est déjà une partie de l'analyse de l'œuvre de Baudelaire elle-même, même s'il n'a composé aucune œuvre de ce genre. *Les Fleurs du Mal* comportent comme autant de *membra disjecta* trois de ses éléments décisifs : la victime et le lieu du crime (« Une martyre »), le meurtrier (« Le vin de l'assassin »), la masse (« Le crépuscule du soir »). Manque le quatrième élément qui permet à l'entendement de traverser cette atmosphère chargée d'émotions. Baudelaire n'a pas écrit de roman policier parce que sa structure pulsionnelle lui rendait impossible l'identification avec le détective. Le calcul, le moment de la construction, se trouvait chez lui du côté de

---

(16) Cf. Baudelaire, *Les fleurs du mal*. Ed. Crès. Paris, 1928. Introduction de Paul Valéry.
(17) II, p. 424 (« L'Ecole païenne »).

l'asocial. Il fait partie intégrante de la cruauté. Baudelaire a été un trop bon lecteur de Sade pour pouvoir entrer en concurrence avec Poe*.

Le contenu social primitif du roman policier est l'effacement des traces de l'individu dans la foule de la grande ville. Poe analyse en détail ce thème dans le *Mystère de Marie Roget,* la plus ample de ses histoires criminelles. Cette histoire est en même temps le prototype de l'utilisation des informations journalistiques pour résoudre une énigme criminelle. Le détective de Poe, le chevalier Dupin, se fonde en effet, dans son enquête, non sur ses observations personnelles mais sur les articles des journaux. L'analyse critique de ses articles donne sa charpente au récit. Entre autres choses, il faut déterminer l'heure du crime. Un journal, *Le Commercial*, défend la thèse selon laquelle Marie Roget, la victime, a été assassinée immédiatement après qu'elle eut quitté la pension de sa mère. « Il est impossible », dit-il, « qu'une jeune fille connue, comme était Marie, de plusieurs milliers de personnes, ait pu passer trois bornes sans rencontrer quelqu'un à qui son visage fût familier... » « C'est là l'idée d'un homme résidant depuis longtemps dans Paris — d'un homme public —, dont les allées et venues dans la ville ont été presque toujours limitées au voisinage des administrations publiques. Il sait que *lui*, il va rarement à une douzaine de bornes au-delà de son propre *bureau* sans être reconnu et accosté. Et, mesurant l'étendue de la connaissance qu'il a des autres et que les autres ont de lui-même, il compare sa notoriété avec celle de la parfumeuse, ne trouve pas grande différence entre les deux, et arrive tout de suite à cette conclusion qu'elle devait être, dans ses courses, aussi exposée à être

---

* « Il faut toujours en revenir à ce stade, c'est-à-dire à l'homme naturel, pour expliquer le mal » (II, p. 694).

reconnue que lui dans les siennes. Cette conclusion ne pourrait être légitime que si ses courses, à elle, avaient été de la même nature invariable et méthodique, et confinées dans la même espèce de région que ses courses à lui. Il va et vient, à des intervalles réguliers, dans une périphérie bornée, remplie d'individus que leurs occupations, analogues aux siennes, poussent naturellement à s'intéresser à lui et à observer sa personne. Mais les courses de Marie peuvent être, en général, supposées d'une nature vagabonde. Dans le cas particulier qui nous occupe, on doit considérer comme très probable qu'elle a suivi une ligne s'écartant plus qu'à l'ordinaire de ses chemins accoutumés. Le parallèle que nous avons supposé exister dans l'esprit du *Commercial* ne serait soutenable que dans le cas des deux individus traversant toute la ville. Dans ce cas, s'il est accordé que les relations personnelles soient égales, les chances aussi seront égales pour qu'ils rencontrent un nombre égal de connaissances. Pour ma part, je tiens qu'il est, non seulement possible, mais infiniment probable que Marie a suivi, à n'importe quelle heure, une quelconque des nombreuses routes conduisant de sa résidence à celle de sa tante, sans rencontrer un seul individu qu'elle connût ou de qui elle fût connue. Pour bien juger cette question, pour la juger dans son vrai jour, il nous faut bien penser à l'immense disproportion qui existe entre les connaissances personnelles de l'individu le plus répandu de Paris et la population de Paris tout entière » (18). Si on laisse de côté le contexte qui donne naissance chez Poe à ces réflexions, le détective perd sa compétence, mais le problème garde sa validité. Sous une forme modifiée, il sert de

---

(18) Edgar Poe, *Histoires extraordinaires. Traduction de Charles Baudelaire.* (Charles Baudelaire, *Œuvres complètes*, 5 ; Traductions I. Ed. Calmann-Lévy.) Paris, 1885, p. 484-486.

fondement à un des poèmes les plus célèbres des *Fleurs du Mal,* le sonnet « A une passante ».

> La rue assourdissante autour de moi hurlait.
> Longue, mince, en grand deuil, douleur majestueuse,
> Une femme passa, d'une main fastueuse
> Soulevant, balançant le feston et l'ourlet ;
>
> Agile et noble, avec sa jambe de statue.
> Moi, je buvais, crispé comme un extravagant,
> Dans son œil, le ciel livide où germe l'ouragan,
> La douceur qui fascine et le plaisir qui tue.
>
> Un éclair... puis la nuit ! — Fugitive beauté
> Dont le regard m'a fait soudainement renaître,
> Ne te verrais-je plus que dans l'éternité ?
>
> Ailleurs, bien loin d'ici ! trop tard ! jamais peut-être !
> Car j'ignore où tu fuis, tu ne sais où je vais,
> O toi que j'eusse aimée, ô toi qui le savais ! (19).

Le sonnet « A une passante » présente la foule non comme l'asile du criminel, mais comme le lieu où trouve refuge l'amour fuyant le poète. On peut dire que ce sonnet traite de la fonction de la foule non dans l'existence du bourgeois mais dans celle du poète érotique. Cette fonction paraît au premier regard négative ; mais elle ne l'est pas. L'apparition qui le fascine, loin de seulement se soustraire dans la foule au poète érotique, ne lui est donnée que par cette foule. Le ravissement du citadin est moins l'amour du premier regard que celui du dernier. Le « jamais » de la dernière strophe est le sommet de la rencontre, c'est le moment où la passion, désormais vaine en apparence, jaillit en réalité, comme une flamme, du poète. Cette

---

(19) I, p. 106 (« A une passante »).

flamme le consume ; mais nul Phénix ne se lève. La renaissance du premier tercet ouvre sur l'événement une perspective qui, à la lumière de la strophe précédente, apparaît très problématique. Ce qui « crispe » le corps, ce n'est pas l'émotion de celui dont une image prend possession dans tous les recoins de son être ; c'est quelque chose qui se rapproche plutôt du choc qui se produit quand un désir impérieux envahit tout d'un coup le solitaire [13]. La formule « comme un extravagant » exprime presque cela ; l'accent que le poète met sur le « grand deuil » n'est pas de nature à le cacher. Un abîme profond en vérité sépare les quatrains qui décrivent la rencontre et les tercets qui la transfigurent. Thibaudet en reste à la surface quand il écrit que ces vers « ne peuvent éclore que dans le milieu d'une grande capitale » (20). Ils révèlent dans leur configuration intérieure les stigmates que l'amour lui-même reçoit de la grande ville*.

On perçoit depuis Louis-Philippe dans la bourgeoisie un effort pour se dédommager du peu de traces que laisse la vie privée dans la grande ville. Elle cherche ce dédommagement entre ses quatre murs. Tout se passe comme si elle mettait un point d'honneur à sauver de la disparition dans l'éternité des siècles, sinon son existence terrestre, du moins ses articles d'usage courant et

---

* Stefan George [14] a repris dans un de ses premiers poèmes le thème de l'amour pour une passante. Mais il a laissé échapper l'essentiel : le flot qui porte cette femme et l'entraîne loin du poète. Il ne reste plus, dès lors, qu'une timide élégie. Comme il doit l'avouer à la dame de son cœur, les yeux du poète « humides de désir se sont détournés avant d'oser se plonger dans les tiens » (Stefan George, *Hymnen Pilgerfahrten Algabal*, Berlin, 1922, p. 23). Baudelaire, lui, ne laisse planer aucun doute sur le fait qu'il a regardé la passante droit dans les yeux.

(20) Albert Thibaudet, *Intérieurs. Baudelaire, Fromentin, Amiel.* Paris, 1924, p. 22.

ses accessoires. Elle prend infatigablement l'empreinte d'une foule d'objets ; elle cherche des fourreaux et des étuis pour les pantoufles et pour les montres, pour les thermomètres et les coquetiers, pour les couverts et les parapluies. Elle préfère les housses de peluche et de velours qui conservent l'empreinte de chaque contact. Avec le style Makart[15] — le style du second Empire finissant — l'appartement devient une sorte de coquille. Ce style considère que l'appartement représente l'enveloppe de l'individu et il l'y dépose avec tous ses accessoires, gardant ainsi fidèlement sa trace comme la nature conserve dans le granit celle d'une faune disparue. Mais il ne faut pas oublier que ce processus a un double aspect. De cette façon, la valeur, réelle ou sentimentale, des choses ainsi conservées est soulignée. Celles-ci sont soustraites au regard profane de celui qui n'en est pas propriétaire et leurs contours, en particulier, sont, de façon très caractéristique, effacés. Il n'est nullement surprenant de constater que la résistance aux contrôles et à la surveillance, qui devient une seconde nature chez l'asocial, réapparaît dans la bourgeoisie possédante. On peut voir dans ces usages l'illustration dialectique d'un texte qui est paru en feuilleton dans le *Journal officiel*. Dès 1836, Balzac avait écrit dans *Modeste Mignon* : « Essayez donc de rester inconnues, pauvres femmes de France, de filer le moindre petit roman au milieu d'une civilisation qui note sur les places publiques l'heure du départ et de l'arrivée des fiacres, qui compte les lettres, qui les timbre doublement au moment précis où elles sont jetées dans les boîtes et quand elles se distribuent, qui numérote les maisons, qui configure sur le rôle-matrice des contributions les étages, après en avoir vérifié les ouvertures, qui va bientôt posséder tout son territoire représenté dans ses dernières parcelles, avec ses plus menus linéaments, sur les vastes feuilles du Cadastre, œuvre de géant ordonnée par un géant ! » (21). Depuis la Révolution française, un réseau étendu de surveillance avait pris de plus en plus étroitement dans ses mailles la vie civile et bourgeoise. On peut prendre comme point de repère pour mesurer les progrès de la normalisation la numérotation des immeubles dans la grande ville. En 1805, l'administration de Napoléon l'avait rendue obligatoire pour Paris. Cette simple mesure de police avait, il est vrai, rencontré des résistances dans les quartiers prolétaires; on lit encore en 1864, au sujet du Faubourg Saint-Antoine, le quartier des ébénistes : « Lorsqu'on demande son adresse à un habitant de ce faubourg, il donnera toujours le nom que porte sa maison et non le numéro froid et officiel » (22). De telles résistances sont naturellement impuissantes à la longue contre les efforts déployés pour compenser par un réseau multiple d'enregistrements l'absence de traces qui accompagne la disparition des hommes dans les masses des grandes villes. Baudelaire fut victime de ces efforts comme n'importe quel criminel. Poursuivi par les créanciers, il cherchait refuge dans les cafés et les cercles de lecture. Il se pouvait qu'il eût deux domiciles en même temps — mais les jours de loyer il passait souvent la nuit ailleurs, chez des amis. Il errait ainsi dans la ville qui avait depuis longtemps déjà cessé d'être la patrie du flâneur. Chaque lit où il se couchait était devenu pour lui un « lit hasardeux » (23). Crépet compte, entre 1842 et 1858, 14 adresses de Baudelaire à Paris.

Des mesures techniques devaient venir aider au processus administratif de surveillance. Aux commen-

---

(21) Balzac, *Modeste Mignon*. Ed. du Siècle. Paris, 1850, p. 99.
(22) Sigmund Engländer, *Geschichte der französischen Arbeiter-Associationen*. III. Hambourg, 1864, p. 126.
(23) I, p. 115 (« Brumes et pluies »).

cements de cette procédure d'identification dont la méthode Bertillon permet aujourd'hui de mesurer l'efficacité, c'était la signature qui assurait de l'identité d'une personne. L'invention de la photographie [16] représente une étape importante dans l'histoire de cette procédure. Elle est pour la criminologie aussi importante que l'invention de l'imprimerie pour la littérature. La photographie permet pour la première fois de fixer durablement et sans aucune ambiguïté les traces d'un homme. Le roman policier naît au moment où était assurée cette conquête, la plus décisive de toutes, sur l'incognito de l'homme. Il n'est pas possible depuis lors d'envisager quelque fin à ces efforts pour s'emparer de celui-ci et le figer dans ses paroles et ses actes.

La célèbre nouvelle de Poe intitulée « L'homme des foules » est quelque chose comme l'image aux rayons X d'un roman policier. Il y est dépouillé de cette substance enveloppante qu'est le crime. Ne reste plus que la simple armature : le poursuivant, la foule, un inconnu qui choisit son chemin dans Londres de façon à rester toujours en son centre. Cet inconnu est le flâneur. C'est ainsi que Baudelaire l'a compris lorsque, dans son essai sur Constantin Guys, il a appelé le flâneur l' « homme des foules ». Mais la description de cette figure chez Poe est exempte de cette connivence qui lie Baudelaire à elle. Le flâneur aux yeux de Poe est d'abord un homme qui n'est pas à l'aise dans sa propre société. C'est la raison pour laquelle il recherche la foule ; il ne faudra pas chercher bien loin le motif pour lequel il s'y cache. Poe, à dessein, efface la différence entre l'asocial et le flâneur. Un homme devient d'autant plus suspect qu'il est difficile à débusquer. S'abstenant d'une plus longue poursuite, le narrateur résume en silence sa découverte : « Ce vieux homme, — me dis-je à la longue, — est le type et le génie du crime profond.

Il refuse d'être seul. Il est l'homme des foules » (24).

L'auteur ne fait pas porter seulement sur cet homme l'intérêt du lecteur. Celui-ci s'attachera au moins autant à la description de la foule, et ce pour des raisons documentaires aussi bien qu'artistiques. A ces deux égards elle est remarquable. Ce qui frappe d'abord, c'est le ravissement avec lequel le narrateur suit les spectacles de la foule, qu'observe également le cousin à sa fenêtre d'angle dans une nouvelle célèbre d'E.T.A. Hoffmann. Mais quelle timidité dans le regard de celui qui observe la foule bien installé dans sa demeure, et quelle pénétration dans le regard de celui qui la regarde à travers les vitres du café ! C'est la différence entre Berlin et Londres qu'on retrouve dans la différence entre les postes d'observation. D'un côté l'homme privé ; il est assis à la fenêtre d'angle comme dans une loge de théâtre ; lorsqu'il veut mieux détailler le marché, il dispose de sa lorgnette de théâtre. De l'autre le consommateur, anonyme, qui entre dans le café et qui le quittera bientôt, attiré par l'aimant de la masse qui se frotte sans cesse à lui. D'un côté une multitude de petites scènes de genre qui, rassemblées, font un album de vignettes colorées ; de l'autre une silhouette qui aurait pu inspirer un grand graveur ; une foule innombrable où personne n'est tout à fait lisible pour son voisin et personne n'est tout à fait indéchiffrable. Le petit bourgeois a des frontières bien délimitées. Et pourtant Hoffmann, de par ses dispositions naturelles, était de la famille de Poe et de Baudelaire. On lit dans les remarques biographiques qui accompagnent l'édition originale de ses dernières œuvres : « Hoffmann ne fut jamais particulièrement un amoureux de la nature.

---

(24) Poe, *Nouvelles histoires extraordinaires*. Traduction de Charles Baudelaire. (Charles Baudelaire, *Œuvres complètes*. 6 ; Traductions II. Ed. Calmann-Lévy.) Paris, 1887, p. 102.

L'homme, les informations qui le concernent, les observations qui s'y rapportent, le simple spectacle des hommes, voilà ce qui lui importait plus que tout. S'il allait se promener en été, ce qui lui arrivait chaque jour, vers le soir, quand il faisait beau, il était difficile de trouver un cabaret, une pâtisserie où il n'avait pas fait une brève visite pour voir s'il y avait du monde, et quels gens s'y trouvaient » (25). Plus tard, quelqu'un comme Dickens, quand il était en voyage, se plaignait sans cesse de l'absence de bruit dans la rue, bruit qui était indispensable à son travail. « Je ne saurais dire à quel point les rues me manquent », écrit-il en 1846 de Lausanne, alors qu'il est absorbé par son travail pour *Dombey and Son*. « Tout se passe comme si elles donnaient à mon cerveau un aliment dont il ne peut se passer quand il doit travailler. Je peux écrire merveilleusement une semaine ou quinze jours dans un coin reculé ; un jour à Londres suffit ensuite pour me remonter (...) Mais la peine et le travail d'écrire jour après jour sans cette lanterne magique sont immenses (...) Mes personnages semblent vouloir se figer quand ils n'ont plus de foules autour d'eux » (26). Dans tout ce que Baudelaire trouve à critiquer dans Bruxelles, la ville haïe, une chose l'emplit d'une animosité particulière : « Pas d'étalages aux boutiques. La flânerie, si chère aux peuples doués d'imagination, impossible à Bruxelles. Rien à voir, et des chemins impossibles » (27). Baudelaire aimait la solitude ; mais il la voulait dans la foule.

(25) E. T. A. Hoffmann, *Ausgewählte Schriften* 15 : *Leben und Nachlass*. Par Julius Eduard Hitzig. 3. 3. Auf., Stuttgart, 1839, p. 32-34.
(26) Cit. anonyme (Franz Mehring), « Charles Dickens », in *Die Neue Zeit* 30 (1911/12), I, p. 622.
(27) II, p. 710 (*Pauvre Belgique*).

Au cours de son récit Poe fait tomber le soir. Il s'attarde dans les rues éclairées au gaz [17]. Or l'apparition de la rue comme intérieur où se concentre la fantasmagorie du flâneur est difficilement séparable de l'éclairage au gaz. Le premier éclairage au gaz brûla dans les passages. C'est pendant l'enfance de Baudelaire qu'on tenta de l'utiliser à l'air libre ; on installa des réverbères place Vendôme. Sous Napoléon III, le nombre des réverbères parisiens fut en augmentation rapide (28). Cela accrut la sécurité dans la ville ; la foule, de cette façon, se sentit chez elle dans les rues, même la nuit ; le ciel étoilé fut chassé de l'image d'une grande ville par les réverbères plus radicalement encore que par la hauteur des murs de ses immeubles. « Je tire le rideau sur le soleil : il est bien et dûment couché : n'en parlons plus ; je ne vois plus désormais d'autre lumière que celle du gaz » (29)*. La lune et les étoiles ne valent plus qu'on les mentionne.

A l'apogée du second Empire, les boutiques dans les grandes artères ne fermaient pas avant dix heures du soir. C'était la grande époque du noctambulisme. « L'homme », écrivait jadis Delvau dans le deuxième chapitre de ses *Heures parisiennes,* qui est consacré à la deuxième heure après minuit, « peut se reposer de temps en temps ; les haltes et les stations lui sont permises ; il n'a pas le droit de dormir » (30). Au bord du lac Léman, Dickens pense avec nostalgie à Gènes où

---

* On retrouve la même image dans « Le Crépuscule du soir » : « Le ciel /Se ferme lentement comme une grande alcôve,/ » ; cf. I, p. 108.

(28) Cf. (Marcel Poëte et alii) *La transformation de Paris sous le Second Empire. Exposition de la Bibliothèque et des travaux historiques de la ville de Paris.* Organisée avec le concours des collections de P. Blondel (et alii). Paris, 1910, p. 65.

(29) Julien Lemer, *Paris au gaz.* Paris, 1861, p. 10.

(30) Alfred Delvau, *Les heures parisiennes.* Paris, 1866, p. 206.

il avait deux miles de rues éclairées où il pouvait errer la nuit. Plus tard, lorsque la flânerie cessa d'être à la mode avec le déclin des passages et que la lumière du gaz, elle aussi, ne fut plus considérée comme une invention élégante, il sembla aux yeux d'un ultime flâneur qui circulait tristement dans le passage Colbert désormais vide que le tremblement des becs de gaz ne manifestait plus que la peur qu'avait leur flamme de ne plus être payée à la fin du mois [18] (31). Stevenson écrivit à cette époque son élégie sur la disparition des becs de gaz. Elle imite surtout le rythme selon lequel les allumeurs de réverbères allaient d'une rue à l'autre allumer leurs lampadaires. A l'origine, ce rythme contrastait avec le mouvement uniforme du soir qui tombe, mais aujourd'hui il contraste avec le choc brutal qui place d'un coup des villes tout entières dans la clarté de la lumière électrique. « Cette lumière ne devrait briller que pour les meurtres et l'exécution publique ou le long des couloirs des asiles de fous, une horreur qui renforce l'horreur » (32). Bien des choses indiquent que l'éclairage ne fut que tardivement considéré de la façon idyllique dont Stevenson écrit sa notice nécrologique. En particulier le texte de Poe dont nous venons de parler. L'effet de cet éclairage ne peut guère être décrit en des termes plus inquiétants : « Les rayons des becs de gaz, faibles d'abord quand ils luttaient avec le jour mourant, avaient maintenant pris le dessus et jetaient sur toutes choses une lumière étincelante et agitée. Tout était noir, mais éclatant comme cette ébène à laquelle on a comparé le style de Tertullien » (33). « Le gaz, dans la maison », lit-on ailleurs chez Poe, « est

---

(31) Cf. Louis Veuillot, *Les odeurs de Paris*. Paris, 1914, p. 182.
(32) Robert Louis Stevenson, *Virginibus Puerisque and Other Papers*. London, p. 192 (« A Plea for Gas Lamps »).
(33) Poe, *Nouvelles histoires extraordinaires,* l.c. p. 94.

complètement inadmissible. Sa lumière, vibrante et dure, est offensante » (34).

La foule londonienne elle-même apparaît aussi sombre et confuse que la lumière dans laquelle elle se meut. Cela ne vaut pas seulement pour la canaille qui se glisse hors de « sa tanière » (35) au crépuscule. Poe décrit en ces termes la « classe des premiers commis de maisons solides » : « Ils avaient tous la tête légèrement chauve, et l'oreille droite, accoutumée dès longtemps à tenir la plume, avait contracté un singulier tic d'écartement. J'observai qu'ils ôtaient ou remettaient toujours leurs chapeaux avec les deux mains, et qu'ils portaient des montres avec de courtes chaînes d'or, d'un modèle solide et ancien » (36). Poe n'a pas cherché dans sa description l'apparence immédiate. Les uniformités auxquelles les petits-bourgeois sont soumis par leur présence dans la foule sont exagérées; leur allure n'est pas loin d'être uniforme. Plus surprenante encore est la description de la manière dont se déplace cette foule : « Le plus grand nombre de ceux qui passaient avaient un maintien convaincu et propre aux affaires, et ne semblaient occupés qu'à se frayer un chemin à travers la foule; ils fronçaient les sourcils et roulaient les yeux vivement; quand ils étaient bousculés par quelques passants voisins, ils ne montraient aucun symptôme d'impatience, mais rajustaient leurs vêtements et se dépêchaient. D'autres, une classe fort nombreuse encore, avaient le sang à la figure, se parlaient à eux-mêmes et gesticulaient, comme s'ils se sentaient seuls par le fait même de la multitude innombrable qui les entourait. Quand ils étaient arrêtés dans leur marche,

---

(34) Poe, *Histoires grotesques et sérieuses*. (Charles Baudelaire, *Œuvres complètes*. Ed. Crépet-Pichois. 10, Paris, 1937, p. 207.)
(35) Poe, *Nouvelles histoires extraordinaires*, l.c. p. 94.
(36) Poe, l.c. p. 90/91.

ces gens-là cessaient tout à coup de marmotter, mais redoublaient leurs gesticulations, et attendaient avec un sourire distrait et exagéré, le passage des personnes qui leur faisaient obstacle. S'ils étaient poussés, ils saluaient abondamment les pousseurs, et paraissaient accablés de confusion » (37)*. On pourrait croire que Poe parle ici d'individus misérables plus ou moins pris de boisson. Il précise en réalité que « c'étaient indubitablement des gentilshommes, des marchands, des attorneys, des fournisseurs, des agioteurs » (38). Ce qui est en jeu ici, c'est tout autre chose qu'une psychologie des classes sociales**.

* On peut établir un parallèle entre ce passage et certains vers d « Un jour de pluie ». Bien qu'il soit signé d'un autre nom, c'est à Baudelaire qu'il faut attribuer ce poème (cf. Charles Baudelaire, *Vers retrouvés*, éd. Mouquet, Paris, 1929). L'analogie entre le dernier vers et la référence à Tertullien est d'autant plus étonnante que ce poème a été écrit au plus tard en 1843 — à une époque où Baudelaire ne connaissait pas encore Poe :

> Chacun, nous coudoyant sur le trottoir glissant,
> Egoïste et brutal, passe et nous éclabousse,
> Ou, pour courir plus vite, en s'éloignant nous pousse.
> Partout, fange, déluge, obscurité du ciel.
> Noir tableau qu'eût rêvé le noir Ezéchiel (I, p. 211).

** L'image de l'Amérique aux yeux de Marx semble être faite avec la même matière que la description de Poe. Marx souligne en effet « le mouvement jeune et fiévreux de la production matérielle » aux Etats-Unis qu'il rend responsables du fait que personne n'a eu « ni le temps ni l'occasion de détruire l ancien monde spirituel » (Marx, *Le 18 Brumaire, loc. cit.*, p. 30). La physionomie des hommes d'affaires a même chez Poe quelque chose de démoniaque. Baudelaire décrit comment, lorsque le soir descend, « des démons malsains dans l'atmosphère / S'éveillent lourdement comme des gens d'affaire ». Ce passage du « Crépuscule du soir » a pu être inspiré par le texte de Poe.

(37) Poe, *Nouvelles histoires extraordinaires*, l.c. p. 89.
(38) Poe, l.c. p. 89/90.

Il y a une lithographie de Senefelder qui représente un cercle de jeux. Aucun des personnages qu'on peut y voir ne se livre réellement au jeu de la façon dont on l'entend communément. Chacun est possédé par son émotion : l'un se laisse aller à une joie débordante ; l'autre est plein de méfiance pour son partenaire ; un troisième est en proie à un morne désespoir ; celui-ci est envahi par la fièvre du combat ; celui-là se prépare au suicide. Cette gravure rappelle Poe par son extravagance. Certes, la réprobation de Poe est plus grande et les moyens qu'il utilise sont en accord avec cette condamnation. Son trait de génie dans cette description fut d'exprimer la solitude désespérée des hommes prisonniers de leur intérêt privé non pas, comme Senefelder, par la diversité de leurs attitudes, mais par l'étrange uniformité de leur vêtement ou de leur comportement. La servilité avec laquelle ceux qui sont bousculés présentent leurs excuses nous fait voir d'où viennent les procédés ici mis en œuvre par Poe. Ils viennent du répertoire des clowns et Poe les emploie comme le fera plus tard la pantomime. Les jeux du clown sont notoirement en rapport avec l'économie. Il imite, par ses mouvements brusques, autant la machinerie qui assène ses coups à la matière que la conjoncture qui assène les siens à la marchandise. Les particules de la foule décrite par Poe imitent de semblable manière « le mouvement fiévreux de la production matérielle » avec les formes sociales qui l'accompagnent. La description de Poe préfigure ce que le lunapark, qui transforme en clown le petit homme, fit naître plus tard dans ses autos tamponneuses et autres attractions de ce genre [19]. Les gens chez Poe se comportent comme s'ils ne pouvaient plus s'exprimer que par réflexes. Ces mouvements paraissent plus déshumanisés encore du fait que Poe ne parle que des hommes. Lorsque le flot de la foule s'immobilise, ce n'est pas parce que la circulation des voitures l'arrête — celle-ci n'est nulle part mentionnée — mais parce qu'il est bloqué par d'autres foules. La flânerie ne pouvait s'épanouir dans une masse de cette nature.

Dans le Paris de Baudelaire, les choses n'en étaient pas encore là. Là où des ponts devaient plus tard enjamber la Seine, on utilisait encore des bacs. L'année même où mourut Baudelaire, un entrepreneur pouvait encore songer à mettre en circulation, pour la commodité des Parisiens, cinq cents chaises à porteur. En ce temps-là, les passages étaient encore à la mode, et le flâneur y échappait au spectacle de ces véhicules qui n'admettent point la concurrence du piéton. Le passant qui s'enfonce dans la foule existait déjà, mais on rencontrait encore le flâneur qui cherche des espaces libres et ne veut pas se passer de vie privée. Il va oisif comme un homme qui a une personnalité ; il proteste ainsi contre la division du travail qui fait des gens des spécialistes. Il proteste également contre leur activité industrieuse. Vers 1840, il fut quelque temps de bon ton de promener des tortues dans les passages. Le flâneur se plaisait à suivre le rythme de leur marche. S'il avait été suivi, le progrès aurait dû apprendre ce pas. En fait, ce n'est pas lui qui eut le dernier mot, mais Taylor, qui a imposé le slogan : « Guerre à la flânerie ! » (39). Certains, de bonne heure, cherchèrent à se faire une idée de ce qui devait advenir. Dans son utopie, *Paris n'existe pas,* Rattier écrit en 1857 : « De flâneur qu'il était sur les trottoirs et devant les étalages, homme nul, insignifiant, insatiable de banquistes, d'émotions à dix centimes ; étranger à tout ce qui n'est pas pierre, fiacre, lanterne à gaz ; de promeneur éternel, toujours prêt à lever dans l'atmosphère son regard terne et vaguement

---

(39) Cf. Georges Friedmann, *La crise du progrès. Esquisse d'histoire des idées 1895-1935.* 2e éd. Paris, 1936, p. 76.

sollicité par tout objet, il s'est fait observateur de ce qui vaut la peine, homme sérieux et digne ; il s'est fait laboureur, vigneron, industriel de la laine, du sucre et du fer » (40).

Au cours de ses pérégrinations, l'homme de la foule débouche à une heure tardive sur un bazar où les chalands sont encore nombreux. Il s'y promène comme un client. Y avait-il de grands magasins à plusieurs étages à l'époque de Poe ? Quoi qu'il en soit, Poe fait circuler « pendant une heure et demie, à peu près » l'homme agité dans ce bazar. « Il entrait successivement dans toutes les boutiques, ne marchandait rien, ne disait pas un mot, et jetait sur tous les objets un regard fixe, effaré, vide » (41). Si le passage est la forme classique de l'intérieur sous laquelle la rue se présente au flâneur, le grand magasin en est la forme déclinante. Le grand magasin est le dernier refuge du flâneur. La rue au début était devenue son intérieur ; cet intérieur maintenant se transformait en rue, et il errait dans le labyrinthe [20] de la marchandise comme il errait auparavant dans le labyrinthe de la ville. Le récit de Poe a ceci de grandiose qu'il inscrit sur la toute première description du flâneur la figure de sa mort.

Jules Laforgue a dit de Baudelaire : « Le premier, il parla de Paris en damné quotidien de la capitale » (42). Il aurait pu dire aussi qu'il a été le premier à parler également de l'opium qui apporte un soulagement à ces damnés — et à eux seuls. La foule n'est pas seulement le plus récent asile du réprouvé ; c'est aussi la plus récente drogue de ceux qui sont délaissés. Le flâneur est un homme délaissé dans la foule. Il partage ainsi la

---

(40) Paul-Ernest de Rattier, *Paris n'existe pas.* Paris, 1857, p. 74/75.
(41) Poe, *Nouvelles histoires extraordinaires,* l.c. p. 98.
(42) Jules Laforgue, *Mélanges posthumes.* Paris, 1903, p. 111.

situation de la marchandise. Il n'a pas conscience de cette situation particulière, mais elle n'en exerce pas moins son influence sur lui. Elle le plonge dans la félicité comme un stupéfiant qui peut le dédommager de bien des humiliations. L'ivresse à laquelle le flâneur s'abandonne, c'est celle de la marchandise que vient battre le flot des clients.

Si cette âme de la marchandise que Marx[21] mentionne à l'occasion, en plaisantant (43), existait vraiment, elle serait la plus sensible de toutes celles qu'on peut rencontrer au royaume des âmes, car il faudrait qu'elle visse en chacun l'acheteur dans la main et la demeure duquel elle veut se blottir. Or cette « intropathie » est l'essence même de l'ivresse à laquelle s'abandonne le flâneur dans la foule. « Le poète jouit de cet incomparable privilège, qu'il peut à sa guise être lui-même et autrui. Comme ces âmes errantes qui cherchent un corps, il entre, quand il veut, dans le personnage de chacun. Pour lui seul, tout est vacant ; et si de certaines places paraissent lui être fermées, c'est qu'à ses yeux elles ne valent pas la peine d'être visitées » (44). Ce qui parle là, c'est la marchandise elle-même, et les derniers mots donnent même une idée assez exacte de ce qu'elle murmure au pauvre diable qui passe devant un étalage de choses belles et coûteuses. Celles-ci ne veulent rien savoir de lui ; elles ne pénétrent pas en lui, entre elles et lui il n'y a pas d'« intropathie ». Ce qui parle donc dans les phrases de cet important poème en prose intitulé « Les foules », c'est le fétiche lui-même, avec lequel la nature sensitive de Baudelaire est en si parfaite résonance que l'« intropathie » avec l'inorganique a été une des

---

(43) Cf. Marx, *Das Kapital*, l.c. p. 95. [trad. fr. p. 94.]
(44) I, p. 420/21 (*Le Spleen de Paris*, « Les Foules »).

sources de son inspiration*. Baudelaire s'y connaissait en stupéfiants, mais l'un de leurs effets socialement importants lui a échappé. C'est le charme que manifestent les drogués sous l'influence de la drogue. La marchandise, pour sa part, reçoit ce charme de la foule qui l'enveloppe et l'enivre. Le rassemblement massif des chalands qui forme en réalité le marché qui, d'une marchandise, fait une marchandise, accroît le charme de celle-ci pour l'acheteur moyen. Lorsque Baudelaire parle d'une « ivresse religieuse des grandes villes » (45), le sujet, resté inconnu, de celle-ci pourrait être la marchandise. Et la « sainte prostitution de l'âme », en comparaison de laquelle « ce que les hommes nomment amour est bien petit, bien restreint et bien faible » (46), peut, si la confrontation avec l'amour garde son sens, n'être rien d'autre que la prostitution de l'âme de la marchandise. « Cette sainte prostitution de l'âme qui se donne tout entière, poésie et charité, à l'imprévu qui se montre, à l'inconnu qui

---

* Le deuxième poème intitulé « Spleen » est un complément extrêmement important aux documents qui furent rassemblés dans la première partie de cet essai. Il est presque impossible qu'un poète avant Baudelaire puisse écrire un vers qui corresponde au « Je suis un vieux boudoir plein de roses fanées » (I, p. 86). Le poème tout entier est fondé sur l' « intropathie » avec une matière qui est, au double sens, morte. C'est la matière inorganique et, en outre, la matière exclue du processus de circulation.

> Désormais tu n'es plus, ô matière vivante !
> Qu'un granit entouré d'une vague épouvante,
> Assoupi dans le fond d'un Sahara brumeux ;
> Un vieux sphinx ignoré du monde insoucieux,
> Oublié sur la carte, et dont l'humeur farouche
> Ne chante qu'aux rayons du soleil qui se couche (I, p. 86).

L'image du Sphinx qui conclut le poème a la morose beauté des « rossignols » qu'on trouve encore dans les passages.

(45) II, p. 627 (*Mon Cœur mis à nu*).
(46) I, p. 421 (*Le Spleen de Paris*, « Les Foules »).

passe » (47), dit Baudelaire. C'est précisément cette poésie, précisément cette charité que les prostituées revendiquent pour elles-mêmes. Elles auraient exploré les secrets du libre marché ; la marchandise n'aurait pas de supériorité sur elles. Quelques-uns de leurs charmes étaient fondés sur le marché et devinrent autant d'instrument de pouvoir. Baudelaire les enregistre en tant que tels dans « Le Crépuscule du soir » :

> A travers les lueurs que tourmente le vent
> La Prostitution s'allume dans les rues ;
> Comme une fourmilière elle ouvre ses issues ;
> Partout elle se fraye un occulte chemin,
> Ainsi que l'ennemi qui tente un coup de main ;
> Elle remue au sein de la cité de fange
> Comme un ver qui dérobe à l'Homme ce qu'il mange (48).

Seule la masse des habitants permet à la prostitution de se répandre ainsi sur de vastes portions de la ville. Et seule la masse permet à l'objet sexuel de s'enivrer des centaines d'excitations que lui-même provoque en même temps.

Le spectacle que présente le public des rues d'une grande ville n'avait pas sur tout le monde cet effet enivrant. Longtemps avant que Baudelaire n'écrive son poème en prose sur « Les foules », Friedrich Engels avait entrepris de décrire l'agitation des rues londoniennes. « Une ville comme Londres, où l'on peut marcher des heures sans même parvenir au commencement de la fin, sans découvrir le moindre indice qui signale la proximité de la campagne, est vraiment quelque chose de très particulier. Cette centralisation énorme, cet entassement de 3,5 millions d'êtres humains en un seul endroit a centuplé la puissance de

---

(47) I, p. 421 (« Les Foules »).
(48) I, p. 108 (« Le Crépuscule du soir »).

ces 3,5 millions d'hommes (...) Quant aux sacrifices que tout cela a coûté, on ne les découvre que plus tard. Lorsqu'on a battu quelques jours le pavé des rues principales (...), c'est alors seulement qu'on commence à remarquer que ces Londoniens ont dû sacrifier la meilleure part de leur qualité d'hommes, pour accomplir tous les miracles de la civilisation dont la ville regorge, que cent forces, qui sommeillaient en eux, sont restées inactives et ont été étouffées (...) La cohue des rues a déjà, à elle seule, quelque chose de répugnant, qui révolte la nature humaine. Ces centaines de milliers de personnes, de tout état et de toutes classes, qui se pressent et se bousculent, ne sont-elles pas toutes des hommes possédant les mêmes qualités et les mêmes capacités et le même intérêt dans la quête du bonheur ? Et pourtant, ces gens se croisent en courant, comme s'ils n'avaient rien en commun, rien à faire ensemble, et pourtant la seule convention entre eux est l'accord tacite selon lequel chacun tient sur le trottoir sa droite, afin que les deux courants de la foule qui se croisent ne se fassent pas mutuellement obstacle ; et pourtant il ne vient à l'esprit de personne d'accorder à autrui ne fût-ce qu'un regard. Cette indifférence brutale, cet isolement insensible de chaque individu au sein de ses intérêts particuliers, sont d'autant plus répugnants et blessants que le nombre de ces individus confinés dans cet espace réduit est plus grand » (49).

Le flâneur ne brise qu'en apparence cet « isolement insensible de chaque individu au sein de ses intérêts particuliers » lorsqu'il emplit l'espace vide que son

---

(49) Engels, *Die Lage der arbeitenden Klasse in England. Nach eigner Anschauung und authentischen Quellen.* 2. Ausg., Leipzig, 1848, p. 36/37. [F. Engels, *La situation de la classe laborieuse en Angleterre, d'après les observations de l'auteur et des sources authentiques,* trad. G. Badia et J. Frédéric, Paris, 1973, p. 59/60.]

isolement a créé en lui par une intropathie stérile et imaginaire avec des inconnus. Comparée à la claire description d'Engels, cette formule de Baudelaire semble obscure : « Le plaisir d'être dans les foules est une expression mystérieuse de la jouissance de la multiplication du nombre » (50) ; mais cette phrase s'éclaire lorsqu'on pense qu'elle est dite non du point de vue de l'homme, mais de celui de la marchandise. Dès que l'homme, comme force de travail, est une marchandise, il ne lui est certes pas nécessaire de se mettre véritablement à la place de la marchandise. Plus il prend conscience du fait que son mode d'existence lui est imposé d'en haut par l'organisation de la production — en d'autres termes, plus il se prolétarise, et plus il sera transi par l'haleine glacée de l'économie marchande, et moins il aura envie de s'identifier par « intropathie » avec la marchandise. Mais les choses n'en étaient pas encore là pour la classe de petits-bourgeois à laquelle Baudelaire appartenait. Au stade de l'évolution sociale dont il est question ici, cette classe se trouvait seulement au commencement du déclin. Il était inévitable que nombre de ses membres découvrissent un jour brutalement la nature marchande de leur force de travail. Mais ce jour n'était pas encore venu. En attendant, ils pouvaient, si l'on peut dire, se chercher des passe-temps. Comme, dans le meilleur des cas, la part qui leur était échue était le plaisir mais jamais le pouvoir, le délai de grâce qui leur était accordé par l'histoire donnait naissance à un passe-temps. Qui cherche à passer le temps cherche le plaisir. Il était évident, toutefois, que le plaisir de cette classe rencontrait des limites d'autant plus strictes qu'elle voulait s'y adonner dans cette société-là. Ce plaisir s'annonçait moins borné si elle pouvait le tirer de cette société. Si

(50) II, p. 626 (*Mon Cœur mis à nu*).

elle voulait pousser jusqu'à la virtuosité cette façon de prendre du plaisir, elle ne pouvait dédaigner l'identification avec la marchandise. Elle devait savourer cette identification avec le plaisir et l'angoisse que lui donnait le pressentiment de voir là préfigurée sa destinée en tant que classe sociale. Elle devait finalement apporter à cette identification une sensibilité qui sait percevoir le charme des choses meurtries et pourrissantes. Baudelaire qui, dans un poème à une courtisane, dit de « son cœur meurtri comme une pêche » qu'il « est mûr, comme son corps, pour le savant amour », possédait cette sensibilité-là. C'est à elle qu'il doit le plaisir qu'il tire de cette société, en homme qui s'est déjà à demi retiré d'elle.

Il laissait, dans l'attitude de l'homme qui prend ainsi du plaisir, le spectacle de la foule agir sur lui. Mais la fascination extrêmement profonde qu'elle exerçait sur lui tenait à ce qu'elle ne l'aveuglait pas sur la terrible réalité sociale, malgré l'ivresse dans laquelle elle le plongeait. Il en demeurait conscient dans la mesure où des hommes enivrés demeurent « encore » conscients de la situation réelle. C'est la raison pour laquelle la grande ville n'apparaît presque jamais exprimée dans la description directe de ses habitants. La façon brutale et sans détour dont quelqu'un comme Shelley[22] saisit Londres dans l'image de ses habitants, ne pouvait être bénéfique au Paris de Baudelaire.

> L'Enfer est une ville très semblable à Londres,
> Une ville populeuse et enfumée,
> Avec toutes sortes de gens ruinés,
> Peu ou pas d'amusement,
> Peu de justice et encore moins de pitié (51).

(51) P.B. Shelley, *The Complete Poetical Works.* London, 1932, p. 346. (« Peter Bell the Third Part »). [W. Benjamin cite le poème dans la traduction de B. Brecht.]

Un voile[23] pour le flâneur recouvre cette image. La masse est ce voile ; elle ondule « dans les plis sinueux des vieilles capitales » (52). Avec elle « même l'horreur tourne aux enchantements » (53). C'est seulement lorsque ce voile se déchire et offre au regard du flâneur « une place populeuse » dont « l'émeute a fait une solitude » (54) que lui aussi voit le visage authentique de la grande ville.

S'il fallait une preuve de la violence avec laquelle l'expérience de la foule a bouleversé Baudelaire, on la trouverait dans le fait qu'il entreprit de rivaliser avec Hugo sous le signe de cette expérience. Il était clair pour Baudelaire que la force de Victor Hugo, si force il y avait, venait de cette expérience de la foule. Il loue chez Hugo « un caractère poétique (...), interrogatif » et dit à sa louange que non seulement il exprime nettement, qu'il traduit littéralement la lettre claire et nette, mais aussi qu'il exprime avec l'obscurité indispensable ce qui est obscur et confusément révélé (55). Un des trois poèmes des *Tableaux parisiens* qui sont dédiés à Hugo, commence par une invocation à la ville populeuse — « fourmillante cité, cité pleine de rêves » (56) —, un autre de ces poèmes suit des vieilles femmes à travers la foule, dans « le fourmillant tableau » de la ville (57)*. La foule est un sujet

---

* Le troisième poème du cycle intitulé « Les Petites vieilles » souligne cette rivalité par des emprunts littéraux au troisième poème de la série de Hugo intitulée « Fantômes »[24]. Ainsi s'établit une correspondance entre une des plus parfaites poésies de Baudelaire et une des plus faibles que Hugo ait jamais écrites.

(52) I, p. 102 (« Les Petites Vieilles »).
(53) Cf. I, p. 102. (« Les Petites Vieilles »).
(54) II, p. 193 (*Quelques caricaturistes français*).
(55) II, p. 522 (*Réflexions sur quelques-uns de mes contemporains : Victor Hugo*).
(56) I, p. 100 (« Les Sept Vieillards »).
(57) I, p. 103 (« Les Petites Vieilles »).

nouveau dans la poésie lyrique. On faisait encore gloire à un novateur comme Sainte-Beuve, comme d'une attitude convenable et appropriée à un poète, de trouver la foule « insupportable » (58). Hugo a découvert ce thème de la poésie pendant son exil à Jersey. Lors de ses promenades solitaires au bord de la mer il s'est déployé devant lui grâce à une de ces antithèses gigantesques qui étaient indispensables à son inspiration. La foule entre dans la poésie, chez Hugo, comme un objet de contemplation. L'océan déferlant est son modèle et le penseur qui médite sur ce spectacle éternel est celui qui sonde véritablement la foule dans laquelle il se perd comme dans le mugissement de la mer. « Le banni, comme il regarde du haut de la falaise solitaire vers les grands pays qui ont un destin, plonge son regard dans le passé des peuples (...) Il se porte, lui et sa destinée, au cœur des événements qui s'animent pour lui et se confondent avec la vie des forces naturelles, de la mer, des rochers qui s'effritent, des nuages qui passent et de tous les autres spectacles sublimes que recèle une vie solitaire et tranquille en communion avec la nature » (59). « L'océan même s'est ennuyé de lui », Baudelaire a-t-il dit de Hugo, effleurant des verges légères de son ironie le grand homme en méditation sur les rochers. Baudelaire ne se sentait pas porté à s'abandonner au spectacle de la nature. Son expérience de la foule porte les traces de « la migraine et des mille coups » dont souffre le passant dans la cohue et qui n'en rendent que plus vive la conscience qu'il a de lui-même. (C'est au fond précisément cette conscience de soi qu'il prête à la

---

(58) Sainte-Beuve, *Les Consolations,* l.c. p. 125. (Cette remarque, publiée par Sainte-Beuve à partir du manuscrit, est de G. Farcy.)
(59) Hugo von Hofmannsthal, *Versuch über Victor Hugo.* Munich, 1925, p. 49.

marchandise qui flâne.) La foule, pour Baudelaire, n'a jamais été une invite, une incitation à jeter la sonde de la pensée dans la profondeur du monde. Hugo au contraire écrit : « Les profondeurs sont des multitudes » (60) et ouvre ainsi à sa méditation un espace immense. Le naturel-surnaturel qui bouleverse Hugo sous la forme de la foule se manifeste aussi bien dans la forêt que dans le monde animal et le mugissement des flots ; en chacun de ces phénomènes peut fulgurer quelques instants la physionomie d'une grande ville. La « pente de la rêverie » donne une image grandiose de la promiscuité qui règne dans la multitude de tous les êtres vivants.

> La nuit avec la foule, en ce rêve hideux,
> Venait, s'épaississant ensemble toutes deux,
> Et, dans ces régions que nul regard ne sonde,
> Plus l'homme était nombreux, plus l'ombre était
> profonde (61).

Et

> Foule sans nom ! chaos ! des voix, des yeux, des pas.
> Ceux qu'on n'a jamais vus, ceux qu'on ne connaît pas.
> Tous les vivants ! — cités bourdonnant aux oreilles
> Plus qu'un bois d'Amérique ou des ruches
> d'abeilles (62).

La nature, par la foule, exerce son droit fondamental sur la ville. Mais ce n'est pas seulement la nature qui fait ainsi respecter ses droits. Il y a dans *Les Misérables*

---

(60) Cit. Gabriel Bounoure, « Abîmes de Victor Hugo », in *Mesures,* 15 juillet 1936, p. 39.
(61) V. Hugo, *Œuvres complètes, Poésie. 2. Les Orientales, Les Feuilles d'automne.* Paris, 1880, p. 365.
(62) V. Hugo, l.c. p. 363.

un passage étonnant où la vie de la forêt apparaît comme l'archétype de la masse [25]. « Ce qui venait de se passer dans cette rue n'eût point étonné une forêt ; les futaies, les taillis, les bruyères et les branches âprement entrecroisées, les hautes herbes existent d'une manière sombre ; le fourmillement sauvage entrevoit là les subites apparitions de l'invisible ; ce qui est au-dessous de l'homme y distingue à travers la brume ce qui est au-delà de l'homme. » On découvre au fond de cette description ce qu'a été véritablement chez Hugo l'expérience de la foule. Dans la foule, ce qui est au-dessous de l'homme entre en relation avec ce qui règne au-dessus de lui. C'est cette promiscuité qui englobe toutes les autres. La foule chez Hugo apparaît comme un être bâtard que des forces difformes, surhumaines, font naître à partir de celles qui sont inférieures à l'homme. L'aspect visionnaire qu'on trouve dans la conception hugolienne de la foule rend davantage justice à la réalité sociale que le traitement « réaliste » qu'il lui fait subir en politique. Car la foule, en réalité, est un monstre, s'il est permis d'appliquer ce terme de biologie aux rapports sociaux. Une rue, un incendie, un accident de la circulation rassemblent des gens qui, en tant que tels, ne sont pas définis par leur classe sociale. Ils sont associés dans des réunions concrètes, mais ils demeurent socialement abstraits, dans la mesure où ils sont pris dans la sphère de leurs intérêts privés. Leurs modèles sont les clients qui, en fonction de leurs intérêts particuliers, se rassemblent au marché autour d'une « cause » ou d'une « chose » commune. Ces réunions n'ont bien souvent qu'une existence statistique et ne laissent pas voir ce qui fait leur caractère véritablement monstrueux : la concentration de personnes privées, en tant que telles, réunies par le hasard de leurs intérêts privés. Mais lorsque ces rassemblements sautent aux yeux — ce qui est le cas avec les

Etats totalitaires, dans la mesure où ils font de la concentration massive de leurs clients la condition permanente et obligatoire de tous leurs projets — ce caractère bâtard devient manifeste, surtout pour ceux qui sont ainsi réunis. Ils rationalisent alors le hasard de l'économie de marché qui les rassemble en évoquant un « destin » où « la race » se retrouve. Ils donnent ainsi libre cours à l'instinct grégaire et au comportement réflexe. Les peuples qui se trouvent à l'avant de la scène européenne font connaissance avec cet élément surnaturel dont Hugo avait découvert la présence dans la foule. Hugo n'a certes pas su déchiffrer la signification historiquement prémonitoire de cette force, mais elle a laissé son empreinte curieusement déformée dans son œuvre, dans les procès-verbaux des séances de spiritisme.

Ce contact avec le monde des esprits qui eut à Jersey, comme on le sait, une influence profonde sur sa vie comme sur son travail, était, aussi étrange que cela puisse paraître, un contact avec les masses, contact qui faisait nécessairement défaut au poète en exil. Car la masse est le mode d'existence du monde des esprits[26]. Hugo se voyait ainsi lui-même d'abord comme un génie dans une grande assemblée de génies, ses ancêtres. Il parcourt ainsi dans *William Shakespeare* en de longues rhapsodies la série de ces princes de l'esprit qui commence avec Moïse et finit avec lui. Mais elle ne représente qu'une petite troupe dans la foule puissante des défunts. Le *ad plures ire*[27] des Romains n'était pas un vain mot pour le génie chthonien de Hugo. Les esprits des morts vinrent plus tard, lors de la dernière séance, en messagers de la nuit. Les procès-verbaux de Jersey ont conservé leurs messages. « (La Mort parle :) Tout grand esprit fait dans sa vie deux œuvres : son œuvre de vivant et son œuvre de fantôme (...) Tandis que le vivant fait ce premier ouvrage, le fantôme pensif, la nuit, pendant le silence universel, s'éveille dans le vivant. O terreur! quoi, dit l'être humain, ce n'est pas tout? Non répond le spectre, lève-toi, debout, il fait grand vent, les chiens et les renards aboient, les ténèbres sont partout, la nature frissonne et tremble sous la corde du fouet de Dieu; (...) l'écrivain-spectre voit les idées-fantômes; les mots s'effarent, les phrases frissonnent de tous leurs membres, le papier s'agite comme la voile d'un vaisseau dans la tempête, la plume sent sa barbe se hérisser, l'encrier devient l'abîme, les lettres flamboient, la table vacille, le plafond tremble, la vitre pâlit, la lampe a peur (...) Prenez garde, ô vivant, ô homme d'un siècle, ô proscrit d'une idée terrestre, ô pesanteur nécessaire, car ceci est de la folie, car ceci est de la tombe, car ceci est de l'infini, car ceci est hors de l'homme, car ceci est une idée-fantôme » (63). Le frisson cosmique dans l'expérience vécue de l'invisible que Hugo enregistre dans ce passage ne ressemble en rien à la terreur nue qui s'emparait de Baudelaire dans le spleen, et Baudelaire manifesta peu de compréhension pour l'entreprise de Hugo. « Théorie de la vraie civilisation. Elle n'est pas dans le gaz ni dans la vapeur, ni dans les tables tournantes, elle est dans la diminution des traces du péché originel », dit-il. Mais Hugo ne se souciait pas de la civilisation. Il se sentait vraiment chez lui dans le monde des esprits. C'était, pourrait-on dire, le complément cosmique d'un ménage qui n'était pas lui-même étranger à l'horreur. Sa communication intime avec les apparitions leur ôte beaucoup de leur caractère effrayant. Il lui arrive parfois aussi d'être un peu laborieuse et de sentir un peu l'huile. Elle trahit alors ce qu'elles doivent au procédé littéraire. Les fantômes de

---

(63) Gustave Simon, *Chez Victor Hugo. Les tables tournantes de Jersey. Procès-verbaux des séances.* Paris, 1923, p. 306-308, 314.

la nuit ont leur pendant : ce sont des abstractions dépourvues de sens, des personnifications plus ou moins astucieuses comme celles qu'on trouvait en abondance sur les monuments de l'époque. Le Drame, la Poésie lyrique, la Poésie, la Pensée, et bien d'autres de ce genre, font candidement entendre leur voix dans les procès-verbaux de Jersey, entre les voix du chaos.

Les cohortes immenses du monde des esprits — et cela pourrait rapprocher l'énigme de sa solution — représentent surtout pour Hugo un public. L'étonnant n'est pas que son œuvre reprenne des thèmes de la table tournante, mais que le poète ait eu l'habitude de la produire et de l'écrire devant elle. Les applaudissements que l'au-delà ne lui a jamais mesurés lui donnaient dans son exil un avant-goût de ceux, immenses, qui devaient accueillir le poète vieillissant de retour dans sa patrie. Lorsque pour son soixante-dixième anniversaire le peuple de Paris se pressa en direction de sa demeure, avenue d'Eylau, l'image de la vague qui déferle sur les rochers trouva sa réalisation concrète. Mais l'ambassade des esprits aussi.

Enfin l'ombre insondable de la présence de la masse a été également la source des spéculations révolutionnaires de Victor Hugo. Le jour de la délivrance dans *Les Châtiments* est ainsi paraphrasé :

> Le jour où nos pillards, où nos tyrans sans nombre
> Comprendront que quelqu'un remue au fond de
>   l'ombre (64).

Est-ce qu'un jugement révolutionnaire solide pouvait correspondre à une représentation de la masse [28] opprimée vue sous le signe de la foule ? Celle-ci n'était-elle

---

(64) V. Hugo, *Œuvres complètes, Poésie. 4. Les Châtiments.* Paris, 1882, p. 397 (« La Caravane IV »).

pas plutôt la manifestation évidente des limites de ce jugement, quelles qu'en soient les origines? Lors du débat à la Chambre du 25 novembre 1848, Hugo s'était élevé contre la répression barbare de la révolte de Juin par Cavaignac. Mais le 20 juin, lors du débat sur les ateliers nationaux, il avait déclaré : « La monarchie avait ses oisifs, la République a ses fainéants »*. Hugo se faisait l'écho des opinions superficielles du jour comme d'une foi aveugle et naïve en l'avenir, mais on trouve aussi chez lui un pressentiment profond de la vie en formation au sein de la nature et du peuple. Hugo n'est pas parvenu à trouver une médiation entre ces deux niveaux. Il n'en voyait pas la nécessité ; c'était même là la condition de l'ambition énorme de son œuvre, de son étonnante ampleur et probablement aussi de son énorme influence sur ses contemporains. Dans le chapitre des *Misérables* intitulé « L'Argot », ces deux aspects antagonistes de sa nature s'opposent avec une brutalité impressionnante. Après avoir jeté

---

* Pélin, un représentant caractéristique de la basse bohème, écrit au sujet de ce discours dans son journal *Les boulets rouges. Feuille du club pacifique des droits de l'homme :* « Le citoyen Hugo a fait son début à la tribune de l'Assemblée nationale. Il a été ce que nous avions prévu : faiseur de phrases et de gestes, orateur à mots ronflants et creux ; persévérant dans la voie perfide et calomniatrice de sa dernière affiche, il a parlé des désœuvrés, de la misère, des oisifs, des fainéans, des lazzaroni, des prétoriens de l'émeute, des condottiéri, en un mot il a fait suer la métaphore pour arriver à une attaque contre les ateliers nationaux » (anon., Faits divers, in *Les boulets rouges. Feuille du club pacifique des droits de l'homme,* Rédacteur Le Citoyen Pélin, 1re année, n° 1, du 22 au 25 juin 1848, p. 1). Eugène Spuller écrit dans son *Histoire parlementaire de la Seconde République :* « Victor Hugo avait passé avec les voix de la réaction. » « Il avait constamment voté avec la droite, à part une ou deux occasions où la politique ne comptait pour rien » (Eugène Spuller, *Histoire parlementaire de la Seconde République suivie d'une petite histoire du Second Empire,* Paris, 1891, p. 111, 266).

des regards hardis dans l'atelier linguistique du bas peuple, le poète conclut en ces termes : « Depuis 89, le peuple tout entier se dilate dans l'individu sublimé ; il n'y a pas de pauvre qui, ayant son droit, n'ait son rayon ; le meurt-de-faim sent en lui l'honnêteté de la France ; la dignité du citoyen est une armure intérieure ; qui est libre est scrupuleux ; qui vote règne » (65). Victor Hugo voyait les choses à la lumière que pouvaient lui donner les expériences d'une carrière littéraire exceptionnellement réussie et d'une carrière politique éclatante. Hugo fut le premier grand écrivain à donner des titres collectifs à ses œuvres — *Les Misérables, Les Travailleurs de la mer*. La foule, pour lui, était, presque au sens antique, la foule des clients — c'était la masse de ses lecteurs et de ses électeurs. En un mot, Hugo n'était pas un flâneur.

Pour la foule qui accompagnait Hugo et que Hugo accompagnait, Baudelaire n'existait pas. Mais elle existait bel et bien pour lui. Son spectacle lui donnait chaque jour l'occasion de mesurer la profondeur de son échec. Et parmi les raisons qui l'incitaient à rechercher ce spectacle, celle-ci n'était pas la moins importante. L'orgueil désespéré qui venait le frapper par accès, il le nourrissait de la gloire de Victor Hugo. Mais il ressentait probablement encore plus douloureusement comme un aiguillon le credo politique de celui-ci. Ce credo politique, c'était le citoyen. La masse de la grande ville ne pouvait le troubler. Il reconnaissait en elle la foule du peuple. Il voulait être chair de leur chair. La laïcité, le progrès et la démocratie, voilà la bannière qu'il faisait flotter sur les têtes. Cette bannière transfigurait l'existence de la masse. Elle obscurcissait un seuil, celui qui sépare l'individu de la foule. Baude-

---

(65) V. Hugo, *Œuvres complètes, Roman. 8. Les Misérables. IV*. Paris, 1881, p. 306.

laire était le gardien de ce seuil[29]; c'était cela qui le distinguait de Victor Hugo. Il lui ressemblait cependant en ceci que, lui non plus, ne voyait pas au travers de l'illusion sociale qui se cristallise dans la foule. Il lui opposait un idéal aussi peu critique que la conception que Hugo se faisait d'elle. Au moment où Hugo célèbre la masse, qui est pour lui l'héroïne d'une épopée moderne, Baudelaire cherchait pour le héros un refuge dans la masse de la grande ville. Comme *citoyen* Hugo se mêle à la foule; Baudelaire, en héros, s'en détache.

III

LA MODERNITÉ

Baudelaire a modelé son image de l'artiste à partir d'une image du héros. Dès le début l'un se fait le défenseur de l'autre. « Il faut que la volonté soit une faculté bien belle et toujours bien fructueuse », lit-on dans le *Salon de 1845,* « pour qu'elle suffise à donner un cachet, un style quelquefois violent à des œuvres méritoires, mais d'un ordre secondaire. (...) Le spectateur jouit de l'effort et l'œil boit la sueur » (1). On trouve dans les *Conseils aux jeunes littérateurs* de l'année suivante la belle formule où la « contemplation opiniâtre de l'œuvre de demain » (2) apparaît comme la garantie de l'inspiration. Baudelaire connaît l' « indolence naturelle des inspirés » (3) ; un Musset n'aurait jamais compris, selon lui, l'important « travail par lequel une rêverie devient un objet d'art » (4). Lui, au contraire, se présente d'emblée devant le public avec son propre code, ses propres préceptes et ses propres tabous. Barrès assure que « chez lui le moindre vocable

---

(1) II, p. 26 (*Salon de 1845*).
(2) II, p. 388 (*Conseils aux jeunes littérateurs*).
(3) II, p. 531. (*Réflexions sur quelques-uns de mes contemporains. Auguste Barbier.*)
(4) Citation dans A. Thibaudet, *Intérieurs*. Paris, 1924, p. 15.

trahit l'effort par où il atteignit si haut » (5). « Jusque dans le malaise nerveux », écrit Rémy de Gourmont, « Baudelaire garde quelque chose de sain » (6). Le symboliste Gustave Kahn trouve la formule la plus heureuse quand il écrit que « la création littéraire » chez Baudelaire était « proche de l'effort physique » (7). La preuve s'en trouve dans l'œuvre — dans une métaphore qui mérite qu'on l'examine de plus près.

Cette métaphore est celle de l'escrimeur. Baudelaire aimait par elle mettre en évidence l'aspect artistique des caractères martiaux. Quand il décrit son ami Constantin Guys, il lui rend visite à l'heure où les autres dorment : « Celui-ci est penché sur sa table, dardant sur une feuille de papier le même regard qu'il attachait tout à l'heure sur les choses, s'escrimant avec son crayon, sa plume, son pinceau, faisant jaillir l'eau du verre au plafond, essuyant sa plume sur sa chemise, pressé, violent, actif, comme s'il craignait que les images ne lui échappent, querelleur, quoique seul, et se bousculant lui-même » (8). Baudelaire s'est peint lui-même aux prises avec une « fantasque escrime » de ce genre dans la première strophe du « Soleil », et c'est probablement le seul passage des *Fleurs du Mal* qui nous le montre en plein travail poétique. Le duel dans lequel tout artiste est engagé et « où l'artiste crie de frayeur avant d'être vaincu » (9), a pour cadre, dans ce

---

(5) Citation dans A. Gide, « Baudelaire et M. Faguet », in *Nouvelle Revue Française,* tome 4, 1er novembre 1910, p. 513.

(6) Rémy de Gourmont, *Promenades littéraires. 2e série.* Paris, 1906, p. 86.

(7) Baudelaire, *Mon cœur mis à nu et fusées. Journaux intimes. Edition conforme au manuscrit. Préface de Gustave Kahn.* Paris, 1909, p. 5.

(8) II, p. 334 (*Le peintre de la vie moderne*).

(9) Citation dans Raynaud, *Charles Baudelaire.* Paris, 1922, p. 318.

poème, une idylle ; sa violence recule à l'arrière-plan et son charme est indéniable.

> Le long du vieux faubourg, où pendent aux masures
> Les persiennes, abri des secrètes luxures,
> Quand le soleil cruel frappe à traits redoublés
> Sur la ville et les champs, sur les toits et les blés,
> Je vais m'exercer seul à ma fantasque escrime,
> Flairant dans tous les coins les hasards de la rime,
> Trébuchant sur les mots comme sur les pavés,
> Heurtant parfois des vers depuis longtemps rêvés (10).

Une des intentions qui ont animé Baudelaire dans le *Spleen de Paris* fut de rendre justice aussi en prose à ces expériences prosodiques. La dédicace du recueil au rédacteur en chef de *La Presse,* Arsène Houssaye, exprime, outre cette intention, ce qui était réellement à la base de ces expériences. « Quel est celui de nous qui n'a pas, dans ses jours d'ambition, rêvé le miracle d'une prose poétique, musicale sans rythme et sans rime, assez souple et assez heurtée pour s'adapter aux mouvements lyriques de l'âme, aux ondulations de la rêverie, aux soubresauts de la conscience ? C'est surtout la fréquentation des villes énormes, c'est du croisement de leurs innombrables rapports que naît cet idéal obsédant » (11).

Si l'on essaie d'imaginer ce rythme et d'analyser cette façon de travailler, on découvre que le flâneur[1] de Baudelaire n'est pas, autant qu'on pourrait le croire, un autoportrait du poète. On ne retrouve pas dans cette image un trait significatif du véritable Baudelaire — c'est-à-dire de celui qui se consacre à son œuvre. Ce trait, c'est la distraction. — Avec le flâneur le plaisir de

---

(10) I, p. 96 (« Le Soleil »).
(11) I, p. 405/406 (*Le Spleen de Paris*).

voir célèbre son triomphe. Il peut se concentrer dans l'observation — cela donne le détective amateur ; il peut stagner dans le simple curieux — alors le flâneur est devenu un badaud*. Les descriptions révélatrices de la grande ville ne sont le fait ni de l'un ni de l'autre. Elles sont le fait de ceux qui ont traversé la ville en état d'absence, perdus dans leurs pensées ou leurs soucis. C'est à ceux-là que convient l'image de la fantasque escrime ; c'est à leur état d'âme, qui est tout à fait différent de celui de l'observateur, que Baudelaire a pensé. Chesterton a magistralement saisi dans son livre sur Dickens l'homme qui erre dans la grande ville, perdu dans ses pensées. « Quand il avait fini de trimer, il n'avait pas d'autre ressource que de flâner, et il flâna à travers la moitié de Londres. C'était un enfant rêveur, préoccupé surtout de sa triste destinée. Pourtant, il vit, et retint beaucoup de ce qu'il avait vu, dans ces rues et dans ces squares ; sans s'en douter, il avait pris le bon moyen pour tout fixer fidèlement dans sa mémoire. Il ne s'appliqua pas à observer comme le font les pédants ; il ne regarda pas Charing Cross pour s'instruire ; il ne compta pas les réverbères de Holborn pour apprendre l'arithmétique ; mais inconsciemment il plaça dans ces lieux les scènes du drame monstrueux qui s'élaborait dans sa petite âme oppressée. Il se trouvait dans l'obscurité sous les réverbères de Holborn et souffrait le martyre à Charing Cross. (...) Dickens ne retint pas

---

* « N'allons pas toutefois confondre le flâneur avec le badaud : il y a une nuance que sentiront les adeptes. Le simple flâneur observe et réfléchit ; il peut le faire du moins. Il est toujours en pleine possession de son individualité. Celle du badaud disparaît, au contraire, absorbé par le monde extérieur qui le ravit à lui-même, qui le frappe jusqu'à l'enivrement et l'extase. Le badaud, sous l'influence du spectacle, devient un être impersonnel, ce n'est plus un homme : il est public, il est foule » (Victor Fournel, *Ce qu'on voit dans les rues de Paris*, Paris, 1858, p. 263).

dans son esprit l'empreinte des choses ; il mit plutôt sur les choses l'empreinte de son esprit » (12).

Baudelaire, dans les dernières années de sa vie, n'avait pas souvent la possibilité de parcourir en promeneur les rues de Paris. Ses créanciers le poursuivaient, la maladie s'annonçait, à quoi venaient s'ajouter les brouilles avec sa maîtresse. Baudelaire, poète, reproduit dans les feintes de sa prosodie les chocs et les coups que ses soucis lui donnaient, comme les cent trouvailles par lesquelles il les parait. Il faut, si l'on veut considérer sous le signe de l'escrime le travail que Baudelaire consacrait à ses poèmes, apprendre à les voir comme une succession ininterrompue de minuscules improvisations[2]. Les variantes montrent à quel point il était assidu à son travail et à quel point la moindre d'entre elles le préoccupait. Les expéditions au cours desquelles il rencontrait ses gavroches poétiques au coin des rues n'étaient pas toujours volontaires. Dans les premières années de sa vie d'écrivain, quand il habitait l'hôtel Pimodan[3], ses amis purent admirer la discrétion avec laquelle il avait banni toutes les traces de travail — à commencer par le bureau*. Il était à

---

* Prarond, l'ami de jeunesse de Baudelaire, écrit, en évoquant la vie de Baudelaire vers 1845 : « Nous connaissions peu l'usage des tables pour travailler, penser, composer. (...) Pour ma part, je le voyais bien arrêtant au vol des vers le long des rues ; je ne le voyais pas assis devant une main de papier » (cit. Alphonse Séché, *La vie des « Fleurs du Mal »*, Amiens, 1928, p. 84). Théodore de Banville décrit en des termes semblables la vie à l'hôtel Pimodan : « Donc chez lui, à l'hôtel Pimodan, quand j'y allai pour la première fois, il n'y avait pas de lexiques, ni de cabinet de travail, ni de table avec ce qu'il faut pour écrire, pas plus qu'il n'y avait de buffets et de salle à manger, ni rien qui rappelât le décor à compartiment des appartements bourgeois » (Théodore de Banville, *Mes souvenirs*, Paris, 1882, p. 81-82).

(12) G. K. Chesterton, *Charles Dickens*. Trad. d'Achille Laurent et L. Martin-Dupont. Paris, 1927, p. 31.

cette époque, symboliquement parlant, parti à la conquête de la rue. Plus tard, à mesure qu'il abandonnait un élément après l'autre de sa vie bourgeoise, la rue devint de plus en plus pour lui un refuge. Mais la conscience de la précarité de cette existence était dès le début présente dans la flânerie. Celle-ci fait de nécessité vertu et révèle ainsi la structure qui caractérise en toutes ses parties la conception du héros chez Baudelaire.

La détresse qui est ici déguisée n'est pas seulement matérielle ; elle concerne aussi la production poétique. Les stéréotypes de Baudelaire, l'absence de médiation entre ses idées, l'agitation figée [4] de ses traits suggèrent qu'il n'avait pas à sa disposition les réserves qu'une vaste culture et une vision globale de l'histoire procurent à l'homme. « Baudelaire avait pour un écrivain un grand défaut dont il ne se doutait guère : il était ignorant. Ce qu'il savait, il le savait bien, mais il savait peu. L'histoire, la physiologie, l'archéologie, la philosophie lui échappaient ; (...) le monde extérieur ne l'intéressait guère ; il le voyait peut-être, mais à coup sûr il ne l'étudiait pas » (13). Il est certes tentant et même légitime de répondre à de telles critiques (14) en soulignant le nécessaire et fécond repli sur soi de celui qui travaille, les idiosyncrasies indispensables à toute production ; mais la situation comporte un autre aspect. Elle est propice au développement d'exigences excessives qui sont imposées au producteur au nom du principe de la « création ». Ces exigences sont d'autant plus dangereuses qu'en flattant l'amour naturel de soi du producteur, elles protègent très efficacement les

---

(13) Maxime Du Camp, *Souvenirs littéraires*. 2 : 1850-1880. Paris, 1906, p. 65.
(14) Cf. G. Rency, *Physionomies littéraires*. Bruxelles, 1907, p. 288.

intérêts d'un ordre social qui lui est hostile. Le style de vie de la bohème a joué son rôle dans le développement d'une conception superstitieuse de la « création » qui vaut pour le travail intellectuel comme pour le travail manuel. A propos de la première phrase du *Programme de Gotha,* « le travail est la source de toute richesse et de toute culture », Marx note, de façon critique : « Les bourgeois ont d'excellentes raisons pour attribuer au travail cette surnaturelle puissance de création : car, du fait que le travail est dans la dépendance de la nature, il s'ensuit que l'homme qui ne possède rien d'autre que sa force de travail sera forcément, en tout état de société et de civilisation, l'esclave d'autres hommes qui se seront érigés en détenteurs des conditions objectives du travail » (15). Baudelaire a possédé bien peu de ce qui fait partie des conditions matérielles du travail intellectuel ; ni bibliothèque, ni appartement, il n'y eut rien auquel il ne dût renoncer au cours d'une existence qui fut aussi instable à Paris qu'à l'étranger. Le 26 décembre 1853, il écrit à sa mère : « — D'ailleurs je suis tellement accoutumé aux souffrances physiques, je sais si bien ajuster deux chemises sous un pantalon et un habit déchirés que le vent traverse ; je sais si adroitement adapter des semelles de paille ou même de papier dans des souliers troués que je ne sens presque que les douleurs morales. — Cependant, il faut l'avouer, j'en suis venu au point que je n'ose plus faire de mouvements brusques ni même trop marcher de peur de me déchirer davantage » (16). De toutes les expériences

---

(15) Marx, *Randglossen zum Programm der Deutschen Arbeiterpartei.* Berlin, Leipzig, 1992, p. 22. [Marx-Engels, *Critique des programmes de Gotha et d'Erfurt,* trad. E. Bottigelli, Paris, 1972, p. 23.]

(16) Baudelaire, *Dernières lettres inédites à sa mère. Avertissement et notes de Jacques Crépet.* Paris, 1926, p. 44/45.

que Baudelaire a transfigurées dans l'image du héros, les moins équivoques furent des expériences de ce genre.

A peu près vers cette époque, le dépossédé apparaît ailleurs aussi dans l'image du héros, de façon, il est vrai, ironique. Parlant des idées de Napoléon Ier, Marx écrit en effet : « L' " idée napoléonienne " essentielle, c'est, enfin, la prépondérance de l'armée. L'armée était le point d'honneur des paysans parcellaires, c'était eux-mêmes transformés en héros. » Mais maintenant, sous Napoléon III, « l'armée elle-même n'est plus la fleur de la jeunesse paysanne, c'est la fleur de marais du sous-prolétariat rural. Elle se compose en grande partie de remplaçants (...) de même que le second Bonaparte n'est que le remplaçant, le succédané de Napoléon » (17). Le regard qui se détourne de cette image pour revenir sur celle du poète escrimeur, se trouve pendant quelques secondes aveuglé par l'image du maraudeur, du soudard, lui aussi « escrimeur » à sa façon, qui erre dans le pays*. Mais ce sont surtout deux vers célèbres de Baudelaire qui résonnent, avec leur

---

* Cf. « Pour toi, vieux maraudeur, / L'amour n'a plus de goût, non plus que la dispute » (I, p. 89 ; « Le Goût du Néant »). — La vaste littérature, le plus souvent incolore, qui est consacrée à Baudelaire contient quelques phénomènes répugnants. Parmi ceux-ci il y a le livre d'un certain Klassen [5]. Un trait suffit à caractériser ce livre écrit dans la terminologie corruptrice du cercle de George et qui affuble, pour ainsi dire, Baudelaire du Casque d'acier : il place au cœur du la vie de Baudelaire la Restauration ultramontaine, autrement dit le moment où, « selon l'esprit de la monarchie de droit divin restaurée, le saint Sacrement est porté dans les rues de Paris, entouré d'armes au clair. Cet événement peut bien avoir été le moment décisif, parce qu'essentiel, de toute son existence » (Peter Klassen, *Baudelaire. Welt und Gegendwelt,* Weimar, 1931, p. 9). Baudelaire avait alors six ans.

(17) Marx, *Der achtezehnte Brumaire des Louis Bonaparte,* l.c. p. 122/123. [Marx, *Le 18 Brumaire,* Paris, 1969, p. 133/134.]

discrète syncope, dans le vide social dont parle Marx. Ces vers terminent la deuxième strophe du troisième poème des « Petites vieilles ». Proust les accompagne de ces mots : « Il semble impossible d'aller au-delà » (18).

> Ah ! que j'en ai suivi, de ces petites vieilles !
> Une, entre autres, à l'heure où le soleil tombant
> Ensanglante le ciel de blessures vermeilles,
> Pensive, s'asseyait à l'écart sur un banc,
>
> Pour entendre un de ces concerts, riches de cuivre,
> Dont les soldats parfois inondent nos jardins,
> Et qui, dans ces soirs d'or où l'on se sent revivre,
> Versent quelque héroïsme au cœur des citadins (19).

Ces fanfares peuplées de fils de paysans appauvris qui jouent de leurs airs pour la population pauvre des villes, versent un héroïsme qui cache timidement sa fatigue dans l'adjectif « quelque » et qui est, par ce geste même, le seul authentique, le seul que puisse faire naître cette société. Le cœur des héros n'est habité par aucun sentiment qui ne trouverait pas sa place dans celui des petites gens rassemblés pour écouter de la musique militaire.

Les jardins publics dont il est question dans le poème, « nos jardins », sont ceux qui s'ouvrent au citadin dont les rêves tournent en vain autour des grands parcs [6] interdits. Le public qui s'y trouve n'est pas tout à fait celui qui tourbillonne autour du flâneur. « Il est impossible, à quelque parti qu'on appartienne, de quelques préjugés qu'on ait été nourri, de ne pas

---

(18) Marcel Proust, « A propos de Baudelaire », in *N.R.F.*, tome 16, 1ᵉʳ juin 1921, p. 646.
(19) I, p. 104 (« Les Petites Vieilles »).

être touché du spectacle de cette multitude maladive, respirant la poussière des ateliers, avalant du coton, s'imprégnant de céruse, de mercure et de tous les poisons nécessaires à la création des chefs-d'œuvre, dormant dans la vermine, au fond des quartiers où les vertus les plus humbles et les plus grandes nichent à côté des vices les plus endurcis et des vomissements du bagne ; de cette multitude soupirante et languissante à qui la terre doit ses merveilles ; qui sent un sang vermeil et impétueux couler dans ses veines, qui jette un long regard chargé de tristesse sur le soleil et l'ombre des grands parcs » (20). Cette population est l'arrière-plan sur lequel se détache la silhouette du héros. A l'image qui se présente ainsi, Baudelaire a donné un titre à sa façon. Il écrivit en dessous « *La modernité* ».

Le héros est le vrai sujet de la *modernité*. Cela signifie que, pour vivre la modernité, il faut une nature héroïque. Telle a été aussi l'opinion de Balzac. Balzac et Baudelaire s'opposent sur ce point au romantisme : ils transfigurent les passions et la volonté ; le romantisme transfigure le renoncement et l'abandon. Mais la nouvelle conception du monde est infiniment plus variée, infiniment plus riche en réserves et restrictions chez le poète lyrique que chez le romancier. Deux métaphores montrent de quelle façon. Elles présentent toutes deux au lecteur le héros sous sa forme moderne. Le gladiateur, chez Balzac, devient le *commis voyageur*. *L'« illustre Gaudissart » se prépare à travailler la Touraine.* Balzac décrit ses préparatifs et s'interrompt pour s'écrier : « Quel athlète, quel cirque, quelles armes : lui, le monde et sa langue ! » (21). Baudelaire, au contraire, retrouve le gladiateur chez le prolétaire ;

---

(20) II, p. 408 (*Pierre Dupont*).
(21) Balzac, *L'Illustre Gaudissart*. (*Œuvres complètes, 13, Scènes de la vie de province. Les Parisiens en province.*) Paris, 1901, p. 5.

la cinquième strophe de « L'âme du vin », parmi les bienfaits que le vin promet de dispenser au « déshérité », annonce :

> J'allumerai les yeux de ta femme ravie ;
> A ton fils je rendrai sa force et ses couleurs
> Et serai pour ce frêle athlète de la vie
> L'huile qui raffermit les muscles des lutteurs (22).

Ce que l'ouvrier salarié effectue chaque jour dans son travail n'est rien de moins que l'exploit qui apportait dans l'Antiquité gloire et applaudissements au gladiateur. Cette image a l'étoffe des meilleures intuitions de Baudelaire ; elle est née de la réflexion sur sa propre condition. Un passage du *Salon de 1859* montre sous quelle lumière il voulait la voir : « Car, lorsque j'entends porter jusqu'aux étoiles des hommes comme Raphaël et Véronèse, avec une intention visible de diminuer le mérite qui s'est produit après eux, tout en accordant mon enthousiasme à ces grandes ombres qui n'en ont pas besoin, je me demande si un mérite, qui est au moins l'égal du leur (admettons un instant, par pure complaisance, qu'il lui soit inférieur), n'est pas infiniment plus méritant, puisqu'il s'est victorieusement développé dans une atmosphère et un terroir hostiles ? » (23). — Baudelaire aimait jeter brutalement ses thèses dans la discussion, et sous un éclairage pour ainsi dire baroque. Il se plaisait à dissimuler les corrélations qui pouvaient exister entre elles, quand elles existaient : cela faisait partie de sa raison d'Etat dans la théorie. Il est presque toujours possible d'éclairer ces ombres avec l'aide de la correspondance. Sans qu'il soit nécessaire de recourir à un pareil procédé, on

---

(22) I, p. 119 (« L'âme du vin »).
(23) II, p. 239 (*Salon de 1859*).

peut apercevoir une indiscutable corrélation entre cette citation de 1859 et un passage de dix ans antérieur et particulièrement étrange. Les réflexions qui suivent reconstruisent cette corrélation.

Les résistances que la modernité oppose à l'élan productif naturel de l'homme sont sans commune mesure avec les forces de celui-ci. On peut comprendre qu'il soit frappé de paralysie et se réfugie dans la mort. La modernité doit se tenir sous le signe du suicide[7]. Celui-ci appose son sceau au bas d'une volonté héroïque qui ne cède rien à l'état d'esprit antagoniste. Ce suicide n'est pas un renoncement mais une passion héroïque. C'est *la* conquête de la modernité dans le domaine des passions*. Ainsi le suicide, la « passion particulière de la vie moderne », apparaît dans le passage classique consacré à la modernité. La mort volontaire des héros antiques est une exception. « Excepté Hercule au mont Oeta, Caton d'Utique, dont les suicides ne sont pas des suicides modernes, quels suicides voyez-vous dans les tableaux anciens ? » (24). Non que Baudelaire les trouve dans les tableaux modernes ; la référence à Rousseau et à Balzac qui suit cette phrase est plutôt maigre. Mais la modernité tient prête la matière première de tels tableaux ; et elle attend son maître. Cette matière première s'est déposée dans les couches qui apparaissent comme le fondement de la modernité. Les pre-

---

* Le suicide apparaît plus tard chez Nietzsche dans une perspective semblable. « On ne saurait condamner trop sévèrement le christianisme, parce qu'il a déprécié la valeur d'un tel grand nihilisme purificateur (tel qu'il était peut-être en marche) (...) toujours en empêchant l'acte de nihilisme, le suicide » (cit. Karl Löwith, *Nietzsches Philosophie der ewigen Wiederkunft des Gleichens,* Berlin, 1935, p. 108) [trad. fr. Nietzsche, *Fragments posthumes, début 1888-début janvier 1889,* Paris, 1977, p. 29].

(24) II, p. 133/134 (*Salon de 1846*).

mières notes sur la modernité datent de 1845. C'est vers cette époque que l'idée de suicide a pénétré dans les masses laborieuses. « On se dispute les exemplaires d'une lithographie représentant le suicide d'un ouvrier anglais par désespoir de ne pouvoir gagner sa vie. Chez Sue lui-même, un ouvrier va se pendre, avec ce billet dans la main : " Je me tue par désespoir : il m'a semblé que la mort me serait moins dure si je mourais sous le toit de celui qui nous aime et nous défend " » (25). Adolphe Boyer, un imprimeur, publia en 1841 un petit volume intitulé *De l'état des ouvriers et de son amélioration par l'organisation du travail.* C'était un exposé modéré qui cherchait à recruter et à convertir à l'idée d'association ouvrière les anciennes corporations de compagnons encore prisonnières d'usages corporatifs. Il n'eut aucun succès ; l'auteur se tua et exhorta dans une lettre ouverte ses compagnons d'infortune à le suivre. Le suicide pouvait très bien apparaître à un homme tel que Baudelaire comme la seule action héroïque qui fût encore possible aux « multitudes maladives » des villes, en ces temps de réaction. Peut-être voyait-il la Mort de Rethel[8], qu'il admirait beaucoup, comme un dessinateur délié devant un chevalet en train de croquer sur la toile les différentes morts des suicidés. Pour ce qui est des couleurs, la mode[9] offrait sa palette.

Avec la monarchie de Juillet le noir et le gris commencèrent à prédominer dans le costume masculin. Cette innovation attira l'attention de Baudelaire dans le *Salon de 1845.* Dans la conclusion de sa première œuvre

---

(25) Charles Benoist, « L'homme de 1848. II : Comment il s'est développé, le communisme, l'organisation du travail, la réforme », in *Revue des deux mondes,* 84ᵉ année, 6ᵉ période, tome 19, 1ᵉʳ février 1914, p. 667.

il développe cette idée : « Celui-là sera le peintre, le vrai peintre, qui saura arracher à la vie actuelle son côté épique, et nous faire voir et comprendre, avec de la couleur ou du dessin, combien nous sommes grands et poétiques dans nos cravates et nos bottes vernies. — Puissent les vrais chercheurs nous donner l'année prochaine cette joie singulière de célébrer l'avènement du neuf ! » (26). L'année suivante il écrit : « Quant à l'habit, la pelure du héros moderne, — (...), n'a-t-il pas sa beauté et son charme indigène (...) ? N'est-il pas l'habit nécessaire de notre époque, souffrante et portant jusque sur ses épaules noires et maigres le symbole d'un deuil perpétuel ? Remarquez bien que l'habit noir et la redingote ont non seulement leur beauté politique, qui est l'expression de l'égalité universelle, mais encore leur beauté poétique, qui est l'expression de l'âme publique ; — une immense défilade de croque-morts, croque-morts politiques, croque-morts amoureux, croque-morts bourgeois. Nous célébrons tous quelque enterrement. Une livrée uniforme de désolation témoigne de l'égalité (...) Ces plis grimaçants, et jouant comme des serpents autour d'une chair mortifiée, n'ont-ils pas leur grâce mystérieuse ? » (27). Ces idées ont leur part dans la profonde fascination que la passante en deuil du sonnet exerce sur le poète. Le texte de 1846 se termine par ces mots : « Car les héros de l'Iliade ne vont qu'à votre cheville, ô Vautrin, ô Rastignac, ô Birotteau, — et vous, — ô Fontanarès, qui n'avez pas osé raconter au public vos douleurs sous le frac funèbre et convulsionné que nous endossons tous ; — et vous, ô Honoré de Balzac, vous le plus héroïque, le plus singulier, le plus romantique et le plus poétique

---

(26) II, p. 54/55 (*Salon de 1845*).
(27) II, p. 134 (*Salon de 1846*).

parmi tous les personnages que vous avez tirés de votre sein ! » (28).

Quinze ans plus tard, le démocrate allemand Friedrich Theodor Vischer fait une critique de la mode masculine qui le conduit à des intuitions semblables à celles de Baudelaire. Mais l'accent a changé : ce qui chez Baudelaire donne une coloration à la perspective crépusculaire de la modernité, devient entre les mains de Vischer un argument flamboyant comme une épée dans le combat politique. « Afficher la couleur », écrit Vischer en songeant à la réaction qui règne depuis 1850, « paraît ridicule, vouloir être strict paraît infantile : comment les vêtements ne seraient-ils pas, eux aussi, sans couleur, à la fois avachis et étriqués ? » (29). Les extrêmes se touchent ; la critique politique de Vischer recoupe, quand elle prend une forme métaphorique, un fantasme du jeune Baudelaire. Dans un sonnet intitulé « L'Albatros », et qui doit sa naissance au voyage outre-mer qu'on avait fait faire au jeune poète dans l'espoir de le voir s'amender, Baudelaire se reconnaît dans ces oiseaux, dont il décrit en ces termes la gaucherie sur le pont du navire où l'équipage les a déposés :

> A peine les ont-ils déposés sur les planches,
> Que ces rois de l'azur, maladroits et honteux,
> Laissent piteusement leurs grandes ailes blanches
> Commes des avirons traîner à côté d'eux.
>
> Ce voyageur ailé, comme il est gauche et veule (30) !

---

(28) II, p. 136 (*Salon de 1846*).
(29) F. T. Vischer, *Kritische Gänge. Neue Folge. Drittes Heft.* Stuttgart, 1861, p. 117 (« Pensées raisonnables sur la mode actuelle »).
(30) I, p. 22 (« L'Albatros »).

Vischer écrit à propos des larges manches de la veste de costume, qui descendent sur le poignet : « Ce ne sont plus des bras mais des ébauches d'ailes, des moignons d'ailes de pingouins, des nageoires de poisson et, quand il marche, l'homme qui traîne ces appendices informes semble se dandiner, glisser, frissonner, ramer comme un « nigaud » et un extravagant » (31). La même vision — la même image.

Dans le texte suivant Baudelaire définit plus clairement le visage de la modernité — sans nier le signe de Caïn que celle-ci porte au front : « Pour rentrer dans la question principale et essentielle, qui est de savoir si nous possédons une beauté particulière, inhérente à des passions nouvelles, je remarque que la plupart des artistes qui ont abordé les sujets modernes se sont contentés des sujets publics et officiels, de nos victoires et de notre héroïsme politique. Encore le font-ils en rechignant, et parce qu'ils sont commandés par le gouvernement qui les paye. Cependant il y a des sujets privés, qui sont bien autrement héroïques. Le spectacle de la vie élégante et des milliers d'existences flottantes qui circulent dans les souterrains d'une grande ville, — criminels et filles entretenues —, la *Gazette des tribunaux* et le *Moniteur* nous prouvent que nous n'avons qu'à ouvrir les yeux pour connaître notre héroïsme » (32). L'apache surgit ici dans l'image du héros. Il incarne ces caractères que Bounoure note à propos de la solitude de Baudelaire — « un *noli me tangere,* le recueillement de l'individu dans sa différence » (33). L'apache renonce aux vertus et aux lois. Il résilie une fois pour toutes le contrat social. Il croit ainsi

---

(31) F. T. Vischer, l.c. p. 111.
(32) II, p. 134/135 (*Salon de 1846*).
(33) Bounoure, « Abîmes de Victor Hugo », in *Mesures,* 15 juillet 1936, p. 40.

qu'un monde le sépare du bourgeois, sans voir sur le visage de celui-ci les traits du complice, ces traits que Hugo devait bientôt mettre en évidence avec tant de force dans les *Châtiments*. Les illusions de Baudelaire devaient, il est vrai, avoir une bien plus longue vie. Elles fondent la poésie de l'apache et concernent un genre qui, en quatre-vingts ans et plus, n'a pas été détruit. Baudelaire est le premier à avoir exploité cette veine. Le héros de Poe n'est pas le criminel mais le détective. Balzac, de son côté, ne connaît que le grand marginal de la société. Vautrin fait l'expérience de l'ascension et de la chute ; il a une carrière, comme tous les héros balzaciens. La carrière du criminel est une carrière comme les autres. Ferragus aussi médite de grandes choses et fait de vastes plans ; il est de la race des carbonari. Avant Baudelaire l'apache qui, sa vie durant, reste rejeté dans la banlieue de la société comme de la grande ville, n'a pas sa place dans la littérature. La formulation la plus nette de ce thème dans *Les Fleurs du Mal,* « Le Vin de l'assassin », est devenue le point de départ d'un genre parisien. Le Chat noir en devint le centre artistique. « Passant, sois moderne ! », lisait-on sur l'inscription de sa première période, de sa période héroïque.

Les poètes trouvent le rebut de la société dans la rue, et leur sujet héroïque avec lui. De cette façon, l'image distinguée du poète semble reproduire une image plus vulgaire qui laisse transparaître les traits du chiffonnier, de ce chiffonnier [10] qui a si souvent occupé Baudelaire. Un an avant « Le Vin des chiffonniers » est parue une description en prose de cette figure : « Voici un homme chargé de ramasser les débris d'une journée de la capitale. Tout ce que la grande cité a rejeté, tout ce qu'elle a perdu, tout ce qu'elle a dédaigné, tout ce qu'elle a brisé, il le catalogue, il le collectionne. Il compulse les archives de la débauche, le capharnaüm des rebuts. Il fait un triage, un choix intelligent ; il ramasse, comme un avare un trésor, les ordures qui, remâchées par la divinité de l'Industrie, deviendront des objets d'utilité ou de jouissance » (34). Cette description n'est qu'une longue métaphore du comportement du poète selon le cœur de Baudelaire. Chiffonnier ou poète — le rebut leur importe à tous les deux ; tous les deux se livrent à leur occupation solitaire à l'heure où les bourgeois s'abandonnent au sommeil ; l'attitude, la démarche même sont identiques chez eux. Nadar parle du « pas saccadé » (35) de Baudelaire ; c'est le pas du poète qui erre dans la ville en quête de butins rimés ; c'est aussi nécessairement le pas du chiffonnier qui s'arrête à chaque instant sur son chemin pour recueillir le débris sur lequel il vient de tomber. Bien des détails indiquent que Baudelaire a voulu secrètement mettre en valeur cette parenté. Elle renferme en tout cas une prédiction. Soixante ans plus tard un frère du poète ravalé au rang de chiffonnier apparaît chez Apollinaire. C'est Croniamantal[11], le « poète assassiné » — première victime du pogrom qui doit sur la terre entière détruire la race des poètes lyriques.

Une lumière ambiguë tombe sur la poésie des apaches. Les déchets de la société sont-ils les héros de la grande ville ? Ou le héros n'est-il pas plutôt le poète qui construit cette œuvre avec ce matériau* ? La théorie de la modernité admet ces deux interprétations. Mais Baudelaire vieillissant indique dans un poème de

---

* Baudelaire eut longtemps l'intention d'écrire des romans inspirés par ce milieu. On en trouve des traces dans les papiers posthumes sous la forme de titres comme *Les enseignements d'un monstre, L'entreteneur, La femme malhonnête*.

(34) I, p. 249/250 (*Du vin et du hachisch*).

(35) Citation dans Firmin Maillard, *La cité des intellectuels. Scènes cruelles et plaisantes de la vie littéraire des gens de lettres au XIXe siècle*. 3e éd. Paris, 1905, p. 362.

1862, « La Plainte d'un Icare », qu'il n'a plus le sentiment de faire partie de cette race d'hommes où, dans sa jeunesse, il cherchait des héros :

> Les amants des prostituées
> Sont heureux, dispos et repus ;
> Quant à moi, mes bras sont rompus
> Pour avoir étreint des nuées (36).

Le poète qui est, comme l'indique le titre, le successeur du héros antique, a dû céder la place au héros moderne dont on peut lire les exploits dans la *Gazette des tribunaux**. En réalité, cette démission se trouve déjà en germe dans la notion de héros moderne. Il est voué à la mort et il n'est pas nécessaire qu'un poète tragique se présente pour montrer la nécessité de cette chute. Mais lorsque la modernité voit ses droits reconnus, son temps a passé. Elle sera ensuite soumise à examen. Quand elle sera morte, on pourra voir si elle-même est capable de devenir antiquité.

Baudelaire a toujours gardé cette question à l'esprit. L'ancienne prétention à l'immortalité était vécue par Baudelaire comme la prétention d'être un jour lu comme un auteur antique. « Que toute modernité soit digne de devenir antiquité » (37) : c'est pour lui une façon de décrire la tâche de l'art en général. Gustave Kahn remarque chez Baudelaire un « refus de l'occasion tendue par la nature du prétexte lyrique » (38). Ce

---

* Trois quarts de siècle après, la confrontation de l'écrivain et du souteneur s'anima d'une vie nouvelle. Au moment où les écrivains furent chassés d'Allemagne, la légende d'Horst Wessel[12] a fait son entrée dans la littérature allemande.

(36) I, p. 193 (« Les Plaintes d'un Icare »).
(37) II, p. 336 (*Le peintre de la vie moderne*).
(38) Kahn, Préface à *Mon cœur mis à nu,* Paris, 1909, p. 15.

qui le rendait rebelle aux occasions et aux facilités était la conscience de cette tâche. A l'époque à laquelle il se trouvait appartenir, rien à ses yeux n'était plus proche de la « tâche » du héros antique, des « travaux » d'un Hercule, que celle qu'il avait choisie comme la sienne propre : donner forme à la modernité.

De toutes les relations établies par la modernité, celle qu'elle a avec l'antiquité joue un rôle de premier plan. Cela apparaît, selon Baudelaire, dans l'œuvre de Victor Hugo. « La fatalité (...) l'entraîna (...) à transformer l'ancienne ode et l'ancienne tragédie (...) jusqu'aux poèmes et aux drames que nous connaissons » (39). La modernité caractérise une époque ; elle caractérise en même temps l'énergie qui est à l'œuvre dans cette époque et qui la rapproche de l'antiquité. « Si, par le choix de ses sujets et de sa méthode dramatique, Wagner se rapproche de l'antiquité, par l'énergie passionnée de son expression, il est actuellement le représentant le plus vrai de la nature moderne » (40). Cette phrase contient, en peu de mots, *in nuce,* la théorie baudelairienne de l'art moderne. L'antiquité ne fournit un modèle que pour la construction ; la substance et l'inspiration de l'œuvre sont l'affaire de la modernité. « Malheur à celui qui étudie dans l'antique autre chose que l'art pur, la logique, la méthode générale. Pour trop s'y plonger, il perd la mémoire du présent ; il abdique la valeur et les privilèges fournis par la circonstance » (41). Et on lit dans la conclusion de l'essai sur Guys : « Il a cherché partout la beauté passagère, fugace, de la vie présente, le caractère de ce que le lecteur nous a permis d'appeler la

---

(39) II, p. 580 (*Victor Hugo, Les Misérables*).
(40) II, p. 508 (*Richard Wagner et Tannhäuser à Paris*).
(41) II, p. 337 (*Le peintre de la vie moderne*).

modernité » (42). En résumé, la doctrine se présente de la façon suivante : « Le beau est fait d'un élément éternel, invariable, dont la quantité est excessivement difficile à déterminer, et d'un élément relatif, circonstanciel, qui sera, si l'on veut, tour à tour ou tout ensemble, l'époque, la mode, la morale, la passion. Sans ce second élément, qui est comme l'enveloppe amusante, titillante, apéritive, du divin gâteau, le premier élément serait indigestible, inappréciable, non adapté et non approprié à la nature humaine » (43). On ne peut pas dire que nous ayons là une analyse en profondeur.

La théorie de l'art moderne est le point faible dans la conception baudelairienne de la modernité. Celle-ci met en lumière les thèmes modernes ; la théorie de l'art moderne, pour sa part, aurait dû probablement aborder le problème de l'art antique. Baudelaire n'a rien tenté de ce genre. Sa théorie n'a pas dépassé le stade de la renonciation qui, dans son œuvre, se présente comme la perte de la nature et de l'innocence. L'influence de Poe, qui se retrouve même dans le choix des formules, est l'expression de cet embarras de la théorie. Son orientation polémique en est une autre expression ; elle se détache du grisâtre arrière-plan de l'historicisme, de l'alexandrinisme académique en vogue grâce à Villemain et Cousin. Les réflexions esthétiques de Baudelaire ne sont jamais parvenues à présenter la modernité dans son interpénétration avec l'antique aussi clairement que certains poèmes des *Fleurs du Mal*.

« Le Cygne » vient au premier rang de tous ces poèmes. Ce n'est pas un hasard s'il est allégorique. La ville est prise dans un mouvement perpétuel et se fige. Elle devient cassante comme du verre, mais aussi

---

(42) II, p. 363 (*Le peintre de la vie moderne*).
(43) II, p. 326 (*Le peintre de la vie moderne*).

transparente comme lui — elle laisse voir sa signification. « (La forme d'une ville/Change plus vite, hélas ! que le cœur d'un mortel) » (44). La stature de Paris est fragile ; elle est entourée de symboles de la fragilité : des créatures vivantes (la négresse et le cygne) et des figures historiques (Andromaque, « Veuve d'Hector, hélas ! et femme d'Hélénus »). Leur trait commun est la déploration de ce qui fut et l'absence d'espoir pour l'avenir. C'est précisément par cette précarité que la modernité, finalement et au plus profond, se fiance et s'allie à l'antique. Paris, chaque fois qu'il apparaît dans *Les Fleurs du Mal,* en porte les marques. « Le Crépuscule du matin » évoque les sanglots d'un homme qui se réveille, reproduits dans la matière même d'une ville. « Le Soleil » montre la ville usée comme un vieux tissu à la lumière du soleil ; le « vieillard laborieux » qui, chaque matin, résigné, empoigne ses outils parce que les soucis ne l'ont pas quitté avec l'âge, est l'allégorie de la ville, et les « petites vieilles » sont les seuls de ses habitants qui soient spiritualisés. Si ces poèmes ont traversé les décennies sans rencontrer de rivaux, ils le doivent à la méfiance qui les protège. C'est la méfiance envers la grande ville. Elle les distingue de toute la poésie de la grande ville qu'on a pu lire par la suite. Une strophe de Verhaeren suffit pour saisir ce dont il est question ici.

> Et qu'importent les maux et les heures démentes
> Et les cuves de vice où la cité fermente
> Si quelque jour, du fond des brouillards et des voiles
> Surgit un nouveau Christ, en lumière sculpté
> Qui soulève vers lui l'humanité
> Et la baptise au feu de nouvelles étoiles (45).

(44) I, p. 99 (« Le Cygne »).
(45) Emile Verhaeren, *Les Villes tentaculaires.* Paris, 1904, p. 119 (« L'âme de la ville »).

Baudelaire ignore de telles perspectives. Son sentiment de la précarité de la grande ville est à l'origine de la permanence des poèmes qu'il écrit sur Paris.

« Le Cygne » est également dédié à Hugo, peut-être parce que celui-ci est un des rares dont l'œuvre, aux yeux de Baudelaire, mettait au jour une antiquité nouvelle. La source d'inspiration de Hugo, dans la mesure où l'on peut parler chez lui de source d'inspiration, est radicalement différente de celle de Baudelaire. Cette faculté de catalepsie qui — si une notion biologique est ici de mise — se manifeste cent fois dans la poésie de Baudelaire comme une sorte de mimésis de la mort, est parfaitement étrangère à Hugo. On peut parler en revanche d'une disposition chthonienne chez Hugo. Sans qu'elle soit à proprement parler mentionnée, elle éclate dans ces remarques de Péguy[13], qui nous permettent de voir où il convient de chercher la différence entre la conception de l'antiquité chez Baudelaire et chez Hugo : « Soyez persuadé que quand Hugo voyait le mendiant sur la route (...), il le voyait ce qu'il est, réellement ce qu'il est réellement, le mendiant antique, le suppliant antique, le suppliant parallèle sur la route antique. Quand il regardait la plaque de marbre de l'une de nos cheminées modernes, il la voyait ce qu'elle est ; la pierre du foyer. L'antique pierre du foyer. Quand il regardait la porte de la rue, et le pas de la porte, qui est généralement une pierre de taille, sur cette pierre de taille il distinguait nettement la ligne antique, le seuil sacré, car c'est la même ligne. C'est le même seuil » (46). On ne saurait trouver de

---

(46) Charles Péguy, *Œuvres complètes. I. Œuvres de prose, IV : Notre jeunesse. Victor-Marie, comte Hugo.* Introduction par André Suarès. Paris, 1916, p. 388/389.

meilleur commentaire au passage suivant, qui est tiré des *Misérables* : « Les cabarets du faubourg Antoine ressemblent à ces tavernes du Mont-Aventin bâties sur l'antre de la sibylle et communiquant avec les profonds souffles sacrés; tavernes dont les tables étaient presque des trépieds et où l'on buvait ce qu'Ennius appelle le vin sibyllin » (47). Une même intuition est à l'origine de l'œuvre où apparaît pour la première fois l'image d'une « antiquité parisienne », le cycle de poèmes de Hugo intitulé « A l'Arc de triomphe ». La glorification de ce monument commence avec la vision d'une Campanie parisienne, d'une « immense campagne » où ne subsistent plus que trois monuments de la ville disparue : la Sainte-Chapelle, la colonne Vendôme et l'Arc de triomphe. La grande importance de ce cycle dans l'œuvre de Hugo correspond à la place qu'il occupe dans la naissance d'une image de Paris au XIXe siècle qui se modèle sur l'antiquité. Baudelaire sans nul doute a connu cette œuvre, qui date de 1837.

Sept ans auparavant, l'historien Friedrich von Raumer note déjà dans ses *Lettres de Paris et de France* de 1830 : « J'ai vu hier du haut des tours de Notre-Dame la ville monstrueuse; qui en a construit la première maison ? Quand s'effondrera la dernière ? Quand le sol de Paris ressemblera-t-il à celui de Thèbes ou de Babylone ? » (48). Hugo a décrit comment sera ce sol « quand cette rive où l'eau se brise aux ponts sonores/ Sera rendue aux joncs murmurants et penchés » (49) :

---

(47) V. Hugo, *Œuvres complètes, l.c. Roman. 8 Les Misérables. IV.* Paris, 1881, p. 55/56.
(48) F. von Raumer, *Briefe aus Paris und Frankreic im Jahre 1830.* 2. Theil. Leipzig, 1831, p. 127.
(49) V. Hugo, *Œuvres complètes, Poésie. 3. Les Chants du crépuscule. Les Voix intérieures. Les Rayons et les ombres.* Paris, 1880, p. 234 (« A l'arc de triomphe III »).

Mais non, tout sera mort. Plus rien dans cette plaine
Qu'un peuple évanoui dont elle est encore pleine (50).

Cent ans après Raumer, Léon Daudet [14] contemple Paris du haut du Sacré-Cœur, une des éminences de la ville. L'histoire de la modernité jusqu'à l'instant présent se reflète et se concentre dans son œil sous l'effet d'une focalisation effrayante : « (...) On regarde d'en haut ce peuple de palais, de monuments, de maisons, de masures qui a l'air rassemblé en vue d'un cataclysme ou de plusieurs cataclysmes, soit météorologiques, soit sociaux (...). J'ai passé des heures à Fourvières, regardant Lyon ; à Notre-Dame de la Garde, regardant Marseille ; au Sacré-Cœur regardant Paris (...). De ces promontoires, ce qui apparaît le mieux, c'est la menace. L'agglomération est menaçante, le labeur géant est menaçant ; car l'homme a besoin de travailler, c'est entendu, mais il a aussi d'autres besoins ; et ce n'est pas une bête de somme, c'est une bête de réflexion, de plaisir, de volupté, de méditation, d'atonie, d'oubli, de réveil. Il a besoin de s'isoler et de se grouper, de crier et de se révolter, de s'apaiser et de se soumettre. Il a faim et soif de s'assouvir, de satiété et de sommeil. Il aime l'irresponsabilité de la servitude et la responsabilité de l'affranchissement. Enfin le besoin suicidaire est en lui et, dans la société qu'il forme, plus vif que l'instinct dit de conservation. Aussi ce qui étonne quand on visite Paris, Lyon ou Marseille du haut du Sacré-Cœur, de Fourvières, de Notre-Dame de la Garde, c'est que Paris, Lyon, Marseille aient duré » (51). C'est le visage qu'a pris aujourd'hui, au

---

(50) V. Hugo, l.c. p. 244 (« A l'arc de triomphe VIII »).
(51) Léon Daudet, *Paris vécu. Rive droite*. Illustré de 46 compositions et d'une eau-forte originale par P.-J. Poitevin. Paris, 1930, p. 243/244.

XXe siècle, cette « passion moderne » que Baudelaire avait reconnue dans le suicide.

La ville de Paris est entrée dans ce siècle qui est le nôtre sous la forme que Haussmann lui a donnée. Il a réalisé ce bouleversement du paysage urbain avec les moyens les plus modestes qu'on puisse imaginer : des bêches, des pioches, des barres et autres outils de ce genre. Quelle masse de destruction ces modestes instruments n'ont-ils pas déjà provoqué ! Et comme ont crû depuis, avec les grandes villes, les moyens de les raser ! Quelles images du futur évoquent-ils ! — Les travaux d'Haussmann battaient leur plein, des quartiers entiers étaient détruits, lorsque Maxime Du Camp se trouva sur le Pont-Neuf un après-midi de 1862. Il attendait ses lunettes non loin d'un magasin d'optique. « L'écrivain était dans un de ces moments où l'homme, qui va cesser d'être jeune, pense à la vie, avec une gravité résignée qui lui fait retrouver partout l'image de ses propres mélancolies. La toute petite déchéance physiologique, dont la visite chez l'opticien venait de le convaincre, lui avait rappelé ce qui s'oublie si vite, cette loi de l'inévitable destruction qui gouverne toute chose humaine. (...) Il se prit soudain, lui, le voyageur d'Orient, le pèlerin des muettes solitudes où le sable est fait de la poussière des morts, à songer qu'un jour aussi cette ville, dont il entendait l'énorme halètement, mourrait, comme sont morts tant de capitales de tant d'Empires. L'idée lui vint de l'intérêt prodigieux que nous présenterait aujourd'hui un tableau exact et complet d'une Athènes au temps de Périclès, d'une Carthage au temps des Barca, d'une Alexandrie au temps des Ptolémées, d'une Rome au temps des Césars. (...) Par une de ces intuitions fulgurantes où un magnifique sujet de travail surgit devant notre esprit, il aperçut nettement la possibilité d'écrire sur Paris ce livre que les historiens de l'antiquité n'ont pas écrit sur leurs villes. Il regarda de nouveau le spectacle du pont, de la Seine et du quai. La profonde unité vivante de ces activités si diverses saisit en lui l'artiste. C'en était fait. L'œuvre de l'âge mur venait de lui apparaître. Il allait étudier pièce par pièce, rouage par rouage, Paris, ses organes, ses fonctions, sa vie » (52). On retrouve dans le poème de Hugo « A l'Arc de triomphe » et dans le grandiose tableau administratif de Du Camp l'inspiration qui joua un rôle décisif dans la conception baudelairienne de la modernité.

Haussmann commença ses travaux en 1859. On les considérait depuis longtemps comme nécessaires et des projets de loi leur avaient ouvert la voie. Maxime Du Camp, dans l'œuvre qui vient d'être mentionnée, écrit à ce propos : « Paris, tel qu'il était au lendemain de la révolution de 1848, allait devenir inhabitable ; sa population, singulièrement accrue et remuée par le mouvement incessant des chemins de fer (...), étouffait dans les ruelles putrides, étroites, enchevêtrées où elle était forcément parquée » (53). Au début des années 1850, on commença dans la population parisienne à se faire à l'idée qu'un grand nettoyage du paysage urbain était inévitable. On peut supposer que le nettoyage pendant son temps d'incubation était capable d'agir sur une imagination forte autant, sinon plus, que le spectacle des travaux d'urbanisme eux-mêmes. « *Les poètes sont plus inspirés par les images que par la présence même des objets* », dit Joubert (54). On peut dire la même

(52) Paul Bourget, *Discours académique du 13 juin 1895. Succession à Maxime Du Camp. L'anthologie de l'Académie française.* Paris, 1921, 2, p. 191-193.
(53) Maxime Du Camp, *Paris, ses organes, ses fonctions et sa vie dans la seconde moitié du XIXe siècle.* 6. Paris, 1886, p. 253.
(54) J. Joubert, *Pensées. Précédées de sa correspondance et d'une notice sur sa vie, son caractère et ses travaux par Paul de Reynal.* 5e éd. Paris, 1869, II, p. 267.

chose des artistes. Ce que l'on sait devoir bientôt disparaître de notre vue, devient image. C'est ce qui devait probablement arriver aux rues de Paris à cette époque. En tout cas l'œuvre dont on peut le moins douter de la correspondance souterraine avec le grand bouleversement de Paris, était achevée quelques années avant qu'il ne fût entrepris. Il s'agit des *Eaux-Fortes sur Paris* de Meryon. Personne n'a été plus que Baudelaire impressionné par elles.

La vision archéologique de la catastrophe, qui se trouve à l'origine des rêves de Hugo, n'est pas vraiment celle qui l'émeut. A ses yeux, l'antiquité devait surgir d'un coup de la modernité intacte, comme Athéna naît de la tête d'un Zeus intact. Meryon dégageait le visage authentique de la ville sans en perdre un pavé. C'est cette vision de la chose que Baudelaire avait inlassablement poursuivie avec l'idée de modernité. Il admirait Meryon passionnément.

Le poète et le graveur étaient unis par des affinités électives. Ils sont nés la même année (1821) et ils sont morts à quelques mois d'intervalle, tous les deux solitaires, tous les deux gravement malades : Meryon dément à Charenton, Baudelaire aphasique, dans une clinique privée. La gloire leur est venue tardivement. Baudelaire est presque le seul à avoir défendu Meryon de son vivant[*]. Peu de ses œuvres en prose peuvent rivaliser avec le texte bref qu'il a écrit sur Meryon. Quand il parle de Meryon, Baudelaire rend hommage à la modernité ; mais il rend hommage au visage antique de celle-ci. Car chez Meryon aussi l'antiquité et la modernité s'interpénètrent ; chez Meryon aussi on retrouve indiscutablement la forme propre à cette

---

[*] Au XXe siècle, Meryon a trouvé un biographe chez Gustave Geffroy. Ce n'est pas un hasard si le chef-d'œuvre de cet auteur est une biographie de Blanqui.

superposition, l'allégorie. Les titres de ses gravures sont importants. Si la folie vient y jouer, leur obscurité ne fait que souligner la « signification » qui s'y révèle. Comme interprétation les vers que Meryon a mis sous la vue du Pont-Neuf sont, en dépit de leur subtilité excessive, très proches du « Squelette laboureur »[15] :

> Ci-gît du vieux Pont-Neuf
> L'exacte ressemblance
> Tout radoubé de neuf
> Par récente ordonnance.
> O savants médecins,
> Habiles chirurgiens,
> De nous pourquoi ne faire
> Comme du pont de pierre (55)*.

Geffroy touche le cœur de l'œuvre de Meryon, il met aussi en évidence la parenté qui l'unit à celle de Baudelaire, mais surtout il met en évidence la fidélité avec laquelle est rendue la ville bientôt couverte de ruines, quand il tente d'expliquer le caractère unique de ces gravures, « leur originalité singulière », par le fait « qu'elles aient eu immédiatement, quoique directement tracées d'après des aspects vivants, une apparence

---

* Meryon avait débuté comme officier de marine. Sa dernière eau-forte représente le Ministère de la marine place de la Concorde. Une troupe de chevaux, de chars et de dauphins marchent dans les nuages vers le Ministère. Navires et serpents de mer sont aussi de ce cortège et l'on aperçoit également dans la foule quelques créatures à forme humaine. Geffroy trouve la « signification » de cette gravure de façon tout à fait naturelle, sans s'attarder à la forme de l'allégorie : « Il dit adieu à la ville où il a souffert par cet assaut de ses rêves à la maison, dure comme une forteresse, où ses états de service de jeune enseigne ont été inscrits, à l'aube de sa vie, alors qu'il appareillait pour les îles lointaines » (Gustave Geffroy, *Charles Meryon*, Paris, 1926, p. 161).

(55) Citation dans Geffroy, *Charles Meryon*, l.c. p. 59.

de vie révolue, qui est morte ou qui va mourir » (56)*. Le texte que Baudelaire a consacré à Meryon nous fait subtilement comprendre la signification de cette antiquité parisienne. « J'ai rarement vu représentée avec plus de poésie la solennité naturelle d'une ville immense. Les majestés de la pierre accumulée, les clochers montrant du doigt le ciel, les obélisques de l'industrie vomissant contre le firmament leurs coalitions de fumée**, les prodigieux échafaudages des monuments en réparation, appliquant sur le corps solide de l'architecture leur architecture à jour d'une beauté si paradoxale, le ciel tumultueux, chargé de colère et de rancune, la profondeur des perspectives augmentée par la pensée de tous les drames qui y sont contenus, aucun des éléments complexes dont se compose le douloureux et glorieux décor de la civilisation n'était oublié » (57). Il faut, au nombre des projets dont on peut comme une perte déplorer l'échec, compter celui de l'éditeur Delâtre, qui voulait publier la série de gravures de Meryon avec des textes de Baudelaire. C'est à cause du graveur que ces textes ne furent pas écrits ; il ne pouvait pas s'imaginer la tâche de Baudelaire autrement que comme un inventaire des maisons et des enfilades de rues qu'il avait représentées. Si Baudelaire avait entrepris ce travail, la phrase

---

* La volonté de conserver « la trace » contribue pour une part essentielle à cet art. Le titre que Meryon a donné à cette série de gravures montre une pierre éclatée avec l'empreinte en creux de plantes fossiles.

** Cf. la remarque et le reproche de Pierre Hamp : « L'artiste (...). admire la colonne du temple babylonien et méprise la cheminée d'usine » (Pierre Hamp : *La littérature, image de la société,* in : *Encyclopédie française,* 16 : *Arts et littératures dans la société contemporaine* I, Paris, 1935, fasc. 16. 64-1).

(56) Geffroy, *Charles Meryon, l.c. p. 3.*
(57) II, p. 293 (*Peintres et aquafortistes*).

de Proust sur le « rôle des cités antiques dans Baudelaire et de la couleur écarlate qu'elles mettent çà et là dans son œuvre » (58) serait devenue plus claire qu'elle ne le paraît à la lecture aujourd'hui. Rome pour lui se trouvait au premier rang de ces villes. Il avoue dans une lettre à Leconte de Lisle sa « prédilection naturelle » pour cette ville. Cette prédilection lui est probablement venue des *vedute* de Piranèse, où les ruines non restaurées apparaissent confondues, dans une même unité, avec la ville moderne.

Le sonnet qui figurait à la 39ᵉ place dans l'édition de 1861 des *Fleurs du Mal* commence par ses vers :

> Je te donne ces vers afin que si mon nom
> Aborde heureusement aux époques lointaines,
> Et fait rêver un soir les cervelles humaines,
> Vaisseau favorisé par un grand aquilon,
>
> Ta mémoire, pareille aux fables incertaines,
> Fatigue le lecteur ainsi qu'un tympanon (59).

Baudelaire veut être lu comme un écrivain de l'antiquité. Cette exigence fut satisfaite extraordinairement vite. Car les époques lointaines dont parle le sonnet sont arrivées, autant de décennies après sa mort que Baudelaire pouvait avoir imaginé de siècles. Certes, Paris existe toujours ; et les grandes tendances de l'évolution sociale sont encore les mêmes. Mais c'est le fait même qu'elles sont restées constantes qui rend encore plus fragile, à leur contact, tout ce qui était né sous le signe de la « nouveauté véritable ». La moder-

---

(58) Proust, « A propos de Baudelaire », in *N.R.F.* 1ᵉʳ juin 1921, p. 656.
(59) I, p. 53:

nité est rien moins que demeurée la même, et l'antiquité qui devait se trouver en son sein donne en réalité l'image de l'obsolète. « On retrouve Herculanum sous la cendre ; mais quelques années sur les mœurs d'une société l'ensevelissent mieux que toute la poussière des volcans » (60).

L'antiquité de Baudelaire est l'antiquité romaine. L'antiquité grecque n'apparaît dans son univers qu'en un endroit. La Grèce lui donne l'image de l'héroïne qui lui paraissait capable et digne d'être transposée dans la modernité. Les images féminines d'un des plus grands et des plus célèbres poèmes des *Fleurs du Mal* portent des noms grecs — Delphine et Hippolyte. Ce poème est consacré à l'amour saphique. La lesbienne est l'héroïne de la modernité. En elle un idéal érotique propre à Baudelaire — la femme qui évoque la dureté et la virilité — s'est combiné à un idéal historique — celui de la grandeur dans le monde antique. C'est ce qui rend unique la position de la lesbienne dans les *Fleurs du Mal,* et c'est ce qui explique pourquoi Baudelaire a longtemps songé à leur donner comme titre *Les Lesbiennes.* Au demeurant Baudelaire est loin d'avoir découvert la lesbienne dans l'art. Balzac l'a déjà rencontrée dans sa *Fille aux yeux d'or;* Gautier dans *Mademoiselle Maupin,* de Latouche dans *Fragoletta.* Baudelaire l'a vue également chez Delacroix ; il parle de façon un peu détournée, dans la critique de ses tableaux, « de la femme moderne dans sa manifestation héroïque dans le sens infernal » (61).

Ce thème a son origine dans le saint-simonisme, qui a souvent exploité l'idée de l'androgyne dans ses velléités de culte. On compte parmi celles-ci le temple qui devait

---

(60) Barbey d'Aurevilly, *Du dandysme et de G. Brummel.* Paris, 1887, p. 30.
(61) II, p. 162 (*Exposition universelle de 1855*).

orner la *Ville Nouvelle* de Duveyrier. Un adepte de l'école remarque à son propos : « Le temple doit représenter un androgyne, un homme et une femme, la politique et la morale, l'Etat et la famille, la religion. La même division devra se reproduire pour la ville, pour le royaume, pour la terre tout entière : il y aura l'hémisphère de l'homme et celui de la femme » (62). Mais il est plus facile de saisir l'utopie saint-simonienne, quant à son contenu anthropologique, dans la démarche intellectuelle de Claire Demar [16] que dans cette architecture qui ne fut pas construite. Les grandioses fantaisies d'Enfantin ont fait oublier Claire Demar. Mais le manifeste qu'elle a laissé est plus proche du noyau de la théorie saint-simonienne — c'est-à-dire l'hypostase de l'industrie considérée comme la force qui meut le monde — que le mythe de la Mère d'Enfantin. Il est également question de la mère dans ce texte, mais la perspective est bien différente de celle qui guidait ceux qui quittèrent la France pour chercher cette Mère en Orient. Ce manifeste occupe une place originale, par sa force et la passion qui l'animent, dans la littérature pourtant très variée de l'époque sur l'avenir de la femme. Il est paru sous le titre *Ma loi d'avenir*. On y lit, dans la conclusion : « Plus de maternité, plus de loi du sang. Je dis plus de maternité : en effet la femme délivrée, affranchie du joug, de la tutèle, de la protection de l'homme dont elle ne recevra plus ni nourriture ni salaire, de l'homme qui ne lui paiera plus le prix de son corps ; — la femme ne tiendra son existence, sa position sociale que de sa capacité et de ses œuvres. Pour cela donc il faut bien que la femme fasse une œuvre, remplisse une fonction ; (...) du sein de la mère du sang, portez le nouveau-né

---

(62) Henry-René d'Allemagne, *Les Saint-Simoniens 1827-1837*. Préface de Sébastien Charléty. Paris, 1930, p. 310.

aux bras de la mère sociale, de la nourrice fonctionnaire, et l'enfant sera mieux élevé (...) Alors, seulement alors, l'homme, la femme, l'enfant seront tous affranchis de la loi de sang de l'exploitation de l'humanité par l'humanité ! » (63).

On voit naître ici sous sa forme originelle l'image de la femme héroïque que Baudelaire reprendra. Sa transformation en lesbienne ne fut pas seulement l'œuvre des écrivains. Elle se réalisera à l'intérieur même du cercle des saint-simoniens. Les documents sur ce sujet, quand ils étaient en possession des chroniqueurs de cette école, n'étaient certes pas dans les meilleures des mains. Nous disposons cependant de cette étrange confession, faite par une femme qui se proclamait adepte de la doctrine de Saint-Simon : « Je commençais à aimer autant mon prochain femme que mon prochain homme (...), j'abandonnais à l'homme sa force physique et son genre d'intelligence pour élever à côté de lui d'une manière égale la beauté corporelle de la femme et ses facultés particulières spirituelles » (64) Une remarque critique de Baudelaire à laquelle on ne se serait pas attendu, fait entendre comme un écho de cette confession. Il s'agit d'une remarque faite à propos de la première héroïne de Flaubert : « Mme Bovary, pour ce qu'il y a en elle de plus énergique et de plus ambitieux, et aussi de plus rêveur, Mme Bovary est restée un homme. Comme la Pallas armée, sortie du cerveau de Zeus, ce bizarre androgyne a gardé toutes les séductions d'une âme virile dans un charmant corps féminin » (65). Et, en outre, sur l'écrivain lui-même :

---

(63) Claire Demar, *Ma loi d'avenir*. Ouvrage posthume publié par Suzanne. Paris, 1834, p. 58/59.
(64) Citation dans Firmin Maillard, *La légende de la femme émancipée. Histoire de femmes pour servir à l'histoire contemporaine.* Paris, p. 65.
(65) II, p. 445 (*Gustave Flaubert*).

« Toutes les femmes intellectuelles lui sauront gré d'avoir élevé la femelle à une si haute puissance, si loin de l'animal pur et si près de l'homme idéal, et de l'avoir fait participer à ce double caractère de calcul et de rêverie qui constitue l'être parfait » (66). D'un simple geste de la main, d'un « coup de main », comme il en a l'habitude, Baudelaire transforme la petite-bourgeoise de Flaubert en héroïne.

Il y a dans la poésie de Baudelaire un certain nombre de faits importants, et même évidents, qui sont restés dans l'ombre. Parmi eux l'on trouve l'orientation contraire des deux poèmes saphiques qui se suivent dans « Les Epaves ». « Lesbos » est un hymne à l'amour saphique ; « Delphine et Hippolyte », au contraire, est une condamnation de cette passion, quelle que soit la pitié qui fasse vibrer cette condamnation. On lit dans le premier poème :

> Que nous veulent les lois du juste et de l'injuste ?
> Vierges au cœur sublime, honneur de l'archipel,
> Votre religion comme une autre est auguste,
> Et l'amour se rira de l'Enfer et du Ciel (67) !

Dans le second :

> — Descendez, descendez, lamentables victimes,
> Descendez le chemin de l'enfer éternel (68) !

Cette contradiction flagrante s'explique de la façon suivante : Baudelaire ne considérait pas la lesbienne comme un problème — ni comme un problème de société ni comme un problème de disposition natu-

---

(66) II, p. 448 (*Gustave Flaubert*).
(67) I, p. 157 (« Lesbos »).
(68) I, p. 161 (« Delphine et Hippolyte »).

relle —, il n'avait donc pas non plus, en tant que prosateur, si l'on peut dire, d'attitude à son égard. Il lui réservait bien une place dans l'image de la modernité; il ne la reconnaissait pas, il ne la retrouvait pas dans la réalité. C'est pour cette raison qu'il peut écrire avec insouciance : « Nous avons connu la femme-auteur philanthrope, la prêtresse systématique de l'amour, la prêtresse républicaine, la poétesse de l'avenir, fouriériste ou saint-simonienne*; et nos yeux, amoureux du beau, n'ont jamais pu s'accoutumer à toutes ces laideurs compassées, à toutes ces scélératesses impies (il y a même des poétesses de l'impiété), à tous ces sacrilèges pastiches de l'esprit mâle » (69). Il serait erroné de croire que Baudelaire aurait songé à se faire, avec sa poésie, le champion de la lesbienne devant l'opinion publique. Les propositions qu'il fit à son avocat pour le plaidoyer dans le procès des *Fleurs du Mal* le prouvent. L'ostracisme social est à ses yeux inséparable de la nature héroïque de cette passion. « Descendez, descendez lamentables victimes », telles sont les dernières paroles que Baudelaire adresse à la lesbienne. Il l'abandonne à sa chute. Elle ne peut être sauvée, parce que la confusion dans la conception de Baudelaire est inextricable.

Le XIXe siècle commença à utiliser sans ménagement la femme dans le processus de production au dehors du foyer [17]. Il le fit pour l'essentiel de façon primitive; il la mit dans des usines. En conséquence de quoi des traits masculins devaient, à la longue, apparaître chez elle. Car ils étaient exigés par le travail à l'usine, en particulier le travail mutilant. Des formes supérieures

---

* Il s'agit peut-être là d'une allusion à *Ma loi d'avenir* de Claire Demar.

(69) II, p. 534 (*Réflexions sur quelques-uns de mes contemporains. Marceline Desbordes-Valmore*).

de production, comme le combat politique en tant que tel, pouvaient également favoriser l'apparition de traits masculins chez une femme, mais sous une forme plus noble. On peut peut-être comprendre en ce sens le mouvement des Vésuviennes. Il fournit à la Révolution de Février un corps composé uniquement de femmes. « Vésuviennes », lit-on dans les statuts [18], « cela signifie que chacune des contractantes a au fond du cœur tout un volcan de feux et d'ardeurs révolutionnaires » (70). Une pareille métamorphose de la nature féminine mit au jour des tendances qui purent occuper la fantaisie de Baudelaire. Il ne serait pas étonnant que sa profonde aversion tout à fait idiosyncrasique pour la grossesse ait joué également dans ce sens*. La masculinisation de la femme était en harmonie avec cette aversion. Baudelaire approuvait donc ce processus. Mais il était important pour lui de le détacher de la dépendance économique. Il parvient donc à donner à cette orientation de l'évolution un accent strictement sexuel. Ce qu'il ne pouvait pardonner à George Sand [20], c'était peut-être d'avoir profané les traits d'une lesbienne par son aventure avec Musset.

Ce rétrécissement de l'élément « prosaïque » qui se manifeste dans l'attitude de Baudelaire envers la lesbienne est caractéristique de sa manière dans d'autres domaines. Elle surprit des observateurs attentifs. Jules Lemaître écrit en 1895 : « C'est tout un ensemble d'artifices, de contradictions volontaires. C'est la description outrée et complaisante des plus désolants

---

* Un fragment de 1844 [19] (I, p. 213) semble ici concluant. — Le célèbre dessin à la plume de Baudelaire représentant sa maîtresse évoque une démarche qui ressemble de façon frappante à celle d'une femme enceinte. Cela ne prouve rien contre son aversion.

(70) *Paris sous la République de 1848. Exposition de la Bibliothèque et des travaux historiques de la ville de Paris.* Paris, 1909, p. 28.

détails de la réalité physique, et c'est, dans le même moment, la traduction épurée des idées et des croyances qui dépassent le plus l'impression immédiate que font sur nous les corps. (...) C'est encore, en amour, l'alliance du mépris et de l'adoration de la femme, et aussi de la volupté charnelle et du mysticisme. On considère la femme comme une esclave, comme une bête, ou comme une simple pile électrique, et cependant on lui adresse les mêmes hommages, les mêmes prières qu'à la Vierge immaculée. (...) On maudit le « Progrès » ; on déteste la civilisation industrielle de ce siècle (...) et, en même temps, on jouit du pittoresque spécial que cette civilisation a mis dans la vie humaine et des ressources qu'elle apporte à l'art de développer la sensibilité. (...) Oui, je crois que c'est bien là l'effort essentiel du Baudelairisme : unir toujours deux ordres de sentiments contraires et, au premier abord, incompatibles et, au fond, deux conceptions divergentes du monde et de la vie, la chrétienne et l'autre, ou, si vous voulez, le passé et le présent. C'est le chef-d'œuvre de la volonté (...), le dernier mot de l'invention en fait de sentiments, le plus grand plaisir d'orgueil spirituel » (71). Présenter cette attitude comme un chef-d'œuvre, un exploit de la volonté, était tout à fait dans l'esprit de Baudelaire. Mais son revers est un manque de conviction, d'intelligence, de constance. Baudelaire était exposé dans tous ses mouvements à un changement brutal, semblable à un choc. La vision d'une autre façon de vivre au milieu des extrêmes devait donc être pour lui attirante. Cette autre façon de vivre prend forme dans les incantations qui s'élèvent de tant de ses poèmes ; elle se nomme elle-même dans certains d'entre eux.

---

(71) J. Lemaître, *Les Contemporains,* 4e série, Paris, 1897, p. 28-31.

> Vois sur ces canaux
> Dormir ces vaisseaux
> Dont l'humeur est vagabonde ;
> C'est pour assouvir
> Ton moindre désir
> Qu'ils viennent du bout du monde (72).

Cette strophe célèbre évoque dans son rythme même un balancement ; ce mouvement s'empare des navires amarrés sur le canal. Etre bercé entre les extrêmes, ce qui est le privilège des navires, voilà ce à quoi Baudelaire aspirait. L'image de ces navires surgit là où il est question de l'idéal profond, secret et paradoxal de Baudelaire : être porté, être protégé par la grandeur. « Ces beaux et grands navires, imperceptiblement balancés (...) sur les eaux tranquilles, ces robustes navires, à l'air désœuvré et nostalgique, ne nous disent-ils pas dans une langue muette : Quand partons-nous pour le bonheur ? » (73). On trouve réunies dans ces navires la nonchalance et la préparation au plus extrême déploiement d'énergie. Cela leur donne une signification secrète. Il y a une constellation particulière où, chez l'homme aussi, se retrouvent la grandeur et la nonchalance. Elle « influence » (au sens astrologique) l'existence de Baudelaire. Il l'a déchiffrée, et l'a appelée la modernité. Quand il s'abîme dans le spectacle des navires dans la rade, c'est pour y recueillir une métaphore. Le héros est aussi fort, aussi ingénieux, aussi harmonieux, aussi bien bâti que ces navires. Mais la haute mer lui fait signe en vain. Car sa vie est sous une mauvaise étoile [21]. La modernité se révèle être une fatalité qui pèse sur lui. Le héros n'y a pas de place

---

(72) I, p. 67 (« L'Invitation au voyage »).
(73) II, p. 630 (*Mon cœur mis à nu*).

prévue ; la modernité n'a pas l'usage d'un homme comme lui. Elle le retient immobile au port, pour toujours ; elle l'abandonne à une éternelle oisiveté. Le héros, dans cette dernière incarnation, apparaît sous la forme du dandy. Si l'on rencontre une de ces apparitions que leur force et leur nonchalance rendent parfaites dans chacun de leurs gestes, on se dit « voilà peut-être un homme riche, mais plus certainement un Hercule sans emploi » (74). Il fait l'effet d'être porté par sa grandeur. On peut ainsi comprendre pourquoi Baudelaire croyait à certaines heures sa flânerie revêtue de la même dignité que la tension de sa vertu poétique.

Le dandy était aux yeux de Baudelaire le descendant de grands ancêtres. Le dandysme est pour lui « le dernier éclat d'héroïsme dans les décadences » (75). Il lui plaît de découvrir chez Chateaubriand une allusion à des dandys Indiens — où il retrouve « les débris de grandes civilisations disparues ». En vérité, il est impossible de ne pas voir que les traits rassemblés dans la figure du dandy portent une marque historique tout à fait précise. Le dandy est une création des Anglais, qui avaient alors un rôle dominant dans le commerce mondial[22]. Le réseau commercial qui couvre la terre entière se trouvait aux mains des boursiers londoniens ; ses mailles enregistraient les frémissements les plus divers, les plus ordinaires, les plus imperceptibles. Le négociant devait réagir à tous ces mouvements sans trahir ses réactions. Les dandys reprirent à leur compte le conflit qui naissait ainsi en lui. Ils élaborèrent l'entraînement ingénieux qui était nécessaire pour le surmonter. Ils allièrent la réaction immédiate, rapide comme l'éclair, à la physionomie et à l'attitude déten-

---

(74) II, p. 352 (*Le peintre de la vie moderne*).
(75) II, p. 351 (*Le peintre de la vie moderne*).

dues et même nonchalantes. Le tic, qui fut un moment considéré comme un détail distingué, est dans une certaine mesure la formulation maladroite, gauche, du problème. La citation suivante est, à cet égard, très caractéristique « Une figure d'homme élégant doit avoir toujours, suivant moi, quelque chose de convulsif et de crispé. On peut attribuer ces agitations faciles (...) à un satanisme naturel » (76). C'est ainsi qu'un boulevardier parisien se représentait la figure du dandy. C'est ainsi que Baudelaire, dans sa physionomie, la reflétait. Son amour du dandysme ne fut pas heureux. Il n'avait pas le don de plaire qui est un élément si important dans cet art de ne pas plaire propre au dandy. Transfigurant en maniérisme ce qui devait chez lui paraître naturellement étrange, il plongea dans le délaissement le plus profond, à mesure que son isolement croissant le rendait plus inaccessible encore.

Baudelaire[23] n'a jamais, comme Gautier, trouvé son époque agréable et n'a jamais pu, comme Leconte de Lisle, s'en faire accroire à son sujet. Il n'avait pas à sa disposition l'idéalisme humanitaire d'un Lamartine ou d'un Hugo et il ne lui était pas donné, comme à Verlaine, de se réfugier dans la dévotion. Comme il n'avait pas de conviction personnelle, il endossait des figures toujours nouvelles. Le flâneur, l'apache, le dandy, le chiffonnier furent pour lui autant de rôles. Car le héros moderne n'est pas seulement un héros — il tient le rôle du héros[24]. La modernité héroïque se révèle être un drame (*Trauerspiel*) où le rôle du héros est à distribuer. Baudelaire a suggéré cette idée en marge de son poème « Les Sept Vieillards ».

---

(76) *Les Petits-Paris. Par les auteurs des Mémoires de Bilboquet.* Par Taxile Delord et alii. Paris, 1854. 10 : *Paris-viveur*, p. 26.

> Un matin, cependant que dans la triste rue
> Les maisons, dont la brume allongeait la hauteur,
> Simulaient les deux quais d'une rivière accrue,
> Et que, décor semblable à l'âme de l'acteur,
>
> Un brouillard sale et jaune inondait tout l'espace,
> Je suivais, roidissant mes nerfs comme un héros
> Et discutant avec mon âme déjà lasse,
> Le faubourg secoué par les lourds tombereaux (77).

Le décor, l'acteur et le héros sont réunis dans ces deux strophes d'une façon claire et révélatrice. Les contemporains de Baudelaire n'avaient pas besoin de cette indication. Lorsqu'il fait son portrait, Courbet se plaint de ce que Baudelaire change d'aspect chaque jour. Et Champfleury lui attribue le don de déformer l'expression de son visage comme un évadé du bagne (78). Dans un féroce article nécrologique qui révèle une assez grande pénétration, Vallès a dit de lui qu'il était un *cabotin* (79).

Sous les masques qu'il utilisait, le poète, chez Baudelaire, préservait son incognito [25]. Il était dans son œuvre aussi prudent qu'il pouvait paraître provocant dans les relations personnelles. L'incognito était la loi de sa poésie. Sa prosodie est comparable au plan d'une grande ville où l'on peut circuler discrètement à l'abri des pâtés de maisons, des portes cochères ou des cours. Sur ce plan les mots ont leurs places exactement définies, comme des conspirateurs avant que n'éclate la révolte Baudelaire conspire avec le langage lui-même. Il en calcule les effets pas à pas. Il a toujours évité de se

---

(77) I, p. 101 (« Les Sept vieillards »).
(78) Cf. Champfleury [Jules Husson], *Souvenirs et portraits de jeunesse*. Paris, 1872, p. 135.
(79) Reproduit de « La situation » dans André Billy, *Les écrivains de combat*. Paris, 1931, p. 189.

découvrir devant le lecteur ; cela n'a pas échappé aux observateurs les plus compétents. Gide note une disharmonie entre l'image et la chose qui est très calculée (80). Rivière a fait remarquer que Baudelaire « aime appeler à son service les mots imprévus (...) ; comme ceux qui se sentent parfaitement maîtres de ce qu'ils veulent dire, il cherche d'abord les termes les plus éloignés ; puis il les ramène, il les apaise, il leur infuse une propriété qu'on ne leur connaissait pas » (81). Lemaître parle de formes ainsi faites qu'elles entravent l'explosion de la passion (82) et Laforgue souligne la métaphore baudelairienne qui, convainquant pour ainsi dire la personnalité lyrique de mensonge, se glisse dans le texte comme un trouble-fête. Laforgue cite le vers suivant : « La nuit s'épaississait ainsi qu'une cloison » (83) — « d'autres exemples foisonnent », ajoute-t-il *.

La division du vocabulaire en mots qui semblaient se

---

* Citons, parmi de multiples exemples :

« Nous volons au passage un plaisir clandestin
Que nous pressons bien fort comme une vieille orange »
(I, p. 17, « Au lecteur »).
« Ta gorge triomphante est une belle armoire »
(I, p. 65, « Le Beau navire »).
« Comme un sanglot coupé par un sang écumeux
Le chant du coq au loin déchirait l'air brumeux »
(I, p. 118, « Crépuscule du Matin »).
« La tête, avec l'amas de sa crinière sombre
Et de ses bijoux précieux,
Sur la table de nuit, comme une renoncule,
Repose » (I, p. 126, « Une Martyre »).

(80) Cf. Gide « Baudelaire et M. Faguet », in *N.R.F.,* 1er novembre 1910, p. 512.

(81) Cf. Jacques Rivière, *Etudes,* Paris, 1948, p. 15.

(82) Cf. J. Lemaître, *Les Contemporains.* 4e série. Paris, 1897, p. 9.

(83) Jules Laforgue, *Mélanges posthumes,* Paris, 1903, p. 113.

prêter à un style élevé et en mots à exclure, dominait toute la production poétique, la tragédie tout autant que la poésie lyrique. Dans les premières décennies du XIXᵉ siècle, cette convention restait toujours en vigueur et n'était pas discutée. Lors de la première du *Cid* de Lebrun, le mot « chambre » souleva un murmure désapprobateur. *Othello* dans la traduction de Vigny fut un échec à cause du mot « mouchoir » dont la mention dans une tragédie parut insoutenable. Victor Hugo avait commencé à effacer dans la poésie la distinction entre les mots de la langue quotidienne et ceux de la langue noble. Sainte-Beuve avait procédé de façon semblable. Il explique dans *Joseph Delorme* : « J'ai tâché, après mes devanciers, d'être original à ma manière, humblement et bourgeoisement, observant la nature, l'âme de près, mais sans microscope, nommant les choses de la vie privée par leur nom, mais préférant la chaumière au boudoir » (84). Baudelaire a dépassé à la fois le jacobinisme linguistique de Victor Hugo et les licences bucoliques de Sainte-Beuve. Ses images sont originales par la bassesse des comparaisons. Il cherche l'événement banal pour rapprocher de lui l'événement poétique. Il parle des « vagues terreurs de ces affreuses nuits/Qui compriment le cœur comme un papier qu'on froisse » (85). Ce geste linguistique caractéristique de l'artiste chez Baudelaire ne devient véritablement chargé de sens que chez l'allégoricien. Il donne à son allégorie ce caractère troublant qui la distingue des allégories ordinaires. Lemercier avait été le dernier à peupler le Parnasse de l'Empire d'allégories de ce genre ; on avait ainsi atteint le nadir de la poésie néo-classique. Baudelaire ne se souciait nullement de cela.

---

(84) Sainte-Beuve, *Vie, poésies et pensées de Joseph Delorme,* Paris, 1863, p. 170.
(85) I, p. 57 (« Réversibilité »).

Il reprend des allégories en abondance mais il transforme radicalement leur caractère grâce à l'environnement linguistique dans lequel il les place. *Les Fleurs du Mal* sont le premier livre à avoir utilisé des mots de provenance non seulement prosaïque mais urbaine dans la poésie lyrique. Elles n'évitent nullement, à cette occasion, les néologismes qui, dépourvus de patine poétique, frappent l'œil par leur éclat tout neuf. Elles connaissent *quinquet, wagon* ou *omnibus;* elles ne reculent pas devant *bilan, réverbère, voirie.* Ainsi se crée le vocabulaire lyrique dans lequel, brusquement, surgit une allégorie que rien ne prépare. Si l'on peut faire saisir de quelque façon l'esprit linguistique de Baudelaire, c'est dans cette coïncidence brusque. Claudel lui a donné sa formulation définitive. Baudelaire, a-t-il dit, « c'est un extraordinaire mélange du style racinien et du style journaliste de son temps »[26]. Aucun mot de son vocabulaire n'est d'emblée destiné à devenir une allégorie. Il reçoit cette charge selon les cas, selon la chose dont il est question, selon le sujet dont c'est le tour d'être espionné, cerné et occupé. Il fait entrer des allégories dans sa confidence, pour ce « coup de main » qu'est chez lui la poésie. Ce sont les seules qui soient dans le secret. Là où la Mort, ou le Souvenir, le Repentir ou le Mal apparaissent, c'est là que sont les centres de la stratégie poétique. L'apparition fulgurante de ces charges reconnaissables à leurs majuscules au beau milieu d'un texte qui ne repousse pas le plus banal des vocabulaires, trahit la main de Baudelaire. Sa technique est la technique du putsch.

Quelques années après la mort de Baudelaire, Blanqui couronna sa carrière de conspirateur par un coup de maître qui donne à penser. C'était après l'assassinat de Victor Noir. Blanqui voulait passer ses troupes en revue. Il ne connaissait personnellement que ses lieutenants, et l'on ne sait si tous les membres de son mouvement l'ont connu. Il se mit d'accord avec Granger, son aide de camp, qui prit les dispositions nécessaires pour une revue des blanquistes. Geffroy la décrit ainsi : « Blanqui (...) partit, armé, dit adieu à ses sœurs, prit son poste aux Champs-Elysées. C'est là que Granger lui avait annoncé qu'il ferait défiler devant lui l'armée dont il était le mystérieux général. Il connaissait les chefs, il les verrait apparaître, et derrière chacun d'eux, les hommes groupés régulièrement, marchant au pas, comme des régiments. Il fut fait comme il avait été dit. Blanqui passa sa revue sans que personne pût se douter du spectacle étrange. Appuyé à un arbre, debout dans la foule, parmi ceux qui regardaient comme lui, le vieillard attentif vit surgir ses amis, réguliers dans la poussée du peuple, silencieux dans les murmures grossis à tout instant en clameurs » (86). La force qui rendait possible quelque chose de ce genre s'est conservée dans le langage grâce à la poésie de Baudelaire.

Baudelaire, à l'occasion, a voulu également retrouver l'image du héros moderne dans le conspirateur. « Plus de tragédies, plus d'histoire romaine ! », écrit-il dans *Le Salut public* pendant les journées de Février, « ne sommes-nous pas plus grands aujourd'hui que Brutus ? » (87). Plus grands que Brutus, cela voulait dire, en vérité, moins grands que lui. Car lorsque Napoléon III accéda au pouvoir, Baudelaire ne reconnut pas César. En cela Blanqui lui fut supérieur. Mais ce qu'ils ont eu en commun va plus loin que la différence qui peut les séparer ; c'est la rogne et l'impatience, la force de l'indignation et celle de la haine. Dans une ligne célèbre, Baudelaire prend congé le cœur léger d'un monde où « l'action n'est pas la sœur

---

(86) Geffroy, *L'enfermé,* Paris 1897, p. 276/277.
(87) Citation dans Crépet, *Charles Baudelaire,* Paris, 1906, p. 81.

du rêve »²⁷ (88). Son rêve n'était pas aussi solitaire qu'il pouvait le croire. L'action de Blanqui a été la sœur du rêve de Baudelaire. Les deux sont joints, ce sont les mains jointes sur une pierre sous laquelle Napoléon III avait enterré les espérances des combattants de Juin.

(88) I, p. 136 (« Le reniement de saint Pierre »).

SUR QUELQUES THÈMES
BAUDELAIRIENS
(1939)

Ce texte, traduit initialement par Maurice de Gandillac, et paru dans *Poésie et révolution* (Lettres Nouvelles/Maurice Nadeau), est publié ici dans une version revue par Jean Lacoste.

I

Baudelaire a escompté des lecteurs à qui la lecture de la poésie lyrique offre des difficultés. C'est à eux que s'adresse le poème introductif des *Fleurs du Mal*. De leur force de volonté, de leur puissance de concentration, on ne peut faire grand cas; ils préfèrent les jouissances sensibles; ils se confient au spleen, qui donne le coup de grâce à l'intérêt et à la réceptivité. Il est surprenant de rencontrer un poète lyrique qui se contente d'un tel public, le plus ingrat de tous. Il y a bien sûr une explication facile : Baudelaire voulait être compris. Il dédie son livre à des êtres qui lui ressemblent. Le poème introductif se termine par l'apostrophe :

Hypocrite lecteur, — mon semblable, mon frère ! (1).

Mais on comprendra mieux de quoi il s'agit si l'on renverse la formule et qu'on dise : Baudelaire a écrit un livre qui, d'entrée de jeu, avait peu de chance de toucher immédiatement le public. Il comptait sur ce

(1) I, p. 18 (« Au Lecteur »).

type de lecteurs que définit le poème introductif. Or, il s'est trouvé que ce calcul correspondait à une vision à longue portée. *Les Fleurs du Mal* ont trouvé plus tard les lecteurs pour lesquels elles étaient écrites. Qu'il en soit bien ainsi, qu'en d'autres termes l'accueil fait aux poèmes lyriques rencontre des conditions de moins en moins favorables, c'est ce qu'indiquent, entre autres, trois séries de faits. D'abord, le poète lyrique ne s'identifie plus avec le poète en soi. Il n'est plus, comme il l'était encore au temps de Lamartine, « celui qui chante » ; il est devenu un genre de poète parmi d'autres (Verlaine est un bon témoin de cette spécialisation ; quant à Rimbaud, ce fut déjà un ésotériste, qui d'office écartait le public de son œuvre.) Deuxième fait : depuis Baudelaire la poésie lyrique n'a plus connu aucun succès de masse. (Le lyrisme de Hugo éveillait encore en son temps de puissants échos. En Allemagne le *Buch der Lieder*[1] marque la limite.) Une troisième circonstance dépend des deux premières : le public est devenu de plus en plus réticent à l'égard des poèmes lyriques que lui transmet le passé. On peut dire que la période dont nous parlons ici commence à peu près au milieu du XIXe siècle. Depuis ce temps la réputation des *Fleurs du Mal* n'a cessé de s'étendre. Ce livre, qui avait compté avec les lecteurs les moins disposés, est devenu en quelques décennies un ouvrage classique, l'un de ceux aussi qui connurent le plus grand nombre de réimpressions.

Si les circonstances sont devenues plus défavorables au succès de la poésie lyrique, on est tenté de croire que c'est parce que cette poésie ne conserve qu'exceptionnellement le contact avec *l'expérience du lecteur*. Il se pourrait qu'il en fût ainsi, parce que cette expérience même s'est transformée dans sa structure. Sur ce point on sera sans doute d'accord, mais la difficulté commence lorsqu'il s'agit de caractériser cette *transfor-*

mation. On se tournera dans ce cas vers la philosophie, mais on se heurte alors à une situation singulière. Depuis la fin du siècle dernier, nous avons connu toute une série de tentatives pour ressaisir la « véritable » expérience[2], par opposition à celle qui se dépose, comme un précipité, dans l'existence normalisée et dénaturée des masses soumises à la civilisation. On a coutume de réunir ces critiques dans la rubrique d'une philosophie de la vie. Conceptuellement elles ne sont point parties de l'existence sociale de l'homme, c'est plutôt la littérature qu'elles ont invoquée, plus encore la nature et finalement surtout la mythologie. Le livre de Dilthey, *L'Expérience vécue et la littérature,* est l'un des plus anciens dans une série qui conduit à Klages et à Jung, lequel s'est compromis avec le fascisme. C'est à un niveau bien supérieur qu'il faut situer *Matière et mémoire,* de Bergson, où les liens avec la recherche scientifique restent beaucoup plus étroits. Cet ouvrage est d'orientation biologique. Le titre même indique que l'auteur considère la structure de la mémoire comme un élément décisif pour une description philosophique de l'expérience. Effectivement l'expérience appartient à l'ordre de la tradition, dans la vie collective comme dans la vie privée. Elle se constitue moins de données isolées, rigoureusement fixées par la mémoire, que de *data* accumulés, souvent inconscients, qui se rassemblent en elle. Assurément le propos de Bergson n'est aucunement de définir en un sens historique le caractère spécifique de la mémoire. Il rejette, au contraire, toute détermination historique de l'expérience. Il évite particulièrement de toucher de trop près à l'expérience même d'où est sortie son œuvre, ou plutôt contre laquelle elle a fait valoir son témoignage. Je veux dire : l'expérience inhospitalière et aveuglante, propre à l'époque de la grande industrie. Mais si son œil se ferme à celle-là, il s'ouvre à une autre expérience, qui la complète comme une sorte d'image consécutive spontanée. La philosophie de Bergson est une tentative pour détailler et pour fixer cette image consécutive. Par là même, elle renvoie immédiatement à l'expérience qui s'offre à Baudelaire, sans déguisement, dans la figure de son lecteur.

II

Matière et mémoire définit l'essence de l'expérience dans la durée de telle manière que le lecteur est forcé de se dire : seul l'écrivain sera le sujet adéquat d'une expérience comme celle-là. De fait, c'est bien un écrivain qui mit à l'épreuve la théorie bergsonienne de l'expérience. On peut considérer *A la Recherche du Temps perdu* comme l'essai d'une synthèse portant, dans les conditions sociales actuelles, sur l'expérience telle que l'entendait Bergson. Car il faut de moins en moins escompter qu'elle se puisse instaurer par des voies naturelles. C'est là, au demeurant, une question dont Proust[3], dans son œuvre, ne refuse pas de débattre. Il introduit ainsi un élément nouveau, qui contient une critique implicite de Bergson. Ce dernier ne manque pas de souligner l'opposition que la mémoire fait ressortir entre vie active et vie contemplative. Mais il suggère que l'adoption d'une attitude contemplative, permettant l'intuition du courant vital, serait affaire de libre choix. D'entrée de jeu, par la terminologie qu'il adopte, Proust indique bien que tel n'est pas son avis. Ce qui était, chez Bergson, mémoire pure, devient chez lui mémoire involontaire. D'emblée, en face de cette mémoire involontaire, il situe la mémoire volontaire, qui dépend de l'intelligence. L'opposition apparaît dès les premières pages de son volumineux ouvrage. Proust constate qu'il ne lui est resté, de longues années durant, que de pauvres souvenirs de cette petite ville de Combray où s'est écoulée une partie de son enfance. Avant que le goût de la madeleine, sur lequel il reviendra souvent ensuite, l'eût ramené un certain après-midi aux temps anciens, il s'était contenté de ce que pouvait lui fournir une mémoire réduite aux éléments que rappelle un effort d'attention. A cette mémoire volontaire, par conséquent, dont il déclare que « les renseignements qu'elle donne sur le passé n'évoquent rien de lui », ajoutant : « Il en est ainsi de notre passé. C'est peine perdue que nous cherchions à l'évoquer, tous les efforts de notre intelligence son inutiles » (2). Aussi Proust n'hésite pas à résumer sa pensée en écrivant que ce passé « est caché hors de son domaine et de sa portée, en quelque objet matériel [...] que nous ne soupçonnons pas. Cet objet, il dépend du hasard que nous le rencontrions avant de mourir, ou que nous ne le rencontrions pas » (3).

Selon Proust, c'est pur hasard si l'individu reçoit une image de lui-même, s'il peut se rendre maître de son expérience. Cet appel au hasard n'a rien qui aille de soi. Les événements de notre vie intérieure ne possèdent point par nature ce caractère inéluctablement privé. Ils ne l'acquièrent que dans la mesure où les chances diminuent de voir les événements extérieurs s'assimiler à notre expérience. Le journal représente un des nombreux indices d'un tel amoindrissement. Si la presse avait eu pour dessein de permettre au lecteur d'incorporer à sa propre expérience les informations qu'elle lui fournit, elle serait loin de compte. Mais c'est tout le contraire qu'elle veut, et qu'elle obtient. Son

---

(2) M. Proust, *A la Recherche du Temps perdu. Du côté de chez Swann.* Paris. I, p. 69.
(3) M. Proust, l.c. p. 69.

propos est de présenter les événements de telle sorte qu'ils ne puissent pénétrer dans le domaine où ils concerneraient l'expérience du lecteur. Les principes de l'information journalistique (nouveauté, brièveté, clarté et surtout absence de toute corrélation entre les nouvelles prises une à une) contribuent à cet effet, exactement comme la mise en pages et le jargon journalistique. (Karl Kraus[4] ne s'est pas lassé de démontrer à quel point ce jargon paralyse chez le lecteur le pouvoir de représentation.) La cloison étanche ainsi dressée entre l'information et l'expérience tient également à ce que l'information ne pénètre pas davantage dans le domaine de la « tradition ». Les journaux sont tirés à multiples exemplaires ; ils ne fournissent guère à leurs lecteurs d'histoires qu'ils puissent ensuite raconter aux autres. — Du point de vue historique, il y a concurrence entre les diverses formes de communication. Lorsque l'information se substitue à l'ancienne relation, lorsqu'elle-même cède la place à la sensation, ce double processus reflète la dégradation croissante de l'expérience. Toutes ces formes, chacune à leur manière, se détachent du récit, qui est une des formes les plus anciennes de communication. A la différence de l'information, le récit ne se soucie pas de transmettre le pur en-soi de l'événement, il l'incorpore dans la vie même de celui qui raconte, pour le communiquer, comme sa propre expérience, à celui qui écoute. Ainsi le narrateur y laisse sa trace, comme la main du potier sur le vase d'argile.

Les huit tomes de l'œuvre proustienne donnent une idée de tout ce qu'il a fallu mettre en jeu pour restaurer et redonner à l'époque présente le visage du narrateur. Proust a mené l'entreprise avec une logique grandiose. Dès le début il se heurtait à une tâche élémentaire : raconter sa propre enfance. Il en mesura toute la difficulté en attribuant au pur hasard le simple fait qu'une telle narration fût possible. C'est à ce propos qu'il élabora la notion de mémoire involontaire. Cette notion garde la marque des circonstances mêmes qui l'ont suscitée. Elle appartient à l'inventaire de la personne privée dans les multiples aspects de son isolement. Là où domine l'expérience au sens strict, on assiste à la conjonction, au sein de la mémoire, entre des contenus du passé individuel et des contenus du passé collectif. Les cérémonies du culte [5], ses festivités — absentes de l'univers proustien — permettaient, entre ces deux éléments de la mémoire, une fusion toujours renouvelée. Elles provoquaient la remémoration [6] à certaines époques déterminées et lui donnaient ainsi l'occasion de se reproduire tout au long d'une vie. C'est ainsi que la mémoire volontaire et la mémoire involontaire cessaient de s'exclure mutuellement.

III

Lorsqu'on cherche à déterminer de façon plus concrète ce qui, dans la « mémoire de l'intelligence » telle que la conçoit Proust, paraît un sous-produit de la théorie bergsonienne, on est renvoyé à Freud [7]. Dans son essai paru en 1921, *Au-delà du principe de plaisir*, Freud établit une corrélation entre la mémoire (entendue comme mémoire involontaire) et la conscience. L'auteur présente cette corrélation à titre d'hypothèse. Les réflexions que nous allons y rattacher ne se proposent point de la démontrer. Elles n'ont pour objet que d'en éprouver la fécondité, à propos de certains faits [8] fort éloignés de ceux auxquels songeait Freud en présentant sa conception. Mais certains de ses disciples pourraient bien avoir rencontré de tels faits. Les arguments par lesquels Reik développe sa théorie de la mémoire rejoignent en partie la distinction proustienne entre l'évocation spontanée et l'évocation volontaire. Pour lui, en effet, « la mémoire a pour fonction de protéger les impressions. Le souvenir vise à les désintégrer. La mémoire est essentiellement conservatrice, le souvenir est destructeur » (4). Ces développements se fondent sur le principe de Freud selon lequel « la conscience naîtrait là où s'arrête la trace mnésique » (5)*. Son caractère propre, par conséquent, tiendrait à « cette particularité que le processus d'excitation ne produit pas en elle, comme il fait dans tous les autres systèmes psychiques, une modification durable de ses éléments, mais s'évanouit pour ainsi dire par le fait qu'il devient conscient » (6).

La formule fondamentale, où s'exprime l'hypothèse freudienne, est qu' « une seule et même excitation ne peut à la fois devenir consciente et laisser une trace économique dans le même système » (7). Les restes de souvenirs « les plus intenses et les plus durables » « sont souvent ceux laissés par des processus qui ne sont jamais parvenus à la conscience » (8). Ce qui, en langage proustien, signifie ceci : ne peut devenir élément de la mémoire involontaire que ce qui n'a pas été expressément et consciemment « vécu »[9] par le sujet.

---

* Les notions de souvenir (*Erinnerung*) et de mémoire (*Gedächtnis*) ne présentent, dans cet ouvrage, aucune différence de sens qui concerne de façon essentielle la relation ici envisagée.

(4) Theodor Reik, *Der überraschte Psychologue. Ueber Erraten und Verstehen unbewusster Vorgänge.* Leiden, 1935, p. 132. [T. Reik, *Le psychologue surpris. Deviner et comprendre les processus inconscients,* trad. fr. de D. Berger, Paris, 1976, p. 154.]

(5) Sigmund Freud, *Jenseits des Lustprinzips.* Vienne, 1923, p. 31. [S. Freud, *Essais de psychanalyse,* trad. fr. de S. Jankélévitch, Paris, 1967, p. 31.]

(6) S. Freud, l.c. p. 31/32. [trad. fr. p. 31.]

(7) S. Freud, l.c. p. 31. [trad. fr. p. 31.]

(8) S. Freud l.c. p. 30. [trad. fr. p. 30.]

Thésauriser, à partir des processus d'excitation, « des traces durables qui forment la base de la mémoire », ce serait là pour Freud un rôle réservé à « d'autres systèmes », qu'il faut considérer comme différents de la conscience*. Pour lui, la conscience, comme telle, ne contiendrait aucune trace mémorielle. Sa fonction serait tout autre, et d'importance. Son rôle serait de protéger des sensations : « Pour l'organisme vivant, il est presque plus important de se protéger des sensations que de les recevoir. L'organisme dispose d'un certain stock d'énergie et il doit tendre avant tout à protéger les formes particulières de transmutation énergétique qui se réalisent en lui contre l'influence égalisante, et par conséquent destructrice, des énergies trop intenses qui s'exercent à l'extérieur » (9). La menace de ces énergies se fait sentir par des chocs. A mesure qu'ils sont plus fréquemment enregistrés par la conscience, on peut moins escompter une influence traumatisante de ces chocs. La théorie psychanalytique tente d'expliquer l'essence du choc traumatisant par « la rupture de la barrière de protection de l'organe psychique ». La frayeur, dans cette perspective, résulterait d'une « absence de préparation au danger » (10).

L'occasion des recherches freudiennes a été un rêve typique dans les névroses consécutives à des accidents.

---

* De ces autres systèmes, il est maintes fois question chez Proust. Pour les figurer, il recourt avec une particulière prédilection aux membres du corps, et il ne se lasse point d'évoquer les images mnésiques qui se trouvent déposées en eux, montrant comment, sans obéir à aucun signe de la conscience, ces images s'imposent immédiatement à elle dès qu'une cuisse, un bras ou une omoplate retrouvent involontairement, chez le dormeur, la position qu'ils eurent autrefois. La mémoire involontaire des membres est un des thèmes favoris de Proust (cf. *Swann,* I, p. 11).
 (9) S. Freud, l.c. p. 34/35. [trad. fr. p. 34.]
 (10) S. Freud l.c. p. 41. [trad. fr. p. 39.]

Il reproduit la catastrophe qui est à l'origine de la névrose. Des rêves de ce genre, selon Freud, « ont pour but de faire naître chez le sujet un état d'angoisse qui lui permette d'échapper à l'emprise de l'excitation qu'il a subie et dont l'absence a été la cause de la névrose traumatique » (11). Il semble que Valéry ait songé à quelque chose d'analogue. Et la coïncidence vaut d'être notée, car Valéry est de ceux qui se sont intéressés au fonctionnement particulier des mécanismes psychologiques dans les conditions présentes d'existence. (On pourrait d'ailleurs rapprocher cet intérêt du caractère même de son œuvre poétique, qui est restée purement lyrique. Il est par là le seul auteur qui se rattache directement à Baudelaire.) Valéry écrit en effet : « Les impressions ou sensations de l'homme, prises telles quelles [...], sont de l'ordre d'une *surprise, — d'une insuffisance* de l'humain. [...] Le souvenir est [...] un fait élémentaire qui tend à nous donner le temps d'organisation qui nous a manqué d'abord » (12). Le choc est atténué par un entraînement du sujet dans la maîtrise des stimuli ; en cas de nécessité, cet entraînement peut faire intervenir le rêve tout aussi bien que le souvenir. Mais, en règle générale, il appartient, selon Freud, à la conscience éveillée, laquelle aurait son siège dans une couche corticale du cerveau « traversée par les stimuli » (13) en sorte qu'elle présente à leur réception les conditions les plus favorables. Le choc ainsi amorti, ainsi paré par la conscience, donnerait à l'événement qui l'a provoqué le caractère d'une expérience vécue [10] au sens propre. Il l'incorporerait directe-

---

(11) S. Freud, l.c. p. 42. [trad. fr. p. 40.]
(12) P. Valéry, *Analecta.* Paris, 1935, p. 264/265. [Pléiade II, p. 741.]
(13) S. Freud, l.c. p. 32. [trad. fr. p. 32.]

ment dans la série des souvenirs conscients, il le stériliserait pour l'expérience poétique.

On est en droit de se demander comment la poésie lyrique pourrait se fonder sur une expérience où le choc est devenu la norme. D'une poésie de ce genre, on attendrait nécessairement un haut degré de conscience ; elle devrait évoquer la représentation d'un plan, que son élaboration même aurait mis en œuvre. Ce trait convient parfaitement à la poésie de Baudelaire. C'est lui qui le lie, parmi ses devanciers, à Poe ; parmi ses successeurs, à Valéry. Les réflexions que nous avons empruntées à Proust et à Valéry, pour les appliquer à Baudelaire, se complètent providentiellement. Proust est l'auteur d'un essai sur Baudelaire, mais certaines de ses réflexions de romancier vont bien plus loin encore. En écrivant *Situation de Baudelaire,* Valéry a fourni l'introduction classique aux *Fleurs du Mal.* C'est là que nous lisons : « Le problème de Baudelaire pouvait donc — devait donc — se poser ainsi : *être un grand poète, mais n'être ni Lamartine, ni Hugo, ni Musset.* Je ne dis pas que ce propos fût conscient, mais il était nécessairement en Baudelaire, — et même essentiellement Baudelaire. Il était sa raison d'Etat » (14). Il est un peu étrange de voir invoquer la raison d'Etat à propos d'un poète. Mais la formule s'applique à une réalité bien remarquable : l'émancipation du poète par rapport aux expériences vécues. La production poétique de Baudelaire est ordonnée à une tâche. C'est celle que lui ont suggérée les places vides où il a installé ses poèmes. Son œuvre ne saurait être simplement définie, à la manière de toute autre, comme une œuvre historique, mais c'est ainsi qu'elle s'est voulue et entendue.

---

(14) Baudelaire, *Les Fleurs du Mal.* Avec une introduction de Paul Valéry. Ed. Crès. Paris, 1928, p. X.

IV

A mesure que l'élément de choc se fait davantage sentir dans les impressions singulières, il faut que la conscience se défende de façon plus continue contre l'excitation ; mieux elle y réussit et moins les impressions particulières pénètrent dans l'expérience, mais plus important aussi devient, par là même, le rôle de l'expérience vécue. Finalement on pourrait dire que la défense contre le choc a pour résultat spécifique d'assigner à l'événement — au détriment de l'intégrité même de ses contenus — une situation temporelle précise dans la conscience. Ce serait la plus haute performance de la réflexion. Elle ferait de l'événement une expérience vécue. En cas d'échec, on verrait s'installer l'agréable ou (le plus souvent) la désagréable frayeur qui, selon Freud, sanctionne le défaut de protection contre le choc. Baudelaire a traduit cette situation dans une image aveuglante. Il parle d'un duel où l'artiste crie de frayeur avant d'être vaincu (15). Ce duel est le processus même de la création littéraire. Ainsi Baudelaire a situé l'expérience du choc au cœur de son travail d'artiste. D'une grande importance est ce témoignage de l'écrivain sur lui-même. Beaucoup de contemporains le corroborent. Il n'est pas rare que Baudelaire s'abandonne à la frayeur, voire qu'il la provoque. Vallès rapporte ses gestes excentriques (16). S'appuyant sur un portrait de Nargeot, Pontmartin affirme que son visage était confisqué. Cladel insiste sur le ton tranchant dont il usait dans la conversation.

---

(15) Citation dans Ernest Raynaud, *Charles Baudelaire.* Paris, 1922, p. 318.
(16) Cf. Jules Vallès, « Charles Baudelaire », in André Billy, *Les écrivains de combat. (Le XIXe siècle.)* Paris, 1931, p. 192.

Gautier parle des brusques interruptions dont il aimait couper la lecture des vers (17). Nadar décrit sa démarche abrupte (18).

La psychiatrie connaît des types traumatophiles. Aux chocs, d'où qu'ils vinssent, Baudelaire a voulu opposer la parade de son être spirituel et physique. Cette défense contre le choc prend figure de combat. Quand il décrit son ami Constantin Guys, il lui rend visite à l'heure où Paris dort et il le montre « penché sur la table, dardant sur une feuille de papier le même regard qu'il attachait tout à l'heure sur les choses, s'escrimant avec son crayon, sa plume, son pinceau, faisant jaillir l'eau de son verre au plafond, essuyant sa plume sur sa chemise, pressé, violent, actif, comme s'il craignait que les images ne lui échappent, querelleur quoique seul, et se bousculant lui-même » (19). Baudelaire s'est peint lui-même aux prises avec une « fantasque escrime » de ce genre dans la première strophe du « Soleil », et c'est probablement le seul passage des *Fleurs du Mal* qui nous le montre en plein travail poétique.

> Le long du vieux faubourg, où pendent aux masures,
> Les persiennes, abri des secrètes luxures,
> Quand le soleil cruel frappe à traits redoublés
> Sur la ville et les champs, sur les toits et les blés,
> Je vais m'exercer seul à ma fantasque escrime,
> Flairant dans tous les coins les hasards de la rime,
> Trébuchant sur les mots comme sur les pavés,
> Heurtant parfois des vers depuis longtemps rêvés (20).

---

(17) Cf. Eugène Marsan, *Les Cannes de M. Paul Bourget et le bon choix de Philinte. Petit manuel de l'homme élégant.* Paris, 1923, p. 239.
(18) Cf. Firmin Maillard, *La cité des intellectuels.* Paris, 1905, p. 362.
(19) II, p. 334 *(Le peintre de la vie moderne).*
(20) I, p. 96 (« Le Soleil »).

L'expérience du choc est de celles qui furent déterminantes pour la facture de Baudelaire. Selon Gide, c'est dans l'espacement entre l'image et l'idée, le mot et la chose, que la stimulation poétique trouvait chez lui sa véritable place (21). Rivière[11] a indiqué ces heurts souterrains qui ébranlent les vers de Baudelaire. Il semble parfois que le mot s'écroule sur lui-même. Rivière souligne quelques-uns de ces termes chancelants (22) :

> Et qui sait si ces fleurs nouvelles que je rêve
> Trouveront dans ce sol lavé comme une grève
> Le mystique aliment qui *ferait* leur vigueur ? (23).

ou encore :

> Cybèle, qui les aime, *augmente ses verdures* (24).

Il faut y ajouter le célèbre début du poème

> La servante au grand cœur dont vous étiez *jalouse* (25).

Pour rendre justice à ces lois cachées ailleurs que dans ses vers, Baudelaire composa *Le Spleen de Paris,* ses poèmes en prose. Dédiant le recueil au rédacteur en chef de *La Presse,* Arsène Houssaye, il écrivait : « Quel est celui de nous qui n'a pas, en ses jours d'ambition, rêvé le miracle d'une prose poétique, musicale sans rythme et sans rime, assez souple et assez

---

(21) Cf. André Gide, « Baudelaire et M. Faguet », in *Morceaux choisis.* Paris, 1921, p. 128.
(22) Cf. Jacques Rivière, *Etudes,* Paris, 1948, p. 14.
(23) I, p. 29 (« L'Ennemi »).
(24) I, p. 31 (« Bohémiens en voyage »).
(25) I, p. 113 (« *La Servante au grand cœur dont vous étiez jalouse...* »).

heurtée pour s'adapter aux mouvements lyriques de l'âme, aux ondulations de la rêverie, aux soubresauts de la conscience ?

C'est surtout dans la fréquentation des villes énormes, c'est du croisement de leurs innombrables rapports que naît cet idéal obsédant » (26). Ce texte appelle une double constatation. D'une part, il nous renseigne sur la corrélation interne, chez Baudelaire, entre l'image du choc et le contact avec les masses qui habitent les grandes villes. Il nous apprend, d'autre part, ce que signifient proprement ces grandes masses. Il ne peut être question d'une classe, d'une collectivité, quelle qu'en soit la structure. Il s'agit simplement de la foule amorphe [12] des passants, du public de la rue *. Cette foule, dont Baudelaire n'oublie jamais la présence, n'a servi de modèle à aucune de ses œuvres. Mais elle a laissé sa marque secrète sur toute sa création, et c'est elle qu'on aperçoit aussi en filigrane dans le fragment cité plus haut. Elle éclaire l'image de l'escrimeur ; les coups qu'il assène sont destinés à lui frayer la voie parmi la foule. Sans doute est-ce à travers des faubourgs vides que s'avance le poète du « Soleil ». Mais la secrète constellation (en qui la beauté de la strophe devient jusqu'en son fond transparente) doit s'entendre ainsi : en luttant contre la foule spirituelle des mots, des fragments, des débuts de vers, le poète, à travers les rues désertées, gagne à la pointe de l'épée son butin poétique.

---

* Prêter une âme à cette foule, tel est le vrai rôle du flâneur. Ses rencontres avec elle sont l'expérience vécue dont il ne se lasse point de faire le récit. Dans l'œuvre baudelairienne on ne peut méconnaître certains reflets de cette illusion. Elle est loin d'ailleurs d'avoir épuisé son rôle. L'unanimisme de Jules Romains est un de ses produits tardifs, aujourd'hui très admiré.

(26) I, p. 405/406 (*Le Spleen de Paris*).

V

La foule — rien ne s'est présenté aux écrivains du XIXᵉ siècle investi de plus de missions. Parmi les larges couches sociales qui prenaient l'habitude de la lecture, elle commença à se constituer en public. Elle entreprit de distribuer des mandats; comme les donateurs dans les tableaux du Moyen Age, elle exigea de retrouver son visage dans les romans qu'elle lisait. Le plus grand auteur à succès du siècle a répondu à ce besoin, mû par une nécessité intérieure. La foule, pour lui, signifiait une clientèle, presque au sens antique du terme, la masse de son public [13]. Hugo fut le premier à l'introduire jusque dans le titre de plusieurs de ses œuvres : *Les Misérables, Les Travailleurs de la mer.* Il fut le seul, en France, à pouvoir rivaliser avec le roman-feuilleton. On sait qu'Eugène Sue était le maître du genre — un genre qui fut une véritable révolution pour les petites gens. En 1850, les Parisiens avaient élu le romancier populaire, à une grosse majorité, pour les représenter au Parlement. Ce n'est point simple hasard si *Les Mystères de Paris* allaient fournir à Marx une occasion de prendre nettement position [14]. De bonne heure, en effet, Marx s'assigna pour tâche de faire surgir de cette masse amorphe — qu'un socialisme à nobles intentions s'efforçait d'amadouer — celle d'un prolétariat d'airain. C'est pourquoi, si timide soit-elle, la description de cette masse, telle que la présente Engels dans son ouvrage de jeunesse, correspond bien à l'un des thèmes marxistes. Dans *La Situation de la classe laborieuse en Angleterre,* Engels [15] écrit : « Une ville comme Londres, où l'on peut marcher des heures sans même parvenir au commencement de la fin, sans découvrir le moindre indice qui signale la proximité de la campagne, est vraiment quelque chose de très particulier.

» Cette centralisation énorme, cet entassement de 3,5 millions d'êtres humains en *un seul* endroit a centuplé la puissance de ces 3,5 millions d'hommes. (...) Quant aux sacrifices que tout cela a coûté, on ne les découvre que plus tard. Lorsqu'on a battu durant quelques jours le pavé des rues principales, qu'on s'est péniblement frayé un passage à travers la cohue, les files sans fin de voitures et de chariots, lorsqu'on a visité les " mauvais quartiers " de cette métropole, c'est alors seulement qu'on commence à remarquer que ces Londoniens ont dû sacrifier la meilleure part de leur qualité d'hommes, pour accomplir tous les miracles de la civilisation dont la ville regorge, que cent forces, qui sommeillaient en eux, sont restées inactives et ont été étouffées afin que seules quelques-unes puissent se développer plus largement et être multipliées en s'unissant avec celles des autres. La cohue des rues a déjà, à elle seule, quelque chose de répugnant, qui révolte la nature humaine. Ces centaines de milliers de personnes, de tout état et de toutes classes, qui se pressent et se bousculent, ne sont-elles pas *toutes* des hommes possédant les mêmes qualités et capacités et le même intérêt dans la quête du bonheur ? Et ne doivent-elles pas finalement quêter ce bonheur par les mêmes moyens et procédés ? Et, pourtant, ces gens se croisent en courant, comme s'ils n'avaient rien de commun, rien à faire ensemble, et pourtant la seule convention entre eux, est l'accord tacite selon lequel chacun tient sur le trottoir sa droite, afin que les deux courants de la foule qui se croisent ne se fassent pas mutuellement obstacle ; et pourtant, il ne vient à l'esprit de personne d'accorder à autrui, ne fût-ce qu'un regard. Cette indifférence brutale, cet isolement insensible de chaque individu au sein de ses intérêts particuliers, sont d'autant plus répugnants et blessants que le nombre de ces individus confinés dans cet espace réduit est plus grand. Et même si nous savons que cet isolement de l'individu, cet égoïsme borné sont partout le principe fondamental de la société actuelle, ils ne se manifestent nulle part avec une impudence, une assurance si totales qu'ici, précisément, dans la cohue de la grande ville. La désagrégation de l'humanité en monades, dont chacune a un principe de vie particulier, et une fin particulière, cette atomisation du monde est poussée ici à l'extrême » (27).

Entre cette description et celles qu'on peut lire chez les petits-maîtres français, un Gozlan, un Delvau ou un Lurine, le contraste est significatif. Il manque à Engels ce savoir-faire, cette nonchalance du flâneur, à qui le feuilletoniste enseigna l'art de se laisser conduire par la foule. Pour lui, la foule a quelque chose de bouleversant. Elle provoque en lui une réaction d'ordre moral. Mais aussi une réaction de caractère esthétique ; il se sent mal à l'aise devant le rythme de ces passants qui marchent en sens inverse les uns des autres sans jamais se rencontrer. Le charme de son tableau tient au ton suranné qui nuance la rigueur de l'esprit critique. L'auteur arrive d'une Allemagne encore provinciale, où il n'a sans doute jamais éprouvé la tentation de se perdre dans un flot humain. Peu avant sa mort, venu à Paris pour la première fois, Hegel écrivait à sa femme : « Quand je parcours les rues, les gens ont exactement la même allure qu'à Berlin, les visages sont à peu près semblables, l'aspect est le même, mais ils forment une

---

(27) F. Engels, *Die Lage der arbeitenden Klasse in England. Nach einer Anschauung und authentischen Quellen*. 2. Ausg., Leipzig, 1848, p. 36/37. [F. Engels, *La Situation de la classe laborieuse en Angleterre, d'après les observations de l'auteur et des sources authentiques*, trad. G. Badia et J. Frédéric, Paris, 1973, p. 59/60.]

masse plus nombreuse » (28). Pour un Parisien, rien n'était plus naturel que de se frayer la voie à travers cette masse. Si soucieux fût-il de garder ses distances, il ne pouvait, comme Engels, la considérer du dehors. Dans le cas de Baudelaire, elle lui était si peu étrangère qu'on suit à la trace, à travers toute son œuvre, la façon dont elle le prend au piège, dont elle l'attire, dont il se défend contre elle.

La masse, pour Baudelaire, est une réalité si intérieure qu'on ne doit pas s'attendre qu'il la dépeigne. Ce que chacun de nous a de plus essentiel, il est bien rare qu'il le traduise sous forme descriptive. Comme le dit justement Desjardins (29), Baudelaire « est plus préoccupé d'enfoncer l'image dans le souvenir que de l'orner et de la peindre ». Ni dans *Les Fleurs du Mal* ni dans *Le Spleen de Paris,* on ne trouvera l'équivalent de ces tableaux urbains que peignait Hugo de main de maître Baudelaire ne décrit ni la population ni la ville. C'est ce qui lui permet d'évoquer l'une à travers l'autre. Sa foule est toujours celle de la grande ville. Son Paris est toujours surpeuplé. Sur ce point il est très supérieur à Barbier, qui, usant du mode descriptif, est forcé de séparer les masses de leur habitat*. Dans les *Tableaux*

---

(28) G.W.F. Hegel, *Werke. Vollständige Ausg. durch einen Verein von Freunden des Verewigten. 19. Briefe von und an Hegel.* Hrsg. von Karl Hegel. Leipzig, 1887. 2. Theil, p. 257. [Hegel, *Correspondance,* trad. fr. J. Carrère, Paris, III, p. 163 ; lettre à sa femme du 3 sept. 1827.]

(29) Paul Desjardin, « Poètes contemporains. Charles Baudelaire », in *Revue bleue. Revue politique et littéraire* (Paris), 3e série, tome 14, 24e année, 2e série, N° I, 2 juillet 1887, p. 23.

* Le poème de Barbier intitulé *Londres* est bien significatif de sa manière. Ayant décrit la ville en vingt-quatre vers, il ajoute gauchement ces quatre vers de conclusion :

> Enfin, dans un amas de choses, sombre, immense,
> Un peuple noir, vivant et mourant en silence,

parisiens, on peut déceler, presque partout, la présence mystérieuse de la foule. Lorsque Baudelaire prend comme thème le crépuscule du matin, il évoque quelque chose de ce « silencieux grouillement » que pressent Hugo dans le Paris nocturne. A peine son regard a-t-il rencontré des « planches d'anatomie » sur les quais « poudreux de la Seine », déjà sur ces planches la masse des morts s'est imperceptiblement substituée aux images qui représentent des squelettes isolés [16]. Il voit une foule compacte s'avancer dans les figures de la « Danse macabre ». Ce qui fait l'héroïsme des femmes « ratatinées », que suit le cycle des petites vieilles, c'est qu'elles se détachent de la grande masse, d'un pas qui ne peut suivre le rythme, avec des pensées qui ne savent

---

> Des êtres par milliers, suivant l'instinct fatal,
> Et courant après l'or par le bien et le mal.
>
> (*Iambes et poèmes,* Paris, 1841, p. 183-194).

Les « poèmes à thèse » de Barbier — surtout Lazare, le cycle londonien — ont exercé sur Baudelaire une influence plus profonde qu'on a voulu le dire. C'est ainsi qu'il écrit, à la fin du *Crépuscule du soir* :

> ... ils finissent
> Leur destinée et vont vers le gouffre commun.
> L'hôpital se remplit de leurs soupirs. — Plus d'un
> Ne viendra plus chercher la soupe parfumée
> Au coin du feu, le soir, auprès d'une âme aimée.
>
> (I, p. 109).

Comparons ces vers avec les trois derniers des *Mineurs de Newcastle* :

> Et plus d'un qui rêvait dans le fond de son âme
> Aux douceurs du logis, à l'œil bleu de sa femme,
> Trouve au ventre du gouffre un éternel tombeau.
>
> (Barbier, *loc. cit.,* p. 240-241).

Il a suffi à Baudelaire d'un petit nombre de retouches magistrales pour faire de ce qui n'était que le « lot du mineur » la fin banale du citadin des grandes villes.

plus rien du présent. La foule était le voile mouvant ; c'est à travers lui que Baudelaire a vu Paris*. Cette masse donne tout son sens à l'une des pièces les plus célèbres des *Fleurs du Mal*.

Dans le sonnet « A une passante »[17], aucune formule, aucun mot ne fait mention explicite de la foule. Et c'est elle pourtant qui meut tout le poème, comme le vent pousse le voilier :

> La rue assourdissante autour de lui hurlait.
> Longue, mince, en grand deuil, douleur majestueuse,
> Une femme passa, d'une main fastueuse
> Soulevant, balançant le feston et l'ourlet,
>
> Agile et noble, avec sa jambe de statue.
> Moi, je buvais, crispé comme un extravagant,
> Dans son œil, ciel limpide où germe l'ouragan,
> La douceur qui fascine et le plaisir qui tue.
>
> Un éclair... puis la nuit ! — Fugitive beauté
> Dont le regard m'a fait soudainement renaître,
> Ne te verrai-je plus que dans l'éternité ?
>
> Ailleurs, bien loin d'ici ! Trop tard ! Jamais peut-être !
> Car j'ignore où tu fuis, tu ne sais où je vais,
> O toi que j'eusse aimée, ô toi qui le savais ! (30).

Sous son voile de veuve, rendue plus mystérieuse par le mouvement même qui, sans mot dire, l'entraîne dans la cohue, une inconnue croise le regard du poète ; bien loin que, pour cette apparition, qui fascine l'habitant de

---

* La fantasmagorie où va se réfugier le passant pour tromper son attente, la Venise des passages dont le second Empire offre fallacieusement le rêve aux Parisiens, n'emporte que quelques individus sur son tapis roulant de mosaïque : c'est pour cette raison que les passages n'apparaissent pas chez Baudelaire.
(30) I, p. 106 (« A une passante »).

la grande ville, la foule ne soit qu'un antagoniste, un élément adverse, c'est elle, au contraire, qui la présente au poète. Le ravissement du citadin est moins l'amour du premier regard que celui du dernier. C'est un adieu à tout jamais, qui coïncide dans le poème avec l'instant de l'ensorcellement. Le sonnet nous présente l'image du choc, que dis-je? celle de la catastrophe. Et cependant, par le saisissement même qu'elle provoque chez lui, elle a touché le poète en ce qu'il a de plus intime. Ce qui le laisse « crispé comme un extravagant » n'est point cette béatitude promise à celui dont Eros[18] prend possession dans tous les recoins de son être; cela ressemble plutôt au trouble sexuel qui peut envahir le solitaire. C'est peu dire que d'affirmer avec Thibaudet que « ces vers ne pourraient absolument naître ni être sentis dans une vie de village ou de petite ville », qu'« ils ne peuvent éclore que dans le milieu d'une grande capitale où les hommes vivent ensemble, l'un à l'autre étrangers, et l'un près de l'autre voyageurs » (31). En réalité, ils font apparaître les stigmates dont l'amour est marqué dans la vie des grandes villes. C'est de cette manière que Proust a lu le sonnet; aussi, plus tard, à cette lointaine image de la femme en deuil qui lui apparaît un jour sous les traits d'Albertine il appliquera cette suggestive définition : « la Parisienne ». « Quand Albertine revint dans ma chambre, elle avait une robe de satin noir qui contribuait à la rendre plus pâle, à faire d'elle la Parisienne blême, ardente, étiolée par le manque d'air, l'atmosphère des foules et peut-être l'habitude du vice, et dont les yeux semblaient plus inquiets parce que ne les égayait pas la rougeur des joues » (32). C'est ainsi qu'apparaît, chez

---

(31) A. Thibaudet, *Intérieurs,* Paris, 1924, p. 22.
(32) M. Proust, *A la Recherche du Temps perdu. La prisonnière.* Paris, 1923. I, p. 138.

Proust encore, l'objet d'une de ces amours que seuls connaissent les habitants des grandes cités, telle que Baudelaire l'a ravie au poème, et dont il sera souvent permis de dire que l'accomplissement lui en a été moins refusé qu'épargné*.

VI

Parmi les textes plus anciens, où figure le thème de la foule, on peut considérer comme classique une nouvelle de Poe, qu'a traduite Baudelaire. Elle révèle quelques traits remarquables, qui renvoient eux-mêmes à des instances sociales [19] assez fortes et assez secrètes pour qu'on ait le droit de les compter parmi les facteurs capables d'exercer sur la production artistique, par de multiples moyens, une influence aussi profonde que subtile. Intitulé *L'Homme des foules,* le récit se situe à Londres, et le narrateur est quelqu'un qui, relevant d'une longue maladie, retrouve la cohue de la ville. « Sur la fin d'un soir d'automne », il s'est assis « devant la grande fenêtre cintrée » d'un important café londonien. Il observe « la société mêlée du salon », il regarde aussi les petites annonces d'une gazette ; mais son regard s'attache surtout à la foule qui défile devant les vitres du café. « Cette rue est une des principales artères de la ville, et elle avait été pleine de monde

---

* Stefan George a repris dans un de ses premiers poèmes le thème de l'amour pour une passante. Mais il a laissé échapper l'essentiel : le flot qui porte cette femme et l'entraîne loin du poète. Il ne reste plus, dès lors, qu'une timide élégie. Comme il doit l'avouer à la dame de son cœur, les yeux du poète « humides de désir se sont détournés avant d'oser se plonger dans les tiens » (Stefan George, *Hymnen Pilgerfahrten Algabal,* Berlin 1922, p. 23). Baudelaire, lui, ne laisse planer aucun doute sur le fait qu'il a regardé la passante droit dans les yeux.

toute la journée. Mais, à la tombée de la nuit, la foule s'accrut de minute en minute; et, quand tous les réverbères furent allumés, deux courants de population s'écoulaient, épais et continus, devant la porte. Je ne m'étais jamais senti dans une situation semblable à celle où je me trouvais en ce moment particulier de la soirée, et ce tumultueux océan de têtes humaines me remplissait d'une délicieuse émotion toute nouvelle. A la longue, je ne fis plus aucune attention aux choses qui se passaient dans l'hôtel, et je m'absorbai dans la contemplation de la scène du dehors » (33). Pour important qu'il soit, le récit qui suit repose sur ce prélude ; il faut considérer le cadre de l'événement.

Sous la plume de Poe, la foule londonienne apparaît aussi sombre et confuse que la lumière du gaz qui éclaire ses allées et venues. Cela ne vaut pas seulement pour la canaille, qui se glisse hors de « sa tanière » au crépuscule (34). Voici comment l'auteur décrit la « classe des premiers commis de maisons solides » : « Ils avaient tous la tête légèrement chauve, et l'oreille droite, accoutumée dès longtemps à tenir la plume, avait contracté un singulier tic d'écartement. J'observai qu'ils ôtaient ou remettaient toujours leurs chapeaux avec les deux mains, et qu'ils portaient des montres avec de courtes chaînes d'or, d'un modèle solide et ancien » (35). Plus surprenante encore est la description de la manière dont se déplace cette foule : « Le plus grand nombre de ceux qui passaient avaient un maintien convaincu et propre aux affaires, et ne semblaient occupés qu'à se frayer un chemin à travers la

---

(33) Edgar Poe, *Nouvelles histoires extraordinaires. Traduction de Charles Baudelaire. (Charles Baudelaire, Œuvres complètes. 6. Traductions II.)* Paris, 1887, p. 88.
(34) E. Poe, l.c. p. 94.
(35) E. Poe, l.c. p. 90/91.

foule ; ils fronçaient les sourcils et roulaient les yeux vivement ; quand ils étaient bousculés par quelques passants voisins, ils ne montraient aucun symptôme d'impatience, mais rajustaient leurs vêtements et se dépêchaient. D'autres, une classe fort nombreuse encore, étaient inquiets dans leurs mouvements, avaient le sang à la figure, se parlaient à eux-mêmes et gesticulaient, comme s'ils se sentaient seuls par le fait même de la multitude innombrable qui les entourait. Quand ils étaient arrêtés dans leur marche, ces gens-là cessaient tout à coup de marmotter, mais redoublaient leurs gesticulations, et attendaient, avec un sourire distrait et exagéré, le passage des personnes qui leur faisaient obstacle. S'ils étaient poussés, ils saluaient abondamment les pousseurs, et paraissaient accablés de confusion » (36) *.

On pourrait croire que Poe parle ici d'individus

---

* On trouve, dans *Un jour de pluie,* des notations du même genre. Bien que signé d'un autre nom, c'est bien à Baudelaire qu'il faut attribuer ce poème (*cf.* Charles Baudelaire, *Vers retrouvés,* éd. Mouquet, Paris, 1929). Le dernier vers, qui donne à toute la pièce un caractère étonnamment sombre, a son exact correspondant dans *L'Homme des foules :* « Les rayons des becs de gaz, écrit Poe, faibles d'abord quand ils luttaient avec le jour mourant, avaient maintenant pris le dessus et jetaient sur toutes choses une lumière étincelante et agitée. Tout était noir, mais éclatant — comme cette ébène à laquelle on a comparé le style de Tertullien » (*loc. cit.,* p. 101). La rencontre est d'autant plus étonnante que ces vers furent écrits au plus tard en 1843 — à un moment, par conséquent, où Baudelaire ne connaissait pas encore Poe :

> Chacun, nous coudoyant sur le trottoir glissant,
> Egoïste et brutal, passe et nous éclabousse,
> Ou, pour courir plus vite, en s'éloignant nous pousse.
> Partout, fange, déluge, obscurité du ciel.
> Noir tableau qu'eût rêvé le noir Ezéchiel.
>
> (I, p. 211).

(36) E. Poe, l.c. p. 89.

misérables, plus ou moins pris de boisson. Il précise en réalité que « c'étaient indubitablement des gentilshommes, des marchands, des attorneys, des fournisseurs, des agioteurs [...], hommes de loisir et hommes activement engagés dans les affaires personnelles, et les conduisant sous leur propre responsabilité » (37)*. Il ne faut pas interpréter la description de Poe dans un sens réaliste. Elle révèle une imagination volontairement déformante, qui fait de ce texte tout autre chose que ce qu'on a coutume de louer comme modèle de réalisme socialiste. Barbier, par exemple, qui est un des écrivains auxquels peut-être cette notion pourrait le plus justement s'appliquer, présente les choses de façon beaucoup moins surprenante. Aussi bien s'assigne-t-il un objet plus transparent : la masse des opprimés. Ce n'est pas d'elle qu'il est question chez Poe, c'est aux « gens » en général qu'il a affaire. Dans le spectacle que lui présentent ces gens, il soupçonne, comme Engels, quelque chose de menaçant. Or précisément cette image de la foule des grandes villes a joué, dans le cas de Baudelaire, un rôle déterminant. S'il a cédé à cette violence qui l'entraînait vers elle, qui faisait de lui, en tant que flâneur, l'un de ses membres, jamais pourtant il n'a cessé de sentir le caractère inhumain de cette foule. A peine s'est-il fait son complice qu'il se sépare d'elle. Après un long moment d'abandon, sans

---

* Les hommes d'affaires ont pour Poe quelque chose de démoniaque. On peut songer à Marx qui rend « le mouvement jeune et fiévreux de la production matérielle » responsable du fait que personne n'a eu « ni le temps ni l'occasion de détruire l'ancien monde spirituel » (Marx, *Le 18 Brumaire,* loc. cit., p. 30). On trouverait peut-être une réminiscence du texte de Poe dans le passage du « Crépuscule du soir » où Baudelaire évoque ces « démons malsains » qui, lorsque le soir descend,

S'éveillent lourdement comme des gens d'affaires (I, p. 108).
(37) E. Poe, l.c. p. 90.

crier gare, le voici qui, d'un seul coup, la rejette avec mépris dans le néant. Encore qu'il ne la confesse qu'avec réserve, cette ambivalence s'impose. C'est là sans doute ce qui fait le charme, difficilement analysable de son « Crépuscule du soir ».

VII

Cet « homme des foules », sur la trace duquel le narrateur de Poe parcourt de long en large le Londres nocturne, il a plu à Baudelaire de l'assimiler au type du flâneur (38). Sur ce terrain, nous ne pourrons le suivre. L'homme des foules n'est pas un flâneur. Chez lui la nonchalance s'est faite manie. Il correspond plutôt à ce que devait devenir le *flâneur* pour peu qu'on le coupât de son univers familier. Si Londres fut jamais cet univers, ce n'est pas le Londres que décrit Poe. En comparaison, le Paris de Baudelaire garde des traits du bon vieux temps. Là où des ponts devaient plus tard enjamber la Seine, on utilisait encore des bacs. L'année même où mourut Baudelaire, un entrepreneur pouvait encore songer à mettre en circulation, pour la commodité des Parisiens, cinq cents chaises à porteur. En ce temps-là les passages étaient encore à la mode, et le flâneur y échappait au spectacle de ces véhicules qui n'admettent point la concurrence du piéton*. Le pas-

---

* Le flâneur s'entendait à manifester sa nonchalance, en certaines circonstances, sous une forme provocatrice. Vers 1840, il fut quelque temps de bon ton de promener des tortues dans les passages. Le flâneur se plaisait à suivre le rythme de leur marche. S'il avait été suivi, le progrès aurait dû apprendre ce pas. En fait, ce n'est pas lui qui eut le dernier mot, mais Taylor, qui a imposé le slogan : « Guerre à la flânerie ! »

(38) Cf. II, p. 328-335 *(Le peintre de la vie moderne)*.

sant qui s'enfonce dans la foule existait déjà, mais on rencontrait encore le flâneur, qui cherche les espaces libres et ne veut pas se passer de vie privée. La plupart des citadins doivent vaquer à leurs affaires; le simple particulier ne peut flâner, au fond, que s'il se situe déjà en marge, en tant que personne privée. Là où la vie privée donne le ton, il n'y a pas plus de place pour le flâneur qu'au milieu de la circulation fiévreuse de la City. Londres a son homme des foules. Dans le Berlin d'avant 48, on en trouvait peut-être l'exact opposé, avec la figure populaire de Nante [20], le petit commissionnaire; le flâneur parisien serait à mi-chemin entre les deux*.

Le regard qu'un homme privé jette sur la foule, tel est le sujet d'une courte nouvelle en prose, la dernière qu'ait écrite E.T.A. Hoffmann. Elle est intitulée *La Fenêtre d'angle du cousin*. Antérieure de quinze ans à celle de Poe, elle représente l'une des plus anciennes tentatives pour décrire une rue de grande ville. Les différences entre les deux textes méritent d'être notées. Le héros de Poe observe à travers les vitres d'un café; le cousin est installé chez lui. L'observateur de Poe subit une attirance qui le jette finalement dans le tourbillon de la foule; le cousin de Hoffmann est paralysé devant sa fenêtre de coin; il ne pourrait pas suivre le courant, même s'il en sentait les traces sur sa propre personne. Il se situe plutôt au-dessus de la foule, comme le suggère le fait qu'il habite un immeuble à étages. C'est d'en haut qu'il procède à l'investigation systématique de la foule; la scène se passe un jour de marché hebdomadaire, et cette foule s'y sent comme

---

* Dans le personnage de Glasbrenner, l'homme privé se révèle le déplorable rejeton du *citoyen*. Nante n'a pas d'occasion de s'agiter. Il s'installe dans cette rue, dont il va de soi qu'elle ne le mène nulle part, aussi confortablement que le petit-bourgeois entre ses quatre murs.

chez elle. Grâce à sa lorgnette de théâtre, le cousin détaille des scènes de genre. Son attitude intérieure correspond parfaitement à l'usage de cet instrument. De son aveu même, il entend initier son visiteur à la contemplation des « principes de l'art » (39) *. Sa disposition d'esprit est celle d'un homme qui se complaît dans les tableaux vivants tels que les aime le bourgeois de la Restauration. Il en fait l'exégèse sous forme de maximes édifiantes **. On peut admettre que la tentative traduite dans ce texte correspondait déjà à un état de chose en voie de disparition. Mais il est clair que, située à Berlin, elle ne pouvait pleinement réussir. Si Hoffmann avait habité Paris ou Londres, s'il avait voulu décrire la foule comme telle, la vue d'un marché

---

* On doit noter comment il vient à cet aveu. Son visiteur croit que le cousin n'observe ce qui se passe dans la rue que parce qu'il aime le jeu changeant des couleurs. A la fin, dit-il, un tel spectacle doit être lassant. De façon analogue, et guère plus tard, Gogol écrit, à l'occasion d'une foire en Ukraine : « Il y avait tant de monde en mouvement qu'on était tout étourdi. » Au spectacle quotidien d'une foule en mouvement, peut-être il a fallu d'abord que l'œil s'accoutumât. On pourrait supposer — mais c'est une simple hypothèse — que seulement après avoir opéré ce travail d'accommodation l'œil accueillit avec plaisir toute occasion de confirmer ses nouveaux pouvoirs. En ce cas, le procédé des peintres impressionnistes, qui recueillent l'image dans le tumulte des taches colorées, refléterait simplement des expériences devenues coutumières à l'œil du citadin de grandes villes. On illustrerait cette hypothèse par l'exemple de la « Cathédrale de Chartres » de Monet, qui ressemble à une fourmilière de pierres.

** Dans ce texte, Hoffmann consacre quelques réflexions édifiantes à l'aveugle qui se tient la tête levée en direction du ciel. Baudelaire, qui connaissait la nouvelle, reprend, à la fin des *Aveugles,* la réflexion de Hoffmann, avec une variante qui en dénonce le caractère faussement édifiant :

Que cherchaient-ils au ciel, tous ces aveugles ? (I, p. 106).

(39) E.T.A. Hoffmann, *Ausgewählte Schriften. 14. Leben und Nachlass.* 2. Stuttgart, 1839, p. 205.

ne lui aurait pas suffi, il n'aurait pas mis des femmes au centre de son tableau, il aurait peut-être saisi au passage quelques-uns des thèmes que suggère à Poe le spectacle d'une foule en mouvement à la lueur des réverbères. Au demeurant, il n'aurait même pas eu besoin de ces thèmes pour souligner le caractère inquiétant que d'autres observateurs ont décelé dans la grande ville. C'est ce qu'indique, entre autres, une réflexion de Heine. En 1838, un de ses amis écrit à Varnhagen : « Au printemps, il souffrait fort des yeux. La dernière fois, je suivis avec lui une partie des boulevards. L'éclat, la vie de ces avenues, uniques en leur genre, provoquait mon admiration sans bornes. Mais, cette fois, Heine insistait au contraire avec force sur tout ce qu'ont de sinistre ces métropoles mondiales » (40).

VIII [21]

Chez ceux qui la virent pour la première fois, la foule des grandes villes n'éveilla qu'angoisse, répugnance et horreur. Aux yeux de Poe, elle a quelque chose de barbare. Elle ne se soumet à la discipline qu'en cas de besoin précis. Plus tard James Ensor ne se lasse point de confronter en elle discipline et sauvagerie. Il lui plaît tout particulièrement d'introduire des troupes militaires dans ses bandes carnavalesques. Rencontre vraiment prophétique, qui annonce les Etats totalitaires où la police s'alliera aux dévaliseurs. Valéry, qui est un observateur pénétrant des symptômes propres à la « civilisation », en définit fort bien l'un des éléments.

---

(40) H. Heine, *Gespräche. Briefe, Tagebücher, Berichte seiner Zeitgenossen.* Gesammelt und hrsg. von Hugo Bieber. Berlin, 1926, p. 163.

« Le civilisé des villes immenses revient à l'état sauvage, c'est-à-dire isolé, parce que le mécanisme social lui permet d'oublier la nécessité de la communauté et de perdre le sentiment du lien entre les individus, autrefois réveillés incessamment par le besoin. Tout perfectionnement du mécanisme social rend inutiles des actes, des manières de sentir, des aptitudes à la vie commune » (41). Le confort isole. Il rend, d'autre part, ceux qui en bénéficient plus proches du mécanisme. Avec l'invention des allumettes, vers le milieu du dernier siècle, a commencé toute une série de découvertes qui ont pour caractère commun de déclencher un mécanisme complexe à partir d'un seul mouvement rapide de la main. Dans beaucoup de domaines le développement continue. C'est ce qui apparaît, par exemple, avec le téléphone. Dans les anciens appareils il fallait tourner une manivelle, il suffit aujourd'hui de décrocher l'écouteur. Parmi les innombrables gestes, tels que mise en place, introduction, pression, etc., le déclic instantané du photographe est un de ceux qui ont eu le plus de conséquences. Une pression du doigt suffit à conserver l'événement pour un temps illimité. L'appareil confère à l'instant une sorte de choc posthume. A des expériences tactiles de ce genre se sont ajoutées des expériences optiques, comme celles qu'entraîne la partie publicitaire d'un journal, mais aussi la circulation dans une grande ville. Le déplacement de l'individu s'y trouve conditionné par une série de chocs et de heurts. Aux carrefours dangereux, les innervations se succèdent aussi vite que les étincelles d'une batterie. Baudelaire parle de l'homme qui s'immerge dans la foule comme dans un immense réservoir d'électricité. Un peu plus loin, décrivant l'expérience du choc, il parle d'un

---

(41) P. Valéry, *Cahier B 1910*. Paris 1930, p. 88/89. [Pléiade II, p. 588.]

« kaléidoscope doué de conscience » (42). Si les regards que les passants décrits par Poe jetaient de tous côtés semblaient encore immotivés, il faut bien que l'homme d'aujourd'hui regarde autour de lui pour s'orienter parmi les signaux de la circulation. Ainsi la technique a soumis le sensorium humain à un complexe entraînement. L'heure était mûre pour le cinéma, qui correspond à un besoin nouveau et pressant de stimuli. Avec lui la perception traumatisante a pris valeur de principe formel. Le processus qui détermine, sur la chaîne d'usine, le rythme de la production, est à la base même du mode de réception propre aux spectateurs de cinéma.

Marx souligne à bon droit le caractère fluide que prend pour l'artisan la connexion entre les moments de son travail. Chez l'ouvrier d'usine, grâce au travail à la chaîne, cette connexion s'est, au contraire, durcie et réifiée. La pièce à travailler entre dans le rayon d'action de l'ouvrier indépendamment de son vouloir. Et c'est aussi arbitrairement qu'elle lui échappe. « Dans toute production capitaliste, écrit Marx, en tant qu'elle ne crée pas seulement des choses utiles mais encore de la plus-value, les conditions de travail maîtrisent l'ouvrier, bien loin de lui être soumises, mais c'est le machinisme qui le premier donne à ce renversement une réalité technique » (43).

Par la fréquentation de la machine, les travailleurs apprennent à « adapter leurs mouvements au mouvement continu et uniforme de l'automate » (44). La formule éclaire très exactement les uniformités

---

(42) II, p. 333 *(Le peintre de la vie moderne)*.
(43) K. Marx, *Das Kapital. Kritik der politischen Oekonomie.* I. Berlin, 1932, p. 404. [K. Marx, *Le Capital, Livre premier, tome deuxième,* trad. fr. J. Roy, Paris, 1969, p. 105.]
(44) K. Marx, l.c. p. 402. [trad. fr. p. 103.]

absurdes que Poe prête à la foule londonienne. Uniformités de vêtement et de conduite, mais uniformités aussi de mimique. L'allusion au « sourire distrait et exagéré » est fort suggestive. Il s'agit sans doute de ce sourire devenu aujourd'hui usuel dans la pratique du *keep smiling* et qui y joue le rôle d'un amortisseur mimique. Dans le texte même que nous citons plus haut, Marx écrit : « Tout travail à la machine exige du travailleur un précoce dressage » (45). Ne confondons surtout pas dressage et exercice. Au temps de l'artisanat, l'exercice jouait seul un rôle déterminant : à l'époque des manufactures, il a pu conserver une fonction. C'est grâce à lui, dit Marx, que « chaque branche de la production trouve, par *expérience*, la forme technique qui lui convient », forme qu'elle perfectionne lentement, avant de la cristalliser d'un seul coup, « dès qu'elle atteint un certain niveau de maturation » (46). Mais, en même temps, « la manufacture produit dans chaque métier dont elle s'empare une classe de simples manouvriers que le métier du Moyen Age écartait impitoyablement. Si elle développe la spécialité isolée au point d'en faire une virtuosité aux dépens de la puissance de travail intégrale, elle commence aussi à faire une spécialité du défaut de tout développement. A côté de la gradation hiérarchique prend place une division simple des travailleurs en *habiles* et *inhabiles* » (47). Par le dressage qu'opère la machine, le travailleur « inhabile » subit une profonde perte de dignité. Son travail devient imperméable à l'expérience. Chez lui, l'exercice a

---

(45) K. Marx, l.c. p. 402. [trad. fr. p. 103]
(46) K. Marx, l.c. p. 323. [trad. fr. p. 164.]
(47) K. Marx, l.c. p. 336. [trad. fr. p. 40.]

perdu tous ses droits*. Ce que le parc d'attractions présente avec ses voitures tamponneuses et autres amusements de ce genre n'est qu'un échantillon du dressage auquel on soumet à l'usine l'ouvrier sans qualification (un échantillon qui a dû, pendant certaines périodes, lui tenir lieu de programme complet; car, avec le chômage, on a vu prospérer cet art de la pantomime auquel l'homme du peuple pouvait s'exercer dans les parcs d'attractions[22]). Le texte de Poe met en lumière le vrai rapport qui lie sauvagerie et discipline. Les passants qu'il décrit se conduisent comme des êtres qui, adaptés à des mécanismes automatiques, ne pourraient plus avoir eux-mêmes que des gestes d'automates. Leur conduite n'est qu'une série de réactions à des chocs : « Quand on les heurtait, dit Poe, ils saluaient bien bas ceux qui les avaient heurtés. »

IX

A cette expérience vécue du choc, telle que la vit le passant au milieu de la foule, correspond celle du travailleur aux prises avec la machine. On ne peut en conclure pour autant que Poe ait eu lui-même la moindre idée des modes de travail industriels. Baudelaire, en tout cas, est resté fort loin d'une telle idée. Mais il fut captivé par un processus à travers lequel on peut, comme dans un miroir, étudier de plus près, chez l'oisif, l'ensemble de réflexes mécaniques que la machine met en jeu chez le travailleur. Ce processus est

---

* A mesure que diminue le temps de formation du travailleur industriel, on assiste à un allongement du temps de formation du soldat. Sans doute la préparation de la société à la guerre totale exige-t-elle que l'exercice passe de la *praxis* de la production à la *praxis* de la destruction[23].

celui des jeux de hasard. Le rapprochement peut sembler paradoxal. Est-il, en effet, opposition apparemment plus manifeste qu'entre travail et hasard ? Alain écrit, dans un texte éclairant : « La notion de jeu [...] consiste en ce que la partie suivante ne dépend pas de la précédente [...] Le jeu nie énergiquement toute situation acquise, tout antécédent, tout avantage rappelant des services passés, et c'est en quoi il se distingue du travail. Le jeu rejette [...] ce lourd passé qui est l'apanage du travail » (48). Alain songe à un travail hautement différencié (qui, comme celui de l'esprit, pourrait conserver certains traits du labeur artisanal) ; la plupart des ouvriers d'usine, singulièrement les travailleurs non qualifiés, ne connaissent rien de tel. Il est bien sûr qu'ils ignorent la saveur de l'aventure, le mirage qui fascine le joueur. Mais ils ne connaissent que trop bien la vanité, le vide, l'inachèvement, tout ce qui est précisément le lot du salarié industriel. Les gestes que provoque chez lui le processus automatique du travail se retrouvent aussi dans le jeu [24], qui exige un rapide mouvement de la main pour déposer une mise sur un tapis ou pour jeter une carte. Ce qui est « saccade » dans le mouvement de la machine s'appelle « coup » dans le jeu de hasard. Si le geste du travailleur qui actionne la machine est sans lien avec le précédent, c'est justement parce qu'il n'en est rien de plus que la stricte répétition. Chaque mouvement est aussi séparé de celui qui l'a précédé qu'un coup de hasard d'un autre coup. Aussi bien, la corvée du salarié est-elle, à sa manière, l'équivalent de celle du joueur. Les deux sont aussi vides de contenu.

Il y a une lithographie de Senefelder qui représente un cercle de jeux. Aucun des personnages qu'on peut y voir ne se livre réellement au jeu de la façon dont on

---

(48) Alain, *Les Idées et les âges*. Paris, 1927, p. 183 (« Le jeu »).

l'entend communément. Chacun est possédé par son émotion : l'un se laisse aller à une joie débordante ; l'autre est plein de méfiance pour son partenaire ; un troisième est en proie à un sinistre désespoir ; celui-ci est envahi par la fièvre du combat ; celui-là se prépare au suicide. Mais, à travers ces différentes attitudes, on peut découvrir quelque chose de secrètement commun : l'artiste a bien montré comment ces personnages sont tous esclaves, corps et âme, du mécanisme auquel se livrent les joueurs ; si fortes que puissent être leurs émotions privées, ils ne peuvent plus agir que par voie de réflexes. Ils ressemblent aux passants de Poe. Ils vivent leur existence comme des automates, semblables à ces personnages fictifs dont parle Bergson, qui ont complètement liquidé leur mémoire.

Il ne semble pas que Baudelaire se soit lui-même adonné au jeu, encore qu'il ait parlé avec sympathie, voire avec respect, des êtres qui succombent à cette passion (49). Le thème qu'il présente dans le rêve nocturne intitulé « Le Jeu » devait servir, dans sa pensée, à la définition du monde moderne. La description du jeu n'est qu'un aspect du thème général. Dans la figure du joueur, Baudelaire voyait la forme typiquement moderne de ce que fut autrefois l'escrimeur, un personnage héroïque parmi d'autres. Börne a adopté le point de vue de Baudelaire lorsqu'il écrivit : « Si l'on épargnait toutes les forces et toutes les passions [...] qui se gaspillent annuellement en Europe autour des tables de jeu [...], on aurait de quoi constituer un peuple romain et une histoire romaine. Mais c'est justement parce que tout homme est né romain que la société bourgeoise cherche à le déromaniser, et c'est à cette fin qu'on a introduit les jeux de hasard et de société, les

---

(49) I, p. 456 *(Le Spleen de Paris,* « Le Joueur généreux ») et II, p. 630 *(Mon cœur mis à nu).*

romans, les opéras italiens et les journaux élégants » (50). Dans la bourgeoisie le jeu de hasard ne s'est acclimaté qu'au XIXe siècle ; au XVIIIe siècle, il était encore l'apanage de la noblesse. Répandu par les armées de Napoléon, il est devenu ce « spectacle de la vie élégante et des milliers d'existences flottantes qui circulent dans les souterrains d'une grande ville » — un spectacle que Baudelaire considère comme les formes modernes de la « beauté » et de l' « héroïsme » (51).

Si l'on envisage le hasard moins dans son sens technique que d'un point de vue psychologique, la conception de Baudelaire devient plus significative encore. Il est clair que le joueur veut gagner. Mais son aspiration au gain n'est pas un souhait au sens propre du terme. Peut-être s'agit-il au fond d'une avidité, peut-être d'une sombre résolution. Quoi qu'il en soit, le joueur est dans une telle disposition d'esprit que l'expérience ne peut plus guère lui servir*. Or, le souhait [25] appartient à l'ordre de l'expérience.

« Ce que l'on souhaite dans sa jeunesse, écrit Gœthe, on le possède dans sa vieillesse. » Plus tôt dans la vie on

---

* Le jeu prive de tout pouvoir les ordres de l'expérience. C'est peut-être parce qu'ils en ont l'obscur sentiment que les joueurs recourent de façon fréquente à ce qu'on a appelé « un appel plébéien à l'expérience ». Le joueur dit « mon numéro » comme le viveur dit « mon type ». A la fin du second Empire, cette façon de voir était fort à la mode. « Sur le boulevard, il était courant de tout ramener à la chance » (Gaston Rageot, « Qu'est-ce qu'un événement ? », *Le Temps*, 16 avril 1939). Pareille attitude entraîne le goût du pari. Elle est un moyen de donner aux événements la valeur d'un choc, de les soustraire aux connexions tirées de l'expérience. Pour la bourgeoisie même les événements politiques ont pris facilement la forme de coups de chance à une table de jeu.

(50) L. Börne, *Gesammelte Schriften. 3.* Hambourg et Francfort-sur-le-Main, 1862, p. 38/39.
(51) II, p. 135 *(Salon de 1846)*.

souhaite quelque chose, plus on a de chance de le réaliser. A mesure qu'un souhait s'étend dans les lointains du temps, on peut davantage espérer qu'il sera exaucé. Or, ce qui fait escorte aux lointains du temps, c'est l'expérience, qui les remplit et les articule. Aussi le souhait qui se réalise est-il le couronnement de l'expérience. Dans la symbolique populaire, les lointains de l'espace peuvent remplacer ceux du temps ; c'est pourquoi l'étoile filante qui tombe dans les lointains de l'espace est devenue le symbole même du vœu exaucé. La bille d'ivoire, qui roule vers la case *la plus proche,* la carte du dessus, qui est *la plus proche* du paquet, sont à l'extrême opposé de l'étoile filante. Le temps contenu dans cet instant où brille pour un homme l'éclat de l'astéroïde appartient à ces réalités que Joubert a définies avec sa coutumière rigueur. Pour lui, « il y a du temps dans l'éternité même ; mais ce n'est pas un temps terrestre et mondain (...) Il ne détruit rien, il achève » (52). Il est l'antithèse du temps infernal, du temps où se déroule l'existence de ceux qui entreprennent sans rien achever. Le discrédit des jeux de hasard tient à ce que le joueur met lui-même la main à l'ouvrage. (Un incorrigible client de loterie sera beaucoup moins mal vu que le joueur au sens étroit du terme.)

L'idée régulatrice du jeu (comme celle du travail salarié) est l'éternel recommencement à partir de zéro. Aussi faut-il entendre de la façon la plus littérale ce texte de Baudelaire où apparaît l'aiguille des secondes, comme le partenaire du joueur :

Souviens-toi que le Temps est un joueur avide
Qui gagne sans tricher à tout coup ! C'est la loi (53).

---

(52) J. Joubert, *Pensées.* Paris, 1882, II, p. 162.
(53) I, p. 94 (« L'Horloge »).

Ailleurs Satan lui-même se substitue à la seconde (54). C'est à son domaine aussi, n'en doutons pas, qu'appartient cet « *antre taciturne* », où « Le Jeu » relègue ceux qui succombent à cette passion :

> Voilà le noir tableau qu'en un rêve nocturne
> Je vis se dérouler sous mon œil clairvoyant,
> Moi-même, dans un coin de l'antre taciturne,
> Je me vis accoudé, froid, muet, enviant,
> Enviant de ces gens la passion tenace (55).

Le poète ne joue pas en personne. Il est assis dans un coin aussi malheureux que les joueurs. Il est, comme eux, un homme qui a perdu son expérience, un moderne. Il se contente d'écarter le narcotique qui permet aux joueurs d'étouffer en eux cette conscience qui les a livrés à la course des secondes*.

---

* L'enivrement dont il s'agit ici est temporellement spécifié, comme l'est la souffrance qu'il doit alléger. Le temps est l'étoffe où sont tissées les fantasmagories du jeu. Gourdon écrit : « Je soutiens que la passion du jeu est la plus noble de toutes les passions, parce qu'elle les comprend toutes. Une suite de coups heureux me donne plus de jouissances que ne peut en avoir, en plusieurs années, l'homme qui ne joue pas. Je jouis par l'esprit, c'est-à-dire de la façon la mieux sentie et la plus délicate. Vous croyez que je ne vois que le gain dans l'or qui m'arrive ? Vous vous trompez. J'y vois les joies qu'il procure et je les savoure véritablement. Ces joies, vives et brûlantes comme des éclairs, sont trop rapides pour me donner du dégoût, et trop diverses pour me donner de l'ennui. J'ai cent vies dans une seule. Si je voyage, c'est à la façon de l'étincelle électrique. (...) Si je tiens ma main fermée et si je garde mes billets de banque, c'est que je connais trop bien le prix du temps pour le dépenser comme les autres hommes. Un plaisir que je prendrais me ferait perdre mille autres plaisirs. (...) J'ai les jouissances en esprit et je n'en veux pas d'autres. » (*Les Faucheurs de nuit,* Paris 1860, p. 14-15.) On trouve des remarques du même genre dans les belles pages du *Jardin d Epicure* où Anatole France parle du jeu.

(54) Cf. I, p. 455-459 (*Le Spleen de Paris,* « Le Joueur généreux »).
(55) I, p. 110 (« Le Jeu »).

> Et mon cœur s'effraya d'envier maint pauvre homme
> Courant avec ferveur à l'abîme béant,
> Et qui, saoul de son sang, préférerait en somme
> La douleur à la mort et l'enfer au néant ! (56).

D'après ces derniers vers, la passion du jeu aurait l'impatience pour substrat. C'est un sentiment que Baudelaire pouvait trouver en lui à son état le plus pur. La rage du poète avait cette force expressive que Giotto prête à son *Iracundia*[26] de Padoue.

x

Si l'on en croit Bergson, l'intuition présente de la durée arrache l'âme humaine à l'obsession du temps. Proust partage cette croyance et c'est à elle qu'il emprunte les exercices auxquels il s'est livré, tout au long de sa vie, pour remettre en lumière un passé saturé de toutes les réminiscences dont l'avait imprégné un séjour dans l'inconscient. Proust était un incomparable lecteur des *Fleurs du Mal;* il y devinait à l'œuvre une entreprise du même genre que la sienne. Effectivement, quiconque est familier avec Baudelaire retrouve en lui l'expérience proustienne. Proust fait observer que « le monde de Baudelaire est un étrange sectionnement du temps[27] où seuls de rares jours notables apparaissent; ce qui explique les fréquentes expressions telles que : " Si quelque soir ", etc. » (57). Ces jours notables appartiennent au temps que définissait Joubert : celui qui achève. Ce sont les jours de remémoration. Ils ne sont marqués par aucune expérience

---

(56) I, p. 110 (« Le Jeu »).
(57) M. Proust, « A propos de Baudelaire », in *N.R.F.*, 1er juin 1921, p. 652.

vécue. Ils ne se lient pas les uns aux autres, mais se détachent plutôt du temps. Ce qui en constitue le contenu, Baudelaire le fixe dans la notion de « correspondances », immédiatement contiguë à celle de « beauté moderne ».

Laissant de côté toute la littérature érudite sur les « correspondances » (idée commune à tous les mystiques, et que Baudelaire avait rencontrée chez Fourier), Proust ne s'arrête pas non plus aux variations artistiques sur cette réalité de fait fournies par les synesthésies. L'essentiel est que les correspondances contiennent une conception de l'expérience qui fasse place à des éléments cultuels. Il fallut que Baudelaire s'appropriât ces éléments pour pouvoir pleinement mesurer ce que signifie en réalité la catastrophe dont il était lui-même, en tant qu'homme moderne, le témoin. A ce prix seulement il pouvait reconnaître l'exigence qu'il avait assumée dans *Les Fleurs du Mal* et qui était entièrement consacrée à cet écroulement. On a beaucoup spéculé sur l'architecture secrète de ce livre. S'il en existe une, il se pourrait bien que les poèmes du début fussent consacrés à un passé irrécupérable. C'est à ce groupe qu'appartiennent deux sonnets où le même thème se retrouve. Le premier, intitulé « Correspondances », débute ainsi :

> La Nature est un temple où de vivants piliers
> Laissent parfois sortir de confuses paroles :
> L'homme y passe à travers des forêts de symboles
> Qui l'observent avec des regards familiers.
>
> Comme de longs échos qui de loin se confondent
> Dans une ténébreuse et profonde unité,
> Vaste comme la nuit et comme la clarté,
> Les parfums, les couleurs et les sons se répondent (58).

(58) I, p. 23 (« Correspondances »).

Pour définir ce que Baudelaire entend par « correspondances », on pourrait parler d'une expérience qui tente de s'établir sans crises. Elle n'est possible que dans le domaine cultuel. Si elle en sort, elle se présente alors comme « le beau ». Dans le beau, la valeur de culte se manifeste comme valeur d'art *.

* On peut définir le *beau*[28] de deux manières : dans sa relation avec l'histoire et dans sa relation avec la nature. Dans les deux cas, le faux-semblant, l'élément problématique se manifeste dans le beau. (En ce qui concerne le premier point de vue, on se tiendra à une simple allusion. Dans son existence *historique,* le beau est un appel au rassemblement autour de ceux qui l'ont autrefois admiré. Etre saisi par la beauté, c'est, comme le disaient les Romains de la mort, *ad plures ire.* Le faux-semblant consiste, ici, en ce qu'on ne peut jamais trouver dans l'œuvre cet objet identique à laquelle renvoie l'admiration. L'admiration récolte ce que les générations antérieures ont admiré dans l'œuvre. Une formule de Gœthe indique bien où réside, à cet égard, le dernier mot de la sagesse : « Ce qui a eu, dit-il, une influence considérable, échappe à tout jugement. ») En ce qui concerne son rapport avec la *Nature,* on peut dire que le beau est ce qui « ne demeure semblable à soi dans son essence qu'à condition d'être voilé » (*cf. Neue Deutsche Beiträge,* édités par Hugo von Hofmannsthal, Munich, 1925, II, 2, p. 161). Les correspondances renseignent sur ce qu'on doit entendre ici par voilement. En usant d'une ellipse assurément hardie, on pourrait dire qu'il s'agit de l'aspect « reproducteur » de l'œuvre d'art. Les correspondances représentent l'instance devant laquelle l'objet d'art se découvre comme une reproduction fidèle, et par là même totalement problématique. Si l'on voulait traduire en mots cette aporie, il faudrait finalement définir le beau comme l'objet de l'expérience dans l'état de ressemblance. La définition s'accorderait bien avec ce qu'écrit Valéry : « Le beau exige peut-être l'imitation servile de ce qui est indéfinissable dans les choses » (*Autres Rhumbs,* Paris, 1943, p. 167). Si Proust revient si volontiers sur cet objet (qui lui apparaît comme le temps retrouvé), on ne peut pas dire qu'il commette une indiscrétion ; c'est au contraire un des aspects déconcertants de son entreprise que la notion d'œuvre d'art comme copie, la notion du beau, bref ce que l'art a de simplement hermétique, se retrouve toujours au centre de ses intarissables réflexions. Il parle de l'origine et des intentions de son œuvre avec la volubilité et la bienséance qu'on attendrait plutôt

Les « correspondances » sont les données de la remémoration. Non les données de l'histoire, mais celles de la préhistoire. Ce qui fait la grandeur et l'importance des jours de fête, c'est de permettre la rencontre avec une « vie antérieure ». Tel est bien le sens que Baudelaire veut donner à la pièce qu'il intitule ainsi. Les images de grottes, de nuages et de houles, qu'évoque le début, montent de la chaude moiteur des larmes, qui sont les larmes de la nostalgie. Dans son étude sur Marceline Desbordes-Valmore, Baudelaire écrit : « Ainsi la pensée du poète, après avoir suivi de capricieux méandres, débouche sur les vastes perspectives du passé ou de l'avenir ; mais des ciels sont trop vastes pour être généralement purs, et la température trop chaude pour n'y pas amasser des orages. Le promeneur, en contemplant ces étendues voilées de deuil, sent monter à ses yeux les pleurs de l'hystérie, *hysterical tears* » (59). On ne trouve pas ici de correspondances simultanées, comme les cultiveront plus tard les symbolistes. A travers celles qu'a décrites Baudelaire, c'est le passé qui murmure, et leur expérience canonique a sa place elle-même dans une vie antérieure :

---

d'un amateur distingué. De cette attitude on peut trouver le pendant chez Bergson. Les lignes suivantes, où le philosophe indique allusivement tout ce qu'on peut attendre de l'intuition actuelle d'un courant de devenir ininterrompu, ont un accent qui rappelle Proust : « La spéculation pure ne sera pas seule à bénéficier de cette vision de l'universel devenir. Nous pourrons la faire pénétrer dans notre vie de tous les jours et, par elle, obtenir de la philosophie des satisfactions analogues à celles de l'*art,* mais plus fréquentes, plus continues, plus accessibles aussi au commun des mortels » (*La Pensée et le Mouvant,* Paris 1934, p. 198). Bergson considère comme accessible ce que Valéry saisit, d'un regard gœthéen, comme l' « ici » où l'imparfait devient événement.

(59) II, p. 536 *(Réflexions sur quelques-uns de mes contemporains Marceline Desbordes-Valmore).*

> Les houles, en roulant les images des cieux,
> Mêlaient d'une façon solennelle et mystique
> Les tout-puissants accords de leur riche musique
> Aux couleurs du couchant reflété par mes yeux.
>
> C'est là que j'ai vécu... (60).

Alors que la volonté proustienne de restaurer le passé reste dans les limites de l'existence humaine, si celle de Baudelaire sort de ce cadre, on peut y voir le signe que, chez lui, les puissances adverses se sont fait sentir plus tôt et plus fort. Et ses plus grandes réussites se produisent à l'instant où, subjugué par ces puissances, il paraît abdiquer[29]. *Recueillement* fait ressortir sur un ciel bas les allégories de l'ancien temps :

> ... Vois se pencher les défuntes Années
> Sur les balcons du ciel, en robes surannées (61).

Dans ces vers, Baudelaire se contente d'honorer, sous la figure du « suranné », l'immémorial qui s'est refusé à lui. Lorsque Proust, au dernier volume de son œuvre, revient à l'expérience où l'a plongé la saveur d'une madeleine — il pense avoir ajouté à ces années qui apparaissent « *sur les balcons du ciel* », comme des sœurs, celles qu'il a vécues à Combray : « Chez Baudelaire, [...] ces réminiscences, plus nombreuses encore, sont évidemment moins fortuites et par conséquent, à mon avis, décisives. C'est le poète lui-même qui, avec plus de choix et de paresse, recherche volontairement, dans l'odeur d'une femme, par exemple, de sa chevelure et de son sein, les analogies inspiratrices qui lui évoqueront l'azur du ciel immense et rond et un port

---

(60) I, p. 30 (« La Vie antérieure »).
(61) I, p. 192 (« Recueillement »).

rempli de flammes et de mâts » (62). Ces formules sont une épigraphe avouée à l'œuvre même de Proust. Cette dernière s'apparente à celle de Baudelaire, qui a rassemblé les jours de remémoration pour en faire une année spirituelle.

Mais *Les Fleurs du Mal* ne seraient point ce qu'elles sont si c'était là leur seule réussite. Leur caractère irremplaçable vient plutôt de ce qu'elles consacrent à l'inefficacité de cette consolation, à la faillite de cette ferveur, à l'échec de cette entreprise, des poèmes qui ne le cèdent en rien à ceux où Baudelaire célèbre le festival des « correspondances ». *Spleen et Idéal* forme le premier cycle des *Fleurs du Mal*. Si l'idéal donne au poète le pouvoir de remémoration, le spleen déchaîne sur lui l'essaim des secondes, comme le diable la vermine. Dans un des poèmes placés sous le signe du spleen, « Le Goût du néant », on lit :

Le Printemps adorable a perdu son odeur ! (63)

Ce vers traduit une situation extrême avec une extrême discrétion, et c'est ce qui lui donne un caractère incomparable. Le mot « perdu » exprime l'effondrement intérieur d'une expérience naguère familière. L'odorat est le refuge inaccessible de la mémoire involontaire. L'image olfactive se lie malaisément à l'image visuelle ; parmi les impressions sensorielles, elle ne s'associera qu'à l'odeur de même espèce. Si, plus que tout autre souvenir, la reconnaissance d'une odeur est consolante, c'est sans doute parce qu'elle assoupit profondément la conscience du temps écoulé. En évoquant une autre odeur, l'odeur présente abolit des

---

(62) M. Proust, *A la Recherche du Temps perdu. Le Temps retrouvé*. Paris, 1927. II, p. 82/83.
(63) I, p. 89 (« Le Goût du néant »).

années. Et c'est pourquoi le vers de Baudelaire traduit un insondable désespoir. Pour l'être qui ne peut plus avoir d'expérience, il n'est aucune consolation. Mais cette impuissance même est essentielle à la colère [30]. L'homme irrité « ne veut rien entendre »; son prototype, Timon, se déchaîne contre tout le monde; il ne sait plus distinguer entre l'ami sûr et l'ennemi mortel. Barbey d'Aurevilly a fort bien vu cet aspect de Baudelaire; il le compare à un « Timon d'Athènes » qui « aurait eu le génie d'Archiloque » (64). Le déchaînement de la colère scande ce battement des secondes qui accable le mélancolique. Immédiatement après le vers qu'on a cité, le poète écrit :

> Et le Temps m'engloutit minute par minute,
> Comme la neige immense un corps pris de roideur (65).

Pour l'être en proie au spleen, le temps s'est réifié; les minutes engloutissent l'homme comme des flocons. Ce temps est hors de l'Histoire, comme la mémoire involontaire. Le spleen pourtant aiguise la perception du temps de façon surnaturelle; à chaque seconde la conscience est prête à subir le choc qu'il provoque en elle *.

---

(64) J. Barbey d'Aurevilly, *Les Œuvres et les hommes. (XIXᵉ siècle.) 3ᵉ partie, Les poètes.* Paris, 1862, p. 381.
(65) I, p. 89 (« Le Goût du néant »).

* Dans son « colloque » mystique entre Monos et Una, Poe a pour ainsi dire inséré dans la durée ce déroulement vide du temps qui accable le spleenétique, et il semble que ce soit pour lui une béatitude que d'avoir échappé aux frayeurs que faisait naître ce déroulement. C'est un sixième sens dont est doté le mort et qui doit tirer du déroulement vide du temps une harmonie que le tic-tac de l'aiguille des secondes n'aura cependant pas grand-peine à détruire : « Il me semblait que dans mon cerveau était né ce *quelque chose* dont aucuns mots ne peuvent traduire à une intelligence purement humaine une conception, même confuse. Permets-moi de définir cela : vibration

La mesure du temps suppose la division de la durée en parties homogènes ; elle ne peut renoncer cependant à y laisser subsister des fragments hétérogènes, de valeur supérieure. En attribuant en quelque sorte aux jours fériés un rôle commémoratif, le calendrier a su lier la reconnaissance d'une qualité à la mesure d'une quantité. Qui n'a plus d'expérience se sent exclu de ce calendrier. Tel est le sentiment qu'éprouvent le dimanche les habitants des grandes villes ; Baudelaire l'a noté *avant la lettre* dans un des poèmes intitulés « Spleen » :

> Des cloches tout à coup sautent avec furie
> Et lancent vers le ciel un affreux hurlement,
> Ainsi que des esprits errants et sans patrie
> Qui se mettent à geindre opiniâtrement (66).

Comme les hommes, les cloches qui, autrefois, annonçaient les jours de fête sont exclues, elles aussi, du calendrier. Elles ressemblent aux pauvres âmes, qui s'agitent beaucoup mais n'ont pas d'histoire. Si Baudelaire, dans « Spleen » et dans « La Vie antérieure », tient en mains les fragments disjoints d'une véritable expérience historique, Bergson, dans l'image qu'il se fait de la durée, restera beaucoup plus étranger à l'Histoire : « Le métaphysicien Bergson, a-t-on dit,

---

du pendule mental. C'était la personnification morale de l'idée humaine abstraite du Temps. C'est par l'absolue égalisation de ce mouvement — ou de quelque autre analogue — que les cycles des globes célestes ont été réglés. C'est ainsi que je mesurai les irrégularités de la pendule de la cheminée et des montres des personnes présentes. Leurs tic-tac remplissaient mes oreilles de leurs sonorités. Les plus légères déviations de la mesure juste [...] m'affectaient exactement comme, parmi les vivants, les violations de la vérité abstraite affectaient mon sens moral » (Poe, *loc. cit.*, p. 315).

(66) I, p. 88 (« Spleen » LXXVIII).

supprime la mort » (67). Parce qu'elle ne fait aucune place à la mort, la durée bergsonienne se coupe de tout ordre historique (et préhistorique). L'idée d'action chez Bergson subit le même sort. Ce « bon sens » qui distingue l' « homme d'action », lui a servi de parrain (68). Une fois la mort exclue, la durée n'a que la mauvaise infinité d'un pur ornement. Elle ne peut accueillir aucune tradition*. Elle résume toutes les « expériences vécues » qui se parent des plumes de l'expérience. Le spleen, bien au contraire, révèle l' « expérience vécue » dans toute sa nudité. Le mélancolique s'effraie de voir la terre retourner au simple état de nature. Aucun souffle de préhistoire[31] ne l'enveloppe plus. Aucune aura. Ainsi surgit, dans le poème qu'on a déjà cité, le « goût du néant » :

> Je contemple d'en haut le globe en sa rondeur
> Et je n'y cherche plus l'abri d'une cahute (69).

XI

Si l'on entend par aura d'un objet offert à l'intuition l'ensemble des images qui, surgies de la mémoire involontaire, tendent à se grouper autour de lui, l'aura correspond, en cette sorte d'objet, à l'expérience

---

* Chez Proust, le déclin de l'expérience s'annonce par la réalisation intégrale de l'intention ultime. Rien n'est plus adroit que la manière incidente, rien n'est plus loyal que sa manière constante de rappeler à son lecteur que la rédemption est son affaire privée.

(67) M. Horkheimer, « Zu Bergsons Metaphysik der Zeit », in *Zeitschrift für Sozialforschung* 3 (1934), p. 332.
(68) Cf. H. Bergson, *Matière et mémoire. Essai sur la relation du corps à l'esprit*. Paris, 1933, p. 166/167.
(69) I, p. 89 (« Le Goût du néant »).

qu'accumule l'exercice dans les objets d'usage. Les conduites fondées sur l'appareil photographique et sur les inventions du même genre, introduites plus tard, élargissent le champ de la mémoire volontaire; elles permettent, en toute occasion, de conserver l'événement en images visuelles et sonores. C'est pourquoi elles sont aujourd'hui des acquisitions essentielles pour une société qui fait de moins en moins de place à l'exercice. Le daguerréotype paraissait à Baudelaire un « artifice indigne » destiné à « frapper » le public, à « le surprendre », à le « stupéfier » (70). C'est dire que, sans comprendre tout à fait la relation qu'on vient d'indiquer, il l'a du moins sentie. Comme ses efforts tendaient toujours à réserver sa place à l'homme moderne et tout d'abord, en matière d'art, à la lui assigner, il a dû tenir compte de la photographie. Si elle lui paraît souvent menaçante, il en accuse surtout les « progrès, mal appliqués » (71). Et il convient, au demeurant, que ces progrès furent favorisés par « la sottise » de la grande masse : « Cette foule idolâtre postulait un idéal digne d'elle et approprié à sa nature [...] Un Dieu vengeur a exaucé les vues de cette multitude. Daguerre[32] fut son messie » (72).

Malgré tout, Baudelaire cherche une voie plus conciliante. Il admet que la photographie « sauve de l'oubli les ruines pendantes, les livres, les estampes et les manuscrits que le temps dévore, les choses précieuses dont la forme va disparaître, et qui demandent une place dans les archives de notre mémoire », mais à condition qu'elle respecte « le domaine de l'impalpable et de l'imaginaire », qu'elle s'arrête au seuil de l'art, de « tout ce qui ne vaut que par ce que l'homme y ajoute

(70) II, p. 197.
(71) II, p. 224 (*Salon de 1859*).
(72) II, p. 222/223 (*Salon de 1859*).

de son âme » (73). Ce compromis passerait difficilement pour un jugement de Salomon. Cette constante disponibilité, qui caractérise le souvenir discursif et volontaire, et que favorisent les techniques de reproduction, restreint le champ de l'imagination. On pourrait définir celle-ci comme le pouvoir de créer des souhaits d'un certain genre, ceux dont la réalisation exige « quelque chose de beau ». A quelles conditions serait lié un tel exaucement, c'est, une fois de plus, Valéry qui va nous le préciser : « On peut surprendre ici le germe même de la production de l'œuvre d'art. Nous la connaissons elle-même à ce caractère qu'aucune « idée » qu'elle puisse éveiller en nous, aucun acte qu'elle nous suggère, ne la termine ni ne l'épuise : on a beau respirer une fleur qui s'accorde avec l'odorat, on ne peut en finir avec ce parfum dont la jouissance ranime le besoin ; et il n'est de souvenir, ni de pensée, ni d'action, qui annule son effet et nous libère *exactement* de son pouvoir. Voilà ce que poursuit celui qui veut faire *œuvre d'art* » (74). Dans cette perspective, ce qu'une peinture offre au regard serait une réalité dont aucun œil ne se rassasie ; ce qui exaucerait le vœu même auquel elle répond à l'origine, c'est ce dont ce même vœu ne cesse de se nourrir. On voit clairement la différence entre la photographie et la peinture, ce qui interdit de leur assigner le même principe structurel ; pour le regard qui, en face d'un tableau, jamais ne se rassasie, la photo est plutôt l'aliment qui apaise la faim, la boisson qui étanche la soif.

Ainsi définie, la crise liée à la reproduction[33] des œuvres d'art n'est qu'un aspect d'une crise plus générale, qui concerne la perception elle-même. Ce qui rend

---

(73) II, p. 224 *(Salon de 1859)*.

(74) P. Valéry, *Avant-propos. Encyclopédie française. 16 : Arts et littératures dans la société contemporaine* I. Paris 1935, p. 5/6.

insatiable le plaisir qu'on prend aux belles choses, c'est l'image d'un monde antérieur, celui que Baudelaire présente comme voilé par les larmes de la nostalgie. Si le poète rêve qu'en des temps révolus telle femme fut sa sœur ou son épouse, — cet aveu est le tribut que le beau, en tant quel, peut exiger. Dans quelque mesure que l'art vise le beau et si simplement même qu'il le « rende », c'est du fond même des temps (comme Faust évoque Hélène)[34] qu'il le fait surgir*. Rien de tel dans les reproductions techniques (le beau n'y trouve aucune place). Lorsque Proust constate l'insuffisance, le manque de profondeur des images de Venise que lui fournit la mémoire volontaire, c'est le mot d'« instantané » qui lui vient aussitôt à l'idée, et ce seul mot suffit à lui rendre Venise « ennuyeuse comme une exposition de photographie » (75). Si l'on admet que les images surgies de la mémoire involontaire se distinguent des autres parce qu'elles possèdent une aura, il est clair que, dans le phénomène qu'on peut appeler « le déclin de l aura », la photographie aura joué un rôle décisif. Ce qui devait paraître inhumain, on pourrait même dire mortel, dans le daguerréotype, c'est qu'il forçait à regarder (longuement d'ailleurs) un appareil qui recevait l image de l'homme sans lui rendre son regard. Car il n est point de regard qui n'attende une réponse de l'être auquel il s'adresse. Que cette attente soit comblée (par une pensée, par un effort volontaire d'attention, tout aussi bien que par un regard au sens étroit du

---

* L'instant d'une pareille réussite est lui-même à son tour de ceux qui ne connaissent aucun recommencement. Toute l'œuvre de Proust est bâtie là-dessus : chacune des situations où le narrateur sent passer le souffle du temps perdu devient, par là même, incomparable et se détache sur la suite des jours.

(75) M. Proust, *A la Recherche du Temps perdu. Le temps retrouvé.* Paris 1927, I, p. 236.

terme), l'expérience de l'aura connaît alors sa plénitude. Quand Novalis écrit que « la perceptibilité est attention » (76), il songe à celle de l'aura. L'expérience de l'aura repose donc sur le transfert, au niveau des rapports entre l'inanimé — ou la nature — et l'homme, d'une forme de réaction courante dans la société humaine. Dès qu'on est — ou qu'on se croit — regardé, on lève les yeux. Sentir l'aura[35] d'une chose, c'est lui conférer le pouvoir de lever les yeux *. Les trouvailles de la mémoire involontaire correspondent à un tel pouvoir. (Elles ne se produisent d'ailleurs qu'une seule fois ; elles échappent au souvenir qui prétend les assimiler ; ainsi elles confirment une conception de l'aura qui voit en elle « l'unique apparition d'une réalité lointaine » (77). Cette définition a le mérite d'éclairer le caractère cultuel de l'aura. Le *lointain* par essence est l'inapprochable ; pour l'image qui sert au culte, il est, en effet, capital qu'on ne puisse l'approcher.) Faut-il souligner à quel point le problème était familier à Proust ? On remarquera, cependant, qu'il le formule parfois en des termes qui en contiennent la théorie : « Certains esprits, écrit-il, qui aiment le mystère veulent croire que les objets conservent quelque chose des yeux qui les regardèrent... [*Oui certes, le pouvoir de*

---

* C'est là une des sources de la poésie. Quand un homme, un animal ou un être inanimé, investi de ce pouvoir par le poète, lève les yeux, c'est pour porter son regard au loin ; ainsi éveillé, le regard de la nature rêve et entraîne le poète dans sa rêverie. Les mots eux-mêmes peuvent avoir leur aura. Karl Kraus déclare : « Plus on regarde le mot de près, plus il vous regarde de loin » (*Pro domo et mundo*, Munich, 1912, p. 164).

(76) Novalis, *Schriften*. Berlin 1901. 2. Theil, I. Hälfte, p. 293. [Novalis.]

(77) Cf. Walter Benjamin, « L'Œuvre d'art à l'époque de sa reproduction mécanisée », in *Zeitschrift für Sozialforschung* 5 (1936), p. 43. [Cf. W. Benjamin, *Poésie et révolution*, Paris 1971, p. 174.]

répondre à leur regard !]... que les monuments et les tableaux ne nous apparaissent que sous le voile sensible que leur ont tissé l'amour et la contemplation de tant d'adorateurs pendant des siècles. » Mais, dans sa conclusion, la pensée de Proust faiblit : « Cette chimère deviendrait vraie s'ils la transposaient dans le domaine de la seule réalité pour chacun, dans le domaine de sa propre sensibilité » (78). Quand il définit l'aura de la perception du rêve, Valéry propose une idée analogue, mais qui va plus loin, parce que l'orientation en est objective. « Lorsque je dis : Je vois telle chose, ce n'est pas une équation que je note entre je et la chose [...]. Mais, dans le rêve, il y a équation. Les choses que je vois me voient autant que je les vois » (79). Par sa nature même, la perception onirique ressemble à ces temples, dont le poète écrit :

> L'homme y passe à travers des forêts de symboles,
> Qui l'observent avec des regards familiers.

C'est sans doute parce que Baudelaire avait, plus que quiconque, conscience de ce phénomène, que le déclin de l'aura s'est inscrit dans son œuvre lyrique d'une évidente manière — sous la forme d'un chiffre, qui se présente presque chaque fois que *Les Fleurs du Mal* décrivent le regard d'un œil humain. (Il va de soi que ce chiffre ne correspond chez l'auteur à aucun dessein délibéré.) Ce qu'on attend d'un regard humain, jamais on ne le rencontre chez Baudelaire. Il décrit des yeux qui ont perdu, pour ainsi dire, le pouvoir de regarder. Mais ils ont un pouvoir d'attraction, qui pourvoit pour une grande part — pour la plus grande peut-être — aux

---

(78) M. Proust, *A la Recherche du Temps perdu. Le Temps retrouvé.* Paris 1927, II, p. 33.
(79) P. Valéry, *Analecta,* Paris 1935, p. 193-194.

besoins de ses instincts. C'est la magie d'un tel regard qui a dissocié chez Baudelaire la sexualité de l'érotisme. Si l'on peut considérer comme la description classique de *cet* amour que sature l'expérience de l'aura ces vers de « Bienheureuse Nostalgie » :

> Aucun lointain ne t'alourdit
> Tu viens envolé et ravi,

à cet amour peu de vers, dans toute la poésie lyrique, s'opposent plus radicalement que ceux de Baudelaire :

> Je t'adore à l'égal de la voûte nocturne,
> O vase de tristesse, ô grande taciturne,
> Et t'aime d'autant plus, belle, que tu me fuis,
> Et que tu me parais, ornement de mes nuits,
> Plus ironiquement accumuler les lieues
> Qui séparent mes bras des immensités bleues (80).

Les regards fascinent d'autant plus celui qui y répond qu'a été grande la distance qu'ils ont su franchir.

Mais rien, dans les yeux qui ressemblent à des miroirs, ne vient réduire cette distance. Et c'est pourquoi précisément ceux-ci ne connaissent pas les lointains. Baudelaire a lié leur fixité lisse et polie à une rime ingénieuse :

> Plonge tes yeux dans les yeux fixes
> Des satyresses ou des nixes (81).

Satyresses et nixes n'appartiennent plus à la famille humaine. Elles sont à part. Il est remarquable que, dans « Correspondances », Baudelaire ait qualifié de

---

(80) I, p. 40 (« *Je t'adore à l'égal de la voûte nocturne...* »)
(81) I, p. 190 (« L'Avertisseur »).

« familiers » (82) des regards si mal à l'aise dans les lointains. Cet homme, qui n'a fondé aucune famille, entend le terme dans un sens plein de promesses et de renoncements. Il est lui-même voué à des yeux sans regard et c'est sans illusion qu'il se soumet à leur empire :

> Tes yeux, illuminés ainsi que des boutiques
> Et des ifs flamboyants dans les fêtes publiques,
> Usent insolemment d'un pouvoir emprunté (83).

Dans un de ses plus anciens articles, il écrivait : « La bêtise est souvent l'ornement de la beauté ; c'est elle qui donne aux yeux cette limpidité morne des étangs noirâtres, et ce calme huileux des étangs tropicaux » (84). Si des yeux comme ceux-là ont une vie, c'est celle du fauve, qui, tout en guettant sa proie, veille à son propre salut. (Du même genre est le regard de la putain, épiant tout à la fois le client et l'agent des mœurs. Dans les nombreuses planches que Constantin Guys consacre aux prostituées, Baudelaire a pu retrouver ce type de physionomie, correspondant à un certain mode de vie : « Elle porte le regard à l'horizon, comme la bête de proie ; même égarement, même distraction indolente, et aussi, parfois, même fixité d'attention ») (85). Que l'œil du citadin des grandes villes soit surchargé de besognes qui ne visent qu'à sa sécurité, la chose est claire. Simmel indique un autre aspect — moins connu — du même phénomène. « Celui qui voit sans entendre est beaucoup plus confus, beaucoup plus perplexe, plus inquiet que celui qui entend sans voir. Il

---

(82) Cf. I p. 23 (« Correspondances »).
(83) I, p. 40 (« *Tu mettrais l'univers entier dans ta ruelle...* »).
(84) II, p. 622.
(85) II, p. 359 *(Le peintre de la vie moderne)*.

doit y avoir ici un facteur significatif pour la sociologie de la grande ville. Les rapports des hommes, dans les grandes villes [...] sont caractérisés par une prépondérance marquée de l'activité de la vue sur celle de l'ouïe. Et cela [...] avant tout à cause des moyens de communication publics. Avant le développement qu'ont pris les omnibus, les chemins de fer, les tramways au XIXe siècle, les gens n'avaient pas l'occasion de pouvoir ou de devoir se regarder réciproquement pendant des minutes ou des heures sans se parler » (86). Le regard prudent échappe au rêve qui se perd dans les lointains. Il peut même, en fin de compte, trouver une sorte de plaisir à dévaloriser le rêve. C'est ce que pourraient bien signifier les lignes surprenantes qu'on lit dans le *Salon de 1859*. Après avoir fait la revue des paysagistes, Baudelaire conclut par cet aveu : « Je désire être ramené vers les dioramas dont la magie énorme et brutale sait m'imposer une utile illusion. Je préfère contempler quelques décors de théâtre, où je trouve, artistement exprimés et tragiquement concentrés, mes rêves les plus chers. Ces choses, parce qu'elles sont fausses, sont infiniment plus près du vrai, tandis que la plupart de nos paysagistes sont des menteurs, justement parce qu'ils ont négligé de mentir » (87).

On voudrait attacher moins de prix à l'*utile illusion* qu'à la *tragique concentration*. Baudelaire insiste sur la magie des lointains ; il jauge précisément le paysage à l'étalon des peintures de boutiques foraines. Désirerait-il voir disparaître l'enchantement des lointains, comme il arrive nécessairement lorsque le spectateur s'approche trop de la perspective ? C'est bien le thème

---

(86) G. Simmel, *Mélanges de philosophie relativiste. Contribution à la culture philosophique.* Traduit par A. Guillain. Paris, 1912, p. 26/27.
(87) II, p. 273 *(Salon de 1859)*.

qu'on trouve dans un des plus beaux vers des *Fleurs du Mal* :

Le Plaisir vaporeux fuira vers l'horizon
Ainsi qu'une sylphide au fond de la coulisse (88).

XII

Les Fleurs du Mal sont la dernière œuvre lyrique qui ait exercé une influence européenne ; aucune de celles qui sont venues ensuite n'a dépassé le cadre d'une aire linguistique plus ou moins limité. Il faut ajouter que Baudelaire a presque entièrement concentré sa puissance productrice dans cet unique livre. Et on ne doit pas oublier finalement que plusieurs des thèmes qu'on a ici considérés mettent en question jusqu'à la possibilité d'une poésie lyrique. Ces trois circonstances situent Baudelaire historiquement. Elles montrent que le poète ne se laissait pas détourner de sa voie, ni de la conscience qu'il avait d'une tâche à remplir. Cela va si loin qu'il s'est lui-même assigné comme fin de « créer un poncif » (89). C'était là, à ses yeux, la condition de tout lyrisme à venir. Et il faisait peu de cas des poètes qui ne se montraient pas à la hauteur de cette exigence : « Buvez-vous, leur demandait-il, des bouillons d'ambroisie ? Mangez-vous des côtelettes de Paros ? Combien prête-t-on sur une lyre au Mont-de-Piété ? » (90). Le poète nimbé d'une auréole lui semble

---

(88) I, p. 94 (« L'Horloge »).
(89) Cf. J. Lemaître, *Les Contemporains. Etudes et portraits littéraires.* 4ᵉ série, Paris, 1897, p. 31/32.
(90) II, p. 422 *(L'Ecole païenne).*

une vieillerie. Il l'a fait figurer dans un poème en prose intitulé « Perte d'auréole ». Cette pièce n'a été connue que tardivement. Dans le premier tri des œuvres posthumes, on l'avait exclue, comme « impropre à la publication ». Les critiques jusqu'ici ne s'y sont guère référés : « Eh! quoi! vous ici, mon cher? Vous, dans un mauvais lieu! Vous, le buveur de quintessence! Vous, le mangeur d'ambroisie! En vérité il y a là de quoi surprendre.

— Mon cher, vous connaissez ma terreur des chevaux et des voitures. Tout à l'heure, comme je traversais le boulevard, en grande hâte, et que je sautillais dans la boue, à travers ce chaos mouvant où la mort arrive au galop de tous les côtés à la fois, mon auréole, dans un mouvement brusque, a glissé de ma tête dans la fange du macadam. Je n'ai pas eu le courage de la ramasser. J'ai jugé moins désagréable de perdre mes insignes que de me faire rompre les os. Et puis maintenant, me suis-je dit, à quelque chose malheur est bon. Je puis maintenant me promener incognito, faire des actions basses, et me livrer à la crapule comme les simples mortels. Et me voici, tout semblable à vous, comme vous voyez!

— Vous devriez au moins faire afficher cette auréole et la faire réclamer par le commissaire.

— Ma foi non! Je me trouve bien ici. Vous seul, vous m'avez reconnu. D'ailleurs la dignité m'ennuie. Ensuite je pense avec joie que quelque mauvais poète la ramassera et s'en coiffera impudemment. Faire un heureux, quelle jouissance! et surtout un heureux qui me fera rire! Pensez à X, ou Z! Hein! comme ce sera drôle! » (91). Même thème dans les *Journaux intimes*. Mais cette fois-ci le poète « a le temps de ramasser »

---

(91) I, p. 483/484 (*Le Spleen de Paris,* « Perte d'auréole »).

son auréole[36]. « Un instant après » pourtant « l'idée malheureuse » se glisse dans son esprit que « c'était un mauvais présage » et elle ne lui laisse « aucun repos de la journée » (92)*.

Ces textes ne sont pas d'un flâneur[37]. Ils enregistrent cette expérience que Baudelaire, sans aucun apprêt, confie en passant à une simple phrase : « Perdu, dans ce vilain monde, *coudoyé par les foules*[38], je suis comme un homme lassé dont l'œil ne voit en arrière, dans les années profondes, que désabusement et amertume, et, devant lui, qu'un orage où rien de neuf n'est contenu, ni enseignement ni douleur » (93). Avoir pour lot de se laisser « coudoyer par les foules », de toutes les expériences qui ont fait de sa vie ce qu'elle fut, telle est bien celle qu'il met en avant comme un véritable critère, comme une réalité irremplaçable. Il a perdu l'illusion d'une foule ayant en elle-même son mouvement et son âme, et dont se toquait le flâneur. Pour s'endurcir contre la bassesse de la véritable foule, le poète envisage le jour où les femmes « errantes, les déclassées, celles qui ont eu quelques amants », ne seront qu' « impitoyable sagesse, sagesse qui condamnera tout », même les erreurs des sens, « tout fors l'argent[39] ». Trahi par ses derniers alliés, il se retourne contre la foule ; il le fait avec la rage impuissante de celui qui se bat contre la pluie ou le vent. Telle est l'expérience vécue que Baudelaire a prétendu élever au rang de véritable expérience. Il a décrit le prix que l'homme moderne doit payer pour sa sensation : l'effondrement de l'aura dans l'expérience vécue du choc.

---

* Il se pourrait qu'à la source de cette notation il y eût eu un choc pathologique. En ce cas son application à l'œuvre baudelairienne n'en serait que plus significative.
(92) Cf. II, p. 634 (*Fusées*).
(93) II, p. 641 (*Fusées*).

La connivence de Baudelaire avec cet effondrement lui a coûté cher. Mais c'est la loi de sa poésie, de cette poésie qui brille au ciel du second Empire comme « un astre sans atmosphère » (94).

---

(94) F. Nietzsche, *Unzeitgemässe Betrachtungen*. Leipzig, 1893. I, P. 164. [F. Nietzsche, *Considérations intempestives*, II, trad. fr. G. Bianqui, Paris, 1979, p. 310.]

ZENTRALPARK
FRAGMENTS SUR BAUDELAIRE

1

L'hypothèse de Laforgue[1] à propos du comportement de Baudelaire au bordel place l'ensemble de l'étude psychanalytique qu'il consacre à Baudelaire sous son vrai jour. Cette étude s'accorde, terme à terme, avec les études conventionnelles de l' « histoire littéraire ».

La beauté particulière des premiers vers de tant de poèmes de Baudelaire : émerger de l'abîme.

George a traduit spleen et idéal par *Trübsinn und Vergeistigung*[2] et a ainsi trouvé la signification essentielle de l'idéal chez Baudelaire.

Si l'on peut dire que la vie moderne est pour Baudelaire le magasin des images dialectiques, cela suppose que Baudelaire avait devant la vie moderne l'attitude du XVIIe siècle devant l'Antiquité[3].

Si l'on veut bien se représenter à quel point Baudelaire, en tant que poète, devait respecter ses propres positions, ses propres intuitions et ses propres tabous et à quel point par ailleurs étaient exactement définies les tâches de son travail poétique, on découvre chez lui un trait héroïque.

2

Le spleen comme barrage contre le pessimisme. Baudelaire n'est pas pessimiste. Il ne l'est pas, parce que chez lui l'avenir est frappé d'un tabou. C'est par là que son héroïsme se distingue le plus clairement de celui de Nietzsche. Il n'y a chez lui aucune sorte de réflexion sur l'avenir de la société bourgeoise et c'est là une chose étonnante, si l'on considère le caractère de ses notes intimes. Ce fait seul permet de mesurer à quel point il comptait peu sur l'effet pour assurer la survie de son œuvre et à quel point la structure des *Fleurs du Mal* est monadologique.

La structure des *Fleurs du Mal* n'est pas déterminée par quelque arrangement ingénieux des poèmes, ni, à plus forte raison, par une clé secrète ; elle tient à l'exclusion impitoyable de tout thème lyrique qui n'était pas marqué chez Baudelaire par l'expérience la plus personnelle de la douleur. Et comme Baudelaire savait que sa douleur, le spleen, le taedium vitae [4], est vieille comme le monde, il était en mesure de discerner de la façon la plus exacte le caractère original de son expérience propre. S'il est permis de formuler une hypothèse, on peut dire que peu de choses ont dû lui donner autant le sentiment de son originalité que la lecture des poètes satiriques romains.

3

Le « jugement » sur une œuvre du passé, c'est-à-dire l'apologie, s'efforce de recouvrir, de masquer les moments révolutionnaires [5] dans le cours de l'histoire. Il désire vivement instaurer une continuité. Il n'accorde d'importance qu'aux éléments de l'œuvre qui ont déjà joué un rôle dans l'influence qu'elle a exercée. Il néglige les surplombs et les aspérités qui donnent une prise à celui qui veut aller au-delà de cette œuvre.

Le frisson cosmique chez Victor Hugo n'a jamais ce caractère de terreur nue qui appartient au spleen quand il s'empare de Baudelaire. Ce frisson provenait chez Hugo d'un espace cosmique en harmonie avec l'intérieur où il se sentait chez lui. Il avait vraiment le sentiment d'être chez lui dans ce monde des esprits, qui complète la quiétude de sa vie familiale, qui n'allait pas non plus sans terreurs.

« Dans le cœur immortel qui veut toujours fleurir »[6] — pour commenter les « fleurs » du mal et la stérilité. Les vendanges chez Baudelaire — son terme le plus mélancolique (« Semper eadem » ; « L'Imprévu »).

Contradiction entre la théorie des correspondances et le renoncement à la nature. Comment la résoudre ?

Les attaques soudaines, les petites machinations de trois sous, les décisions surprenantes font partie de la raison d'Etat[7] du second Empire et étaient caractéristiques de Napoléon III. Elles donnent l'attitude essentielle de Baudelaire dans ses proclamations théoriques.

4

Le ferment nouveau qui, en pénétrant dans le taedium vitae, le transforme en spleen est l'aliénation de soi. De la régression infinie de la réflexion qui, chez les Romantiques, élargissait l'espace vital comme dans un jeu, en des cercles toujours vastes, en même temps qu'elle le réduisait à des cadres toujours plus étroits, n'est resté chez Baudelaire que la mélancolie (*Trauer*) du tête-à-tête sombre et limpide du sujet avec lui-même. C'est là que réside le « sérieux » spécifique de Baudelaire et c'est précisément ce « sérieux » qui empêcha le poète d'assimiler véritablement la conception catholique du monde ; seule la catégorie du jeu permet de réconcilier cette conception avec la conception allégorique. Chez Baudelaire le caractère illusoire de l'allégorie n'est plus confessé et avoué, au contraire du baroque.

Baudelaire ne fut porté par aucun style et n'a pas eu d'école. Cela a considérablement gêné l'accueil qu'on a pu lui faire.

L'introduction de l'allégorie répond, de façon infiniment plus significative, à cette crise de l'art à laquelle vers 1852 la théorie de l'art pour l'art était destinée à faire face. Cette crise de l'art avait ses raisons à la fois dans la situation technique et dans la situation politique.

5

Il y a deux légendes sur Baudelaire. La première, qu'il a lui-même répandue, le fait apparaître comme un monstre et un épouvantail à bourgeois. L'autre est née avec sa mort et a fondé sa gloire. Elle en fait un martyr. Ce nimbe théologique mensonger doit être totalement dissipé. Sur ce nimbe la formule de Monnier[8].

On peut dire : un frisson de bonheur l'a traversé ; on ne peut rien dire d'analogue concernant le malheur. Le malheur ne peut entrer en nous à l'état naturel.

Le spleen est le sentiment qui correspond à la catastrophe en permanence[9].

Le cours de l'histoire, tel qu'il se présente sous le concept de la catastrophe, ne peut pas plus élever de prétentions sur le penseur que le kaléidoscope dans la main de l'enfant qui, chaque fois qu'on le tourne, détruit un ordre pour en faire naître un nouveau. L'image a des droits, de bonnes justifications. Les concepts des maîtres ont toujours été le miroir grâce auquel a pu naître l'image d'un « ordre ». — Le kaléidoscope doit être brisé.

La tombe, considérée comme la chambre secrète où Eros et Sexus vident leur vieille querelle[10].

Les étoiles représentent chez Baudelaire l'attrape de la marchandise : c'est l'éternel retour du même en grandes quantités.

La dépréciation du monde des choses dans l'allégorie est dépassée par la marchandise dans le monde des choses lui-même.

6

Il faut présenter le modern style (*Jugendstil*)[11] comme la deuxième tentative de l'art pour se mesurer avec la technique. La première fut le réalisme. Pour celui-ci le problème se trouvait plus ou moins dans la conscience des artistes qui étaient alarmés et inquiets des nouveaux procédés de la technique de reproduction (cf. dans les notes pour le travail sur l'œuvre d'art à l'ère de sa reproductibilité technique)[12]. Dans le modern style le problème en tant que tel était déjà victime du refoulement. Le modern style ne se considérait plus menacé par la concurrence de la technique. La critique de la technique qu'il cachait au fond de lui-même n'en était que plus agressive et plus totale. Il s'agit au fond pour lui d'arrêter l'évolution technique. Le recours à des thèmes techniques chez lui vient de la tentative pour...

Ce qui chez Baudelaire était allégorie est rabaissé chez Rollinat au niveau du genre.

Travailler le thème de la perte d'auréole [13] comme l'antithèse décisive des thèmes du modern style.

L'essence comme thème du modern style.

Ecrire l'histoire signifie donner leur physionomie aux dates.

Prostitution de l'espace dans le haschisch, où il se met au service de tout ce qui a été.

Pour le spleen l'homme enseveli est le « sujet transcendantal » de la conscience historique.

L'auréole était particulièrement chère au modern style. Jamais le soleil n'avait eu tant de plaisir à porter son nimbe ; jamais l'œil de l'homme ne fut plus brillant que chez Fidus [14].

7

Le thème de l'androgyne, de la lesbienne, de la femme stérile doit être traité en corrélation avec la violence destructrice de l'intention allégorique. — Traiter auparavant du renoncement au « naturel » — en corrélation avec la grande ville comme sujet du poète.

Meryon [15] : la mer des immeubles, la ruine, les nuages, la majesté et la fragilité de Paris.

L'opposition entre l'antiquité et la modernité, qui apparaît chez Baudelaire dans le contexte pragmatique, doit être placée dans le contexte allégorique.

Le spleen met des siècles entre l'instant présent et celui qui vient d'être vécu. C'est lui qui, inlassablement, produit de l' « antiquité ».

Chez Baudelaire la « modernité » ne repose pas seulement et d'abord sur la sensibilité. Une extrême spontanéité s'exprime en elle ; la modernité chez Baudelaire est une conquête ; elle a une armature. Il semble que seul Jules Laforgue ait vu cela, lorsqu'il a parlé de l' « américanisme » de Baudelaire.

8

Baudelaire n'avait pas l'idéalisme humanitaire d'un Victor Hugo ou d'un Lamartine. Il n'avait pas non plus à sa disposition la félicité sentimentale d'un Musset. Il n'avait pas, comme Gautier, pris plaisir à son époque et n'avait pu, comme Leconte de Lisle, s'en faire accroire à son sujet. Il ne lui était pas donné, comme à Verlaine, de se réfugier dans la dévotion ni, comme à Rimbaud, d'accroître la force juvénile de l'élan lyrique par la trahison de la maturité. Si le poète dans son art est riche en moyens, il en est, face à son époque, bien dépourvu. Même la « modernité », qu'il était si fier d'avoir découverte, à quoi aboutit-elle ? Les dirigeants du second Empire ne ressemblaient pas aux modèles de la classe bourgeoise que Balzac avait projetés. Et la modernité devint finalement un rôle que seul peut-être Baudelaire lui-même pouvait tenir. Un rôle tragique, dans lequel le dilettante qui, faute d'autres forces, devait prendre ce rôle, ne jouait souvent qu'un personnage comique, comme les héros que la main de Daumier avait mis en scène sous les applaudissements de Baudelaire. Baudelaire savait sans aucun doute tout cela. Les excentricités auxquelles il se plaisait étaient sa façon de le faire savoir. Ce n'était donc certainement pas un sauveur, un martyr, pas même un héros. Mais il avait quelque chose du mime, qui doit jouer le rôle du « poète » devant un parterre et aux yeux d'une société qui n'a déjà plus besoin du poète authentique et qui ne lui accorde un peu d'espace que pour jouer le mime.

9

La névrose produit l'article de masse dans l'économie psychique. Cet article prend ici la forme de l'idée obsessionnelle. Elle apparaît à d'innombrables exemplaires dans la vie privée du névrosé comme l'idée toujours identique. A l'inverse, la pensée de l'éternel retour a chez Blanqui [16] lui-même la forme d'une idée obsessionnelle.

La pensée de l'éternel retour fait de l'événement historique lui-même un article de masse. Mais cette conception porte aussi à un autre point de vue — on pourrait dire à son revers — la trace des conditions économiques auxquelles elle doit sa soudaine actualité. Celle-ci se manifeste au moment où la sécurité des conditions de vie fut très réduite par la succession accélérée des crises. La pensée de l'éternel retour tint son éclat du fait qu'il ne fallait plus compter en toutes circonstances sur le retour à de petits intervalles de situations identiques, retour qui mettait l'éternité à la disposition des hommes. De façon très progressive le retour des constellations quotidiennes se fit un peu plus rare, et c'est ainsi que put naître l'obscur pressentiment qu'il faudrait désormais se contenter des constellations cosmiques. Bref, l'habitude se disposa à céder quelques-uns de ses droits. Nietzsche dit : « J'aime les habitudes courtes »[17] et Baudelaire déjà fut sa vie durant incapable de prendre des habitudes durables.

10

Les allégories sont les stations sur le chemin de croix du mélancolique. La place du squelette dans l'érotologie de Baudelaire. « L'élégance sans nom de l'humaine armature »[18].

L'impuissance est le fondement du chemin de croix de la sexualité masculine. Index historique de cette impuissance. C'est de cette impuissance que vient son attachement à l'image séraphique de la femme, comme son fétichisme. Il faut renvoyer ici à la netteté et à la précision de la description de la femme chez Baudelaire. Le « péché du poète » de Keller (« Inventer de suaves images féminines/Telles que la terre amère n'en porte pas ») n'est sûrement pas le sien. Les images féminines de Keller ont la suavité des chimères parce qu'il leur a donné en imagination sa propre impuissance. Baudelaire demeure avec ses figures féminines plus précis et, en un mot, plus français, parce que chez lui l'élément fétichiste et l'élément séraphique ne coïncident presque jamais, contrairement à ce qui se passe chez Keller.

Les raisons sociales de l'impuissance : la fantaisie[19] de la classe bourgeoise cessa de s'occuper de l'avenir des forces productives qu'elle avait délivrées. (Comparaison entre ses utopies classiques et celles du milieu du XIXe siècle.) De fait, la classe bourgeoise aurait dû, pour pouvoir encore s'occuper de cet avenir, renoncer en premier lieu à l'idée de rente. Dans le travail sur Fuchs[20], j'ai montré comment la « quiétude » particulière au milieu du siècle est en rapport avec cette paralysie de la fantaisie sociale. Comparé aux images d'avenir de cette fantaisie sociale, le désir d'avoir des enfants n'est peut-être qu'un stimulant plus faible de la puissance sexuelle. En tout cas, la conception de Baudelaire, qui voit dans les enfants les êtres les plus proches du péché originel, ressemble assez à une trahison.

11

Le comportement de Baudelaire sur le marché littéraire : Baudelaire était — grâce à sa profonde expérience de la nature de la marchandise — capable, ou contraint, de reconnaître dans le marché une instance objective (cf. ses *Conseils aux jeunes littérateurs*). Grâce à ses négociations permanentes avec des rédactions il était en contact ininterrompu avec le marché. Ses procédés — la diffamation (Musset), la contrefaçon (Hugo). Baudelaire a été le premier à avoir eu l'idée d'une originalité adaptée au marché, qui était ainsi à cette époque plus originale que toute autre (cf. « créer un poncif »). Cette création supposait une certaine intolérance. Baudelaire voulait faire de la place pour ses poèmes et dut pour ce faire en refouler d'autres. Il déprécia certaines libertés et licences poétiques des romantiques par sa façon toute classique de manier l'alexandrin, et la poétique classique par les ruptures et les défaillances qui lui sont propres dans le vers classique lui-même. Bref, ses poèmes contenaient des dispositions particulières destinées à refouler les poèmes concurrents[21].

12

Le personnage de Baudelaire entre de façon décisive dans la composition de sa gloire. Son histoire a été pour la masse des lecteurs petits-bourgeois une image d'Epinal, la « carrière d'un débauché » illustrée. Cette image a beaucoup contribué à la gloire de Baudelaire — même si ceux qui la propagèrent ne comptaient guère au nombre de ses amis. Sur cette image en est venue se poser une autre, qui a eu une influence moins large, mais qui n'en fut peut-être que plus durable dans le temps : cette image présente Baudelaire comme le défenseur d'une passion esthétique semblable à celle que Kierkegaard concevait par ailleurs vers cette époque (dans *Ou bien... ou bien...*)[22]. Il ne peut y avoir une étude approfondie de Baudelaire qui ne se mesure avec l'image de sa vie. En réalité cette image est déterminée par le fait que Baudelaire prit le premier conscience, et de la façon la plus riche en conséquences, de ce que la bourgeoisie était sur le point de retirer sa mission au poète. Quelle mission sociale pouvait la remplacer ? Aucune classe sociale ne pouvait répondre ; il fallait être le premier à la tirer du marché et de ses crises. Baudelaire s'occupait moins de la demande manifeste à court terme que de la demande latente et à long terme. *Les Fleurs du Mal* prouvent qu'il l'a bien évaluée. Mais l'élément du marché dans lequel elle se manifestait à lui entraîna un mode de production ainsi qu'un mode de vie qui étaient très différents de ceux des anciens poètes. Baudelaire était obligé de revendiquer la dignité du poète dans une société qui n'avait plus aucune sorte de dignité à accorder. D'où la bouffonnerie de son attitude.

13

Chez Baudelaire, le poète déclare pour la première fois sa prétention à une valeur d'exposition. Baudelaire a été son propre imprésario. La perte d'auréole touche en tout premier lieu le poète. D'où sa mythomanie.

Les théories détaillées avec lesquelles l'art pour l'art fut pensé non seulement par ses défenseurs de jadis mais aussi et surtout par l'histoire littéraire (pour ne rien dire de ses défenseurs actuels) aboutissent finalement à cette simple phrase : la sensibilité est le vrai sujet de la poésie. La sensibilité est de par sa nature même souffrante. Comme elle trouve sa concrétion suprême et sa plus riche détermination dans l'érotisme, elle trouve son parfait achèvement, qui coïncide avec sa transformation, dans la passion. La poétique de l'art pour l'art entra sans rupture dans la passion poétique des *Fleurs du Mal.*

Des fleurs décorent chacune des stations de ce Calvaire. Ce sont *Les Fleurs du Mal.*

Une chose que l'intention allégorique vient frapper se trouve séparée des corrélations ordinaires de la vie : elle est à la fois brisée et conservée. L'allégorie s'attache aux ruines. Elle offre l'image de l'agitation figée[23]. L'impulsion destructrice de Baudelaire n'est jamais intéressée par l'abolition de ce qui lui échoit.

La description de l'homme en proie à la confusion n'est pas la même chose qu'une description confuse.

Victor Hugo note « Attendre, c'est la vie » — la sagesse de l'exil.

La nouvelle *désolation* de Paris (cf. le passage sur les croque-morts) est un moment essentiel dans l'image de la modernité (cf. Veuillot)[24].

14

La figure de la lesbienne fait partie, au sens strict, des archétypes héroïques de Baudelaire. Il exprime lui-même cela dans la langue du satanisme qui est la sienne. On peut le saisir également dans une langue non métaphysique, critique, qui prend sa proclamation de modernité dans sa signification politique. Le XIXe siècle commença à faire entrer sans ménagement la femme dans le processus de production des marchandises. Tous les théoriciens étaient d'accord pour dire que sa féminité spécifique était ainsi mise en péril et que des traits masculins devaient nécessairement apparaître à la longue chez la femme. Baudelaire approuve l'apparition de ces traits, mais il veut en même temps les disputer à la domination de l'économie. Il en vient ainsi à donner un accent purement sexuel à cette tendance de l'évolution de la femme. L'archétype de la lesbienne représente la protestation de la modernité contre l'évolution technique. (Il serait important de découvrir comment son aversion pour George Sand[25] trouve ici ses raisons.)

La femme chez Baudelaire : le butin le plus précieux dans le « Triomphe de l'allégorie »[26] — la vie qui signifie la mort. Cette qualité appartient de la façon la plus inaliénable à la prostituée. C'est la seule qu'on ne puisse lui acheter bon marché, et pour Baudelaire c'est cela seul qui importe.

15

Interrompre le cours du monde — c'était le désir le plus profond de Baudelaire. Le désir de Josué[27]. Pas tant le désir prophétique : car il ne pensait pas à un retour. C'est de ce désir que naissent sa violence, son impatience et sa colère ; c'est de lui également que surgirent les tentatives toujours renouvelées pour frapper le monde au cœur, ou pour l'endormir par son chant. C'est à cause de ce désir qu'il accompagne de ses encouragements la mort dans ses œuvres.

Il faut admettre que les objets qui sont au centre de la poésie de Baudelaire n'étaient pas accessibles au terme d'efforts orientés et bien organisés. Ces objets, dont la nouveauté est décisive — la grande ville, la masse —, ne sont pas visés par lui en tant que tels. Ce ne sont pas eux qui forment la mélodie à laquelle il pense, mais plutôt le satanisme, le spleen et l'érotisme contre nature. On trouve les vrais objets des *Fleurs du Mal* à un endroit discret. Ce sont, pour rester dans l'image, les cordes encore jamais effleurées de l'instrument inouï sur lequel joue la fantaisie de Baudelaire.

16

Le labyrinthe [28] est le bon chemin pour celui qui arrive bien assez tôt au but. Ce but est le marché.

Les jeux de hasard, la flânerie, la collection [29] — ce sont des activités qui sont engagées contre le spleen [30].

Baudelaire montre comment la bourgeoisie dans sa chute ne peut plus assimiler les éléments asociaux. Quand fut dissoute la garde nationale ?

Avec les nouveaux procédés de fabrication qui conduisent à des imitations, l'illusion se dépose comme un précipité dans la marchandise.

Il n'y a, pour les hommes tels qu'ils sont aujourd'hui, qu'une nouveauté radicale — et c'est toujours la même : la mort.

L'agitation figée est aussi la formule qui éclaire l'image de la vie de Baudelaire, image qui ne connaît pas d'évolution.

17

La masse est un des arcanes qui ne se sont ouverts à la prostitution qu'avec la grande ville[31]. La prostitution donne la possibilité d'une communion mythique avec la masse. Mais la naissance de la masse est contemporaine de celle de la production de masse. La prostitution semble en même temps avoir en elle l'aptitude à survivre dans un espace vital où les objets d'usage quotidien sont devenus de plus en plus des articles de masse. La femme même est devenue, avec la prostitution des grandes villes, un article de masse. C'est cette caractéristique tout à fait nouvelle de la vie des grandes villes qui donne sa vraie signification à la reprise chez Baudelaire du dogme du péché originel. Le concept le plus ancien parut aux yeux de Baudelaire assez éprouvé pour maîtriser un phénomène parfaitement nouveau et parfaitement déconcertant.

Le labyrinthe est la patrie de celui qui hésite. Le chemin de celui qui appréhende de parvenir au but dessinera facilement un labyrinthe. Ainsi fait la pulsion sexuelle dans les épisodes qui précèdent sa libération[32]. Ainsi fait également l'humanité (la classe sociale) qui ne veut pas savoir ce qui va advenir d'elle.

Si c'est la fantaisie qui offre au souvenir les correspondances[33], c'est la pensée qui lui dédie les allégories. Le souvenir fait se rencontrer les deux.

18

L'attraction magnétique que quelques situations fondamentales n'ont cessé d'exercer sur le poète fait partie des symptômes de la mélancolie. La fantaisie de

Baudelaire connaît des images stéréotypées. D'une façon très générale il semble avoir été compulsivement contraint de revenir au moins sur chacun de ses thèmes. On peut vraiment comparer cela à l'attirance qui force le criminel à revenir sans cesse sur les lieux du crime. Les allégories sont les lieux où Baudelaire expiait sa pulsion de destruction. Ainsi peut-être s'éclaire la correspondance singulière entre tant de « poëmes en prose » et les poèmes des *Fleurs du Mal*.

Vouloir juger de la force de la pensée de Baudelaire à partir de ses digressions philosophiques (Lemaître) serait une grande erreur. Baudelaire était un mauvais philosophe, un bon théoricien, mais c'est seulement en tant que méditatif[34] qu'il était incomparable. Du méditatif il a le caractère stéréotypé des thèmes, la fermeté quand il s'agit d'écarter tout ce qui pourrait le troubler, l'aptitude à mettre chaque fois l'image au service de la pensée. Le méditatif, comme type historiquement déterminé de penseur, est celui qui est chez lui parmi les allégories.

Chez Baudelaire, la prostitution est le levain qui fait lever les masses des grandes villes dans sa fantaisie.

19

Majesté de l'intention allégorique : destruction de l'organique et du vivant — dissipation de l'illusion. Se reporter au passage extrêmement significatif où Baudelaire parle de la fascination qu'exerce sur lui le décor peint des théâtres. Le renoncement à l'enchantement du lointain est un moment décisif dans la poésie lyrique de Baudelaire. Il a trouvé sa formulation la plus souveraine dans la première strophe du « Voyage »[35].

Sur la dissipation de l'illusion : « L'amour du mensonge »[36].

« Une martyre » et « La mort des amants » — intérieur à la Makart et modern style[37].

Arracher les choses à leurs corrélations habituelles — ce qui est normal pour les marchandises au stade de leur exposition — est un procédé très caractéristique pour Baudelaire. Il est en corrélation avec la destruction des corrélations organiques dans l'intention allégorique. Cf. « Une martyre », strophe 3 et 5, les thèmes naturels, ou la première strophe de « Madrigal triste ».

Déduire l'aura comme projection dans la nature d'une expérience sociale parmi les hommes : le regard reçoit une réponse[38].

L'absence d'illusions et le déclin de l'aura sont des phénomènes identiques. Baudelaire met l'artifice de l'allégorie à leur service.

Baudelaire devait considérer dans une certaine mesure la grossesse comme une concurrence déloyale : cela fait partie du calvaire de la sexualité masculine.

Ce sont précisément les étoiles que Baudelaire bannit de son monde qui deviennent chez Blanqui la scène de l'éternel retour.

20

Le monde d'objets qui entoure l'homme prend de façon toujours plus brutale l'expression de la marchandise. En même temps, la publicité tend à effacer le caractère marchand des choses. La défiguration des choses, qui les transforme en quelque chose d'allégorique, s'oppose à la transformation trompeuse du monde des marchandises. La marchandise cherche à se voir elle-même en face. Elle célèbre son humanisation dans la prostituée.

Il faut montrer la transformation de la fonction de l'allégorie dans l'économie marchande. L'entreprise de Baudelaire consista à mettre en évidence dans la marchandise l'aura qui lui appartient en propre. Il a cherché à humaniser la marchandise de façon héroïque. Cette tentative trouve son pendant dans la tentative bourgeoise, à la même époque, pour humaniser de façon sentimentale la marchandise : donner, comme à l'homme, une maison à la marchandise. C'est ce qu'on attendait jadis des étuis, des enveloppes et des gaines avec lesquels on recouvrait les objets et les meubles de l'intérieur bourgeois.

L'allégorie chez Baudelaire, au contraire de l'allégorie baroque, porte les traces de la rage intérieure qui était nécessaire pour faire irruption dans ce monde et pour briser et ruiner ses créations harmonieuses.

L'héroïque chez Baudelaire est la forme sublime sous laquelle le démonique se manifeste, et le spleen la forme vile et barbare. Il faut bien entendu déchiffrer ces catégories de son « esthétique ». Elles ne doivent pas rester intactes. — L'héroïque se rattache à l'antiquité latine.

21

Le choc, comme principe poétique chez Baudelaire : la fantasque escrime [39] de la ville des Tableaux parisiens n'est plus une ville natale, mais un théâtre et un pays étranger.

Comment l'image de la grande ville peut-elle être réussie lorsque le registre de ses périls physiques est encore aussi incomplet que chez Baudelaire ?

L'émigration comme une clé de la grande ville.

Baudelaire n'a jamais écrit un poème sur les prostituées du point de vue de la prostituée. (Cf. *Manuel pour habitants des villes*[40].)

La solitude de Baudelaire et la solitude de Blanqui.

La physionomie de Baudelaire vue comme celle du mime.

Montrer la misère de Baudelaire avec sa « passion esthétique » à l'arrière-plan.

La rage de Baudelaire fait partie de sa nature destructrice. On se rapproche de la chose quand on reconnaît également dans ces agressions un « étrange sectionnement du temps »[41].

Le thème fondamental du modern style est la transfiguration de la stérilité. Le corps est dessiné de préférence sous les formes qui précèdent la maturité sexuelle. Il faut rattacher cette idée à celle de l'interprétation régressive de la technique.

L'amour des lesbiennes porte la « sublimation » jusque dans le sein féminin. Il plante là la bannière de lis de l'amour « pur », qui ne connaît ni grossesse ni famille.

Il faut peut-être traiter du titre *Les Limbes* dans la première partie, de sorte qu'à chaque partie échoit le commentaire d'un titre : la deuxième *Les Lesbiennes* et la troisième *Les Fleurs du Mal.*

22

La gloire de Baudelaire, au contraire par exemple de celle plus récente de Rimbaud, n'a encore connu aucune échéance. La difficulté peu commune qu'on rencontre lorsque l'on veut s'approcher du centre de la poésie de Baudelaire, réside, pour utiliser une formule, en ceci : rien n'a encore vieilli en elle.

La caractéristique de l'héroïsme chez Baudelaire vivre au cœur de l'irréalité (de l'illusion). A cela vient s'ajouter le fait que Baudelaire n'a pas connu la nostalgie. Kierkegaard !

La poésie de Baudelaire fait voir le nouveau dans l'éternel retour du même et l'éternel retour du même dans le nouveau.

Il faut montrer, en insistant tout particulièrement, comment l'idée d'éternel retour pénètre à peu près au même moment dans le monde de Baudelaire, de Blanqui et de Nietzsche. Chez Baudelaire l'accent porte sur le nouveau qu'un effort héroïque arrache à l'éternel retour du même, chez Nietzsche sur l'éternel retour du même auquel l'homme fait face avec un calme héroïque. Blanqui est beaucoup plus proche de Nietzsche que de Baudelaire, mais chez lui la résignation prédomine. Chez Nietzsche cette expérience se projette sur un plan cosmologique avec la thèse : plus rien de nouveau n'arrive.

23

Baudelaire n'aurait pas écrit des poèmes s'il n'avait eu pour sa création poétique que les thèmes que les poètes ont d'ordinaire.

Ce travail doit fournir la projection historique des expériences qui sont à la base des *Fleurs du Mal*.

Des remarques extrêmement pertinentes d'Adrienne Monnier : ce qu'il y a de spécifiquement français chez lui : la rogne. Elle voit en lui le révolté : elle le compare à Fargue : « maniaque, révolté contre sa propre impuissance, et qui le sait ». Elle cite aussi Céline. La gauloiserie est ce qui est français chez Baudelaire.

Une autre remarque d'Adrienne Monnier : les lecteurs de Baudelaire sont les hommes. Les femmes ne l'aiment pas. Pour les hommes il incarne et transcende le côté ordurier de leur vie pulsionnelle. Si l'on va plus loin, la passion de Baudelaire, vue sous cet angle, est pour nombre de ses lecteurs le rachat de certains aspects de leur vie pulsionnelle.

Il importe, pour le dialecticien, de prendre le vent de l'histoire dans ses voiles. Penser signifie pour lui : mettre des voiles. La façon dont elles sont mises, voilà ce qui est important. Les mots ne sont pour lui que les voiles. La façon dont ils sont mis, voilà ce qui fait d'eux un concept.

24

L'écho que *Les Fleurs du Mal* n'ont cessé de trouver jusqu'à aujourd'hui est en étroite corrélation avec un aspect particulier que la grande ville a pris, lorsque, pour la première fois, elle est entrée dans la poésie. C'est l'aspect le plus inattendu. Ce qui résonne chez Baudelaire lorsqu'il évoque Paris dans ses poèmes, c'est la fragilité, la caducité de cette grande ville. Elle n'a peut-être jamais été suggérée aussi parfaitement que dans « Le Crépuscule du matin », mais cet aspect en lui-même est plus ou moins commun à tous les Tableaux parisiens ; il se manifeste aussi bien dans la transparence de la ville telle que « Le Soleil » la fait magiquement se lever que dans l'effet de contraste du « Rêve parisien ».

La base décisive de la production de Baudelaire est la tension qui caractérise chez lui le rapport entre une « sensitivité » extrêmement aiguë et une contemplation extrêmement concentrée. Ce rapport se retrouve, sur le plan de la théorie, entre la doctrine des correspondances et la doctrine de l'allégorie. Baudelaire n'a jamais fait la moindre tentative pour établir une quelconque relation entre ces deux idées spéculatives si importantes pour lui. Sa poésie jaillit de la coopération de ces tendances qui lui étaient naturelles. Ce qui fut repris plus tard (Pechméja) et se continua dans la poésie pure était l'aspect sensitif de son génie propre.

25

Le silence comme aura. Maeterlinck pousse le développement de l'aura jusqu'au monstrueux.

Une remarque de Brecht [42] : chez les Latins l'affinement de l'appareil sensoriel n'amoindrit pas l'énergie de la prise. Pour l'Allemand l'affinement, la culture croissante de la jouissance se paie d'un affaiblissement dans la prise. L'aptitude à la jouissance perd de sa densité lorsqu'elle gagne en sensibilité. Brecht a fait cette remarque à propos de l' « odeur de futailles » dans le « Vin des chiffonniers ».

Plus importante encore cette remarque : l'éminent affinement sensuel d'un Baudelaire est parfaitement dépourvu de quiétude. Cette incompatibilité de principe entre la jouissance sensuelle et la quiétude est l'indice décisif d'une véritable culture des sens. Le snobisme de Baudelaire est la formule excentrique de ce renoncement absolu à la quiétude et son satanisme n'est rien d'autre que la volonté d'être constamment prêt à troubler cette quiétude chaque fois qu'elle pourrait s'installer.

26

Il n'y a pas la moindre amorce d'une description de Paris dans *Les Fleurs du Mal*. Cela suffirait à les distinguer nettement du « lyrisme de la grande ville » qui devait suivre. Baudelaire élève la voix au milieu du mugissement de Paris comme quelqu'un qui parlerait sur le bruit de fond des vagues. Sa parole est claire dans la mesure où elle est perceptible. Mais quelque chose vient se mêler à elle, qui lui porte préjudice. Et elle demeure mêlée à ce mugissement qui l'emporte plus loin et qui lui donne une obscure signification.

Le fait divers est le levain qui fait se lever la masse des grandes villes dans la fantaisie de Baudelaire.

La raison de l'attachement si exclusif de Baudelaire à la littérature latine, et surtout à celle de l'antiquité tardive, pourrait être l'usage moins abstrait qu'allégorique que la littérature de l'antiquité tardive fait des noms des dieux. Baudelaire pouvait y reconnaître un procédé parent du sien.

L'hostilité déclarée de Baudelaire envers la nature cache tout d'abord une protestation radicale contre l' « organique ». Comparée à l'inorganique l'aptitude de l'organique à devenir un outil est tout à fait limitée. L'organique a moins de possibilités. Cf. le témoignage de Courbet, selon lequel Baudelaire aurait eu chaque jour un aspect différent.

27

L'attitude héroïque de Baudelaire pourrait être extrêmement proche de celle de Nietzsche. Baudelaire reste fidèle au catholicisme, mais son expérience de l'univers est exactement subordonnée à celle que Nietzsche a résumée dans la formule « Dieu est mort ».

Les sources où s'abreuve l'attitude héroïque de Baudelaire jaillissent des roches les plus profondes de l'ordre social qui se frayait un chemin vers le milieu du siècle. Ce sont les expériences qui instruisirent Baudelaire sur les transformations radicales des conditions de la production artistique. Ces transformations consistaient en ce que la forme-marchandise se manifestait dans l'œuvre d'art, et la forme-masse dans son public, avec une franchise et une véhémence jadis inconnues. Ce sont ces transformations qui, par la suite, à côté d'autres transformations dans le domaine de l'art, ont conduit surtout au déclin de la poésie lyrique. Le caractère unique des *Fleurs du Mal* vient du fait que Baudelaire répond à ces transformations par un livre de poésie. C'est en même temps l'exemple le plus extraordinaire d'attitude héroïque que l'on puisse trouver dans sa vie.

« L'appareil sanglant de la Destruction »[43] — c'est — dans la chambre la plus secrète de la poésie de Baudelaire — l'appareil éparpillé aux pieds de la prostituée qui a hérité des pleins pouvoirs de l'allégorie baroque.

28

Le méditatif dont le regard, terrorisé, tombe sur le fragment dans sa main, devient allégoricien.

Une question qui demeure réservée pour la conclusion : comment est-il possible qu'une attitude au moins en apparence aussi « inactuelle » que celle de l'allégoricien ait dans l'œuvre poétique du siècle une place de tout premier rang ?

Il faut montrer dans l'allégorie l'antidote contre le mythe. Le mythe était la démarche commode que Baudelaire s'est interdite. Un poème comme « La vie antérieure », dont le titre évoque toutes les compromissions, montre à quel point Baudelaire était éloigné du mythe.

La citation de Blanqui sur les hommes du XIXe siècle en conclusion [44].

La prise solide, en apparence brutale, appartient à l'image du « sauvetage ».

L'image dialectique est la forme de l'objet historique qui satisfait aux exigences de Goethe concernant un objet synthétique.

29

En adoptant l'attitude du mendiant, Baudelaire a soumis cette société à une perpétuelle évaluation. Sa dépendance envers sa mère, dépendance qu'il a artificiellement entretenue, n'a pas seulement pour cause celle que souligne la psychanalyse. Elle a une cause sociale.

Pour la pensée de l'éternel retour, un fait a de l'importance : la bourgeoisie n'osait plus regarder en face le développement futur de la production qu'elle avait mise en œuvre. La pensée de l'éternel retour de Zarathoustra et la pensée brodée sur la taie d'oreiller « Encore un petit quart d'heure » sont complémentaires.

La mode est l'éternel retour du nouveau — y a-t-il malgré tout dans la mode des thèmes de sauvetage ?

L'intérieur des poèmes de Baudelaire s'inspire, dans un certain nombre de cas, du côté nocturne de l'intérieur bourgeois. Son contraire est l'intérieur transfiguré du modern style. Proust dans ses remarques n'a effleuré que le premier [45].

Le peu de goût que Baudelaire avait pour les voyages rend d'autant plus remarquable la domination des images exotiques dans sa poésie lyrique. Sa mélancolie voit dans cette domination ses droits reconnus. Cela du reste est une indication de la force avec laquelle l'élément de l'aura voit ses droits reconnus dans sa sensibilité. « Le Voyage » est un renoncement au voyage.

La correspondance entre l'antiquité et la modernité est la seule conception constructive de l'histoire chez Baudelaire. Elle exclut une construction dialectique plus qu'elle ne l'inclut.

30

Une remarque de Leiris [46] : le mot « familier » serait chez Baudelaire plein de mystère et d'inquiétude, désignerait chez lui quelque chose qu'il n'aurait jamais désigné auparavant.

Une des anagrammes cachées de Paris dans « Spleen I » est le mot « mortalité ».

La première ligne de « La servante au grand cœur » — sur les mots « dont vous êtiez jalouse » ne tombe pas l'accent qu'on devrait attendre. La voix se retire pour ainsi dire de « jalouse » et ce reflux de la voix est quelque chose d'extrêmement caractéristique de Baudelaire [47].

Une remarque de Leiris : dans les nombreux passages qui l'évoquent, le bruit de Paris n'est pas désigné par un nom (« lourds tombereaux »)[48]. Il est inséré rythmiquement dans le vers de Baudelaire.

Pour illustrer l'endroit « où tout, même l'horreur, tourne aux enchantements »[49], on trouvera difficilement un meilleur exemple que la description de la foule chez Poe.

Remarque de Leiris : *Les Fleurs du Mal* seraient le livre de poésie le plus irréductible — on peut probablement comprendre cela en songeant que l'expérience qui la fonde est rien moins que dépassée.

31

Impuissance masculine — figure clé de la solitude — c'est sous son signe que s'effectue l'arrêt des forces productives.

Le brouillard comme consolation de la solitude.

« La vie antérieure » ouvre l'abîme du temps dans les choses ; la solitude ouvre celui de l'espace devant l'homme.

Il faut confronter le tempo du flâneur au tempo de la foule tel qu'il est décrit par Poe. Le premier représente une protestation contre celui-ci. Cf. la mode des tortues de 1839[50].

L'ennui apparaît dans le processus de production avec l'accélération de celui-ci (par les machines). Le flâneur proteste, avec sa nonchalance ostentatoire, contre le processus de production.

On rencontre chez Baudelaire une foule de stéréotypes, comme chez les poètes baroques.

Une série de types qui va du garde national Mayeux, Viroloque et le chiffonnier de Baudelaire à Gavroche et à Ratapoil, le lumpenprolétaire[51].

Découvrir une invective contre Cupidon. En corrélation avec les invectives de l'allégoricien contre la mythologie, qui correspondent exactement à celles des clercs du haut Moyen Age. Cupidon pourrait, dans le passage en question, avoir l'adjectif « joufflu ». L'aversion que Baudelaire a pour lui a les mêmes racines que la haine qu'il nourrit contre Béranger.

La candidature de Baudelaire à l'Académie était une expérience sociologique[52].

La doctrine de l'éternel retour vue comme le rêve des monstrueuses inventions à venir dans le domaine de la technique de reproduction.

32

S'il peut paraître entendu que l'aspiration chez l'homme à une existence plus pure, plus innocente et plus spirituelle que celle qui lui est donnée, cherche nécessairement une garantie dans la nature, elle l'a trouvée la plupart du temps dans quelqu'un des êtres du monde animal ou du monde végétal. Il en va autrement chez Baudelaire. Le rêve chez lui d'une pareille existence rejette toute communauté avec la nature terrestre et ne se livre qu'aux nuages. Cela est exprimé dans le premier poème en prose du *Spleen de Paris*. De nombreux poèmes reprennent des thèmes concernant les nuages. La profanation des nuages (« La Béatrice »[53]) est la plus terrible de toutes.

On peut trouver une ressemblance cachée entre *Les Fleurs du Mal* et Dante dans l'insistance avec laquelle le livre trace les contours d'une existence créatrice. On ne peut imaginer de livre de poésie dans lequel le poète apparaisse plus dépourvu de vanité, et dans lequel il vienne avec plus de force au premier plan. La patrie du génie créateur est, dans l'expérience de Baudelaire, l'automne. Le grand poète est pour ainsi dire la créature de l'automne. « L'Ennui », « Le Soleil ».

« L'Essence du rire » ne contient rien d'autre que la théorie du rire satanique. Baudelaire va même jusqu'à juger le sourire à partir du rire satanique. Ses contemporains ont souvent souligné ce qu'il y avait d'effrayant dans sa façon de rire.

Dialectique de la production des marchandises : la nouveauté du produit, dans la mesure où elle stimule la demande, acquiert une signification jusqu'ici inconnue ; l'éternel retour du même devient pour la première fois perceptible aux sens avec la production de masse.

32 *a*

La remémoration est la relique sécularisée.

La remémoration est le complément de l'expérience vécue[54]. Elle cristallise la croissante aliénation de l'homme qui fait l'inventaire de son passé comme d'un avoir mort. L'allégorie a quitté au XIXe siècle le monde extérieur pour s'établir dans le monde intérieur. La relique provient du cadavre, la remémoration de l'expérience défunte qui, par un euphémisme, s'appelle l'expérience vécue.

Les Fleurs du Mal ont été le dernier livre de poésie à exercer une influence dans toute l'Europe. Avant elles, peut-être Ossian, *Le Livre des chants*[55].

Les emblèmes reviennent comme marchandises.

L'allégorie est l'armature de la modernité.

Il y a chez Baudelaire la crainte d'éveiller un écho — que ce soit dans l'âme ou dans l'espace. Il est parfois grossier, il n'est jamais sonore. Sa façon de parler se distingue aussi peu de son expérience que le geste d'un parfait prélat de sa personne.

33

Le modern style apparaît comme le malentendu fécond qui permet au nouveau de devenir la modernité. Ce malentendu est bien entendu une disposition naturelle chez Baudelaire.

La modernité est en opposition avec l'antiquité, le nouveau en opposition avec le retour du même. (La modernité : la masse ; l'antiquité : Paris.)

Les rues parisiennes de Meryon : des abîmes au-dessus desquels, tout en haut, filent les nuages.

L'image dialectique est une image qui fulgure[56]. Il faut donc conserver l'image du passé, dans le cas présent celle de Baudelaire, comme une image qui fulgure dans l'instant actuel, dans le « maintenant » de la possibilité de la connaissance. Le sauvetage qui s'accomplit de cette façon, et de cette façon seulement, ne peut se faire que par la perception de ce qui se perd sans sauvetage possible. Il faut ici recourir au passage métaphorique de l'introduction de l'article sur Jochmann.

34

Le concept de contribution originale n'était pas, de loin, aussi courant et déterminant à l'époque de Baudelaire qu'aujourd'hui. Baudelaire a souvent donné une deuxième ou une troisième édition de ses poèmes sans que personne s'en offusque. Il n'a rencontré de difficultés qu'à la fin de sa vie avec les *Petits poèmes en prose*.

L'inspiration de Hugo : les mots s'offrent à lui à l'instar des images comme une masse houleuse. Inspiration de Baudelaire : les mots semblent, grâce à un procédé extrêmement étudié, appliqué à l'endroit où ils surgissent, comme évoqués par magie. L'image joue dans ce procédé un rôle décisif.

La signification de la mélancolie héroïque pour l'ivresse et l'inspiration doit être éclaircie.

En bâillant, l'homme s'ouvre lui-même comme un abîme ; il se rend semblable à l'ennui qui l'entoure.

Que signifie parler de progrès à un monde qu'envahit la rigidité cadavérique ? Chez Poe, Baudelaire a trouvé transcrite avec une force incomparable l'expérience d'un monde saisi par la rigidité cadavérique. C'est ce qui rendit Poe irremplaçable pour lui : il décrivait le monde dans lequel la poésie et le comportement de Baudelaire avaient leur justification. Cf. la tête de Méduse chez Nietzsche.

35

L'éternel retour est une tentative pour réunir les deux principes antinomiques du bonheur : celui de l'éternité et celui du « encore une fois ». La pensée de l'éternel retour fait sortir par magie de la misère du temps l'idée spéculative (ou la fantasmagorie) du bonheur. L'héroïsme de Nietzsche est le pendant de l'héroïsme de Baudelaire, qui fait sortir par magie de la misère du philistinisme la fantasmagorie de la modernité.

Il faut fonder le concept de progrès sur l'idée de catastrophe. Que les choses continuent à « aller ainsi », voilà la catastrophe. Ce n'est pas ce qui va advenir, mais l'état de choses donné à chaque instant. La pensée de Strindberg : l'Enfer n'est nullement ce qui nous attend — mais *cette vie-ci*.

Le sauvetage s'accroche à la petite faille dans la catastrophe continuelle.

La tentative réactionnaire pour transformer des formes conditionnées par la technique, en d'autres termes des variables dépendantes, en constantes, apparaît dans le futurisme[57] de la même façon que dans le modern style.

L'évolution qui conduisit Maeterlinck au cours d'une longue vie à une position extrêmement réactionnaire, est logique.

Il faut étudier la question de savoir dans quelle mesure les extrêmes qu'il faut saisir dans le sauvetage sont ceux du « trop tôt » et du « trop tard ».

Que Baudelaire ait été hostile au progrès a été la condition sine qua non pour qu'il puisse dominer Paris dans sa poésie. Comparée à la sienne, la poésie de la grande ville[58] qui est venue après est sous le signe de la faiblesse, et la moindre de ses faiblesses n'est pas de voir dans la grande ville le siège du progrès. Mais Walt Whitman ?

36

Ce sont les solides raisons sociales de l'impuissance masculine de Baudelaire qui font du chemin de croix que suit Baudelaire un chemin déjà tracé socialement. C'est seulement ainsi qu'on peut comprendre pourquoi il a pris comme viatique sur ce chemin une vieille et précieuse pièce de monnaie tirée du trésor accumulé de cette société européenne. Cette pièce porte côté face un squelette et côté pile une *Melencolia* plongée dans ses méditations. Cette pièce était l'allégorie.

La Passion de Baudelaire comme image d'Epinal, dans le style ordinaire des livres consacrés à Baudelaire.

Le « Rêve parisien » — la fantaisie des forces productives arrêtées.

La machinerie devient chez Baudelaire le chiffre des forces destructrices. Le squelette en particulier est une machinerie de ce genre, et pas la moindre.

Les premiers ateliers d'usine ressemblaient à des maisons d'habitation ; quelque barbares et inappropriés qu'ils aient pu être, cette ressemblance avait ceci de particulier que le propriétaire de l'usine, qu'il faut imaginer comme une sorte de figure du décor, rêve, lorsqu'il est plongé dans la contemplation de ses machines, à la grandeur future de celles-ci tout autant qu'à la sienne propre. Cinquante ans après la mort de Baudelaire ce rêve était fini.

L'allégorie baroque ne voit le cadavre que de l'extérieur. Baudelaire le voit aussi de l'intérieur.

Le fait que les étoiles[59] fassent défaut chez Baudelaire fait saisir de la façon la plus probante la tendance qui porte sa poésie lyrique vers la dissipation de l'illusion.

37

Le fait que Baudelaire se sentît attiré par l'antiquité latine tardive pourrait être en corrélation avec son intention allégorique.

Il est remarquable que, malgré l'importance que peuvent avoir les manifestations réprouvées de la sexualité dans la vie et l'œuvre de Baudelaire, le bordel ne joue pas le moindre rôle ni dans les documents privés ni dans l'œuvre. Il n'y a pas, dans cette sphère, de pendant à un poème comme « Le Jeu ». (Cf. tout de même « Deux bonnes sœurs »[60].)

Il faut déduire l'introduction de l'allégorie de la situation de l'art telle qu'elle est conditionnée par le développement technique ; et présenter seulement sous le signe de la première la tonalité mélancolique de cette poésie.

Avec le flâneur revient, pourrait-on dire, l'oisif tel que Socrate l'a choisi comme interlocuteur sur le marché d'Athènes. Mais il n'y a plus de Socrate et personne n'adresse plus la parole au flâneur. Même le travail servile, qui lui garantit son oisiveté, a cessé.

La clé du comportement de Baudelaire avec Gautier doit être cherchée dans la conscience plus ou moins nette, chez le cadet, de ce que l'art lui-même ne dresse pas de limites devant son impulsion destructrice. De fait cette limite n'est pas absolue pour l'intention allégorique. Les réactions de Baudelaire devant l'école néo-païenne font clairement voir cette corrélation. Il aurait pu difficilement écrire son essai sur Dupont si, à la critique radicale du concept d'art chez ce dernier, n'avait correspondu chez lui une critique qui n'était pas moins radicale. Baudelaire essaya avec succès de masquer ces tendances en se recommandant de Gautier.

38

Il est indéniable que la foi de Hugo dans le progrès et son panthéisme ont entre autres la particularité d'être en accord avec le message des tables tournantes[61]. Ce fait a quelque chose de suspect, mais le soupçon qui s'attache à la communication permanente qui s'établit entre sa poésie et le monde des esprits est encore plus grand. Car, en réalité, le fait que sa poésie reprenne ou semble reprendre des thèmes de la révélation spirite est moins étrange que son attitude qui consiste à mettre sa poésie en vitrine devant le monde des esprits. Il est difficile de concilier ce spectacle avec l'attitude d'autres poètes.

C'est par la foule que, chez Hugo, la nature exerce son droit élémentaire sur la ville[62].

Sur le concept de multitude et le rapport entre la foule et la masse.

A l'origine, l'intérêt pour l'allégorie n'est pas verbal mais optique. « Les images, ma grande, ma primitive passion »[63].

Question : quand la marchandise commence-t-elle à apparaître dans le paysage urbain ? Il serait important d'avoir des informations statistiques sur l'ouverture des vitrines dans les façades des immeubles.

39

La mystification chez Baudelaire est un charme apotropaïque, semblable au mensonge chez les prostituées.

Le passage le plus admirable de nombre de ses poèmes se trouve au début — là où, pour ainsi dire, ils sont nouveaux. On a souvent attiré l'attention sur ce point.

Baudelaire a eu sous les yeux l'article de masse comme modèle. C'est là que son américanisme trouve son fondement le plus solide. Il voulait produire un « poncif ». Lemaître lui confirme qu'il y est parvenu[64].

La marchandise a pris la place de la forme allégorique de l'intuition.

Sous la forme que la prostitution a prise dans les grandes villes, la femme n'apparaît pas seulement comme une marchandise, mais, au sens exact, comme un article de masse. Cela est indiqué par le travestissement artificiel de l'expression individuelle au profit d'une expression professionnelle qui est l'œuvre du maquillage. Que ce fût cet aspect de la prostituée qui ait été déterminant d'un point de vue sexuel pour Baudelaire, c'est ce que suggère en particulier le fait qu'à l'arrière-plan de ses multiples évocations de la prostituée ne se trouve jamais le bordel, mais la rue

40

Il est très important que le « nouveau » chez Baudelaire ne contribue nullement au progrès. Du reste on ne trouve chez Baudelaire presque aucune tentative pour se mesurer sérieusement avec la notion de progrès. C'est surtout la « foi dans le progrès » qu'il poursuit de sa haine, comme une hérésie, une doctrine erronée, et non comme une erreur ordinaire. Blanqui, de son côté, ne montre aucune haine envers la foi dans le progrès ; mais il le couvre en silence de sa dérision. Il n'est nullement évident que par là il trahisse son credo politique. L'activité du conspirateur professionnel, comme le fut Blanqui, ne suppose nullement la foi dans le progrès. Elle ne suppose tout d'abord que la résolution d'éliminer l'injustice présente. Cette résolution d'arracher au dernier moment l'humanité à la catastrophe qui la menace en permanence, a été capitale pour Blanqui plus que pour tout autre homme politique révolutionnaire de cette époque. Il s'est toujours refusé à tracer des plans pour ce qui arriverait « plus tard ». On peut concilier très certainement tout cela avec le comportement de Baudelaire en 1848 [65].

41

Baudelaire, en constatant le piètre succès que son œuvre rencontrait, a fini par se mettre lui-même en vente. Il s'est jeté sur le marché en sus de son œuvre et a confirmé ainsi pour son propre compte ce qu'il pensait de l'inévitable nécessité de la prostitution pour le poète [66].

Une des questions essentielles pour la compréhension de la poésie de Baudelaire est la façon dont le visage de la prostitution s'est modifié avec les grandes villes. Car une chose est certaine : Baudelaire donne son expression à cette transformation, c'est un des plus grands sujets de sa poésie.

La prostitution entre en possession de nouveaux arcanes avec la naissance des grandes villes. Un de ces arcanes est le caractère labyrinthique de la ville elle-même. Le labyrinthe, dont l'image est gravée dans le corps même du flâneur, apparaît, avec la prostitution sous des couleurs nouvelles. Le premier arcane qui s'ouvre à elle est donc l'aspect mythique de la grande ville, en tant que labyrinthe. En son centre se trouve naturellement une image du Minotaure. Que celui-ci mette à mort l'individu n'est pas décisif. Ce qui l'est, c'est l'image des forces mortelles qu'il incarne. Et cela aussi est pour l'habitant de la grande ville quelque chose de nouveau.

42

Les Fleurs du Mal comme arsenal ; Baudelaire a écrit certains de ses poèmes pour en détruire d'autres qui avaient été écrits avant lui. On peut ainsi développer la remarque célèbre de Valéry [67].

C'est un fait extrêmement important — il faut le dire aussi pour compléter la remarque de Valéry — que Baudelaire ait rencontré la concurrence dans la production poétique. Les rivalités personnelles entre poètes sont naturellement vieilles comme le monde. Mais il s'agit ici précisément de la transposition de la rivalité dans la sphère de la concurrence sur le marché libre. C'est le marché qu'il faut conquérir, et non plus la protection d'un prince. Mais en ce sens ce fut une véritable découverte de Baudelaire que de voir qu'il se trouvait devant des individus. La désorganisation des écoles poétiques, des « styles », est le complément du marché ouvert, qui se présente sous la forme d'un public pour le poète. Le public en tant que tel apparaît chez Baudelaire pour la première fois aux regards — c'est la condition pour qu'il ne soit plus victime de l' « illusion » des écoles poétiques. Et inversement : comme l'école se révélait à ses yeux comme une simple surface artificielle, le public acquit à ses yeux une réalité plus solide.

43

Différence entre l'allégorie et la métaphore.

Baudelaire et Juvénal. Le point décisif est le suivant : quand Baudelaire décrit le vice et l'abjection, il s'inclut toujours dans le tableau. Il ignore le geste du poète satirique. Cela ne vaut certes que pour *Les Fleurs du Mal,* qui apparaissent ainsi, par cette attitude, tout à fait différentes des travaux en prose [68].

Considérations fondamentales sur le rapport qui existe chez les poètes entre leurs œuvres et les travaux théoriques en prose. Ils ouvrent dans leurs poèmes un domaine, celui de l'intérieur propre, qui n'est pas d'ordinaire accessible à leur réflexion. Il faut montrer cela pour Baudelaire, en faisant référence à d'autres écrivains comme Kafka et Hamsun.

La durée de l'influence d'une œuvre est en rapport inverse de l'évidence des faits qu'elle rapporte (valeur de vérité ? voir le travail sur les *Affinités électives* de Goethe [69]).

Le fait que Baudelaire n'ait pas laissé de roman a certainement donné du poids aux *Fleurs du Mal.*

44

L'expression de Melanchthon (*Melencolia illa heroica*) définit de la façon la plus parfaite le génie propre de Baudelaire. Mais la mélancolie comporte au XIXe siècle un autre caractère qu'au XVIIe. La figure clé de l'allégorie primitive est le cadavre. La figure clé de l'allégorie tardive est la « remémoration ». La « remémoration » est le schéma de la métamorphose de la marchandise en objet pour le collectionneur. Les correspondances sont, pour le contenu, les résonances infiniment variées de chaque remémoration au contact des autres. « J'ai plus de souvenirs que si j'avais mille ans. »[70]

La teneur héroïque de l'inspiration de Baudelaire se manifeste dans le fait que le souvenir disparaît tout à fait au profit de la remémoration. Il est frappant qu'il y ait chez lui peu de « souvenirs d'enfance ».

La nature excentrique de Baudelaire était un masque sous lequel il tentait de cacher, on peut dire par pudeur, la nécessité supra-individuelle de sa forme de vie, et jusqu'à un certain degré, du destin auquel elle était soumise.

Depuis l'âge de dix-sept ans, Baudelaire mène la vie d'un homme de lettres. On ne peut pas dire qu'il se soit jamais défini comme un « intellectuel » qui se serait engagé pour les « choses de l'esprit ». La marque de fabrique de la production artistique n'était pas encore trouvée.

45

Sur la conclusion tronquée des recherches matérialistes (au contraire de la conclusion du livre sur le baroque[71])

L'intuition allégorique n'était plus au XIXᵉ siècle ce qu'elle avait été au XVIIᵉ siècle, c'est-à-dire capable de donner naissance à un style. Comme allégoricien Baudelaire a été isolé : son isolement était dans une certaine mesure celui d'un retardataire. (Ses théories soulignent souvent ce caractère de façon provocante.) Si au XIXᵉ siècle l'allégorie n'a guère eu la force de donner naissance à un style, c'est, au XVIIᵉ siècle, la tentation de la routine qui a laissé de nombreuses traces dans la poésie. Cette routine a nui jusqu'à un certain degré à la tendance destructrice de l'allégorie, à sa façon de souligner dans l'œuvre ce qui ressortit au fragment.

NOTES DU TRADUCTEUR

ABRÉVIATIONS

G.S. Walter Benjamin, *Gesammelte Schriften,* Suhrkamp, Francfort, 1972-1977 (4 tomes en 9 volumes).
Nous avons tout particulièrement utilisé le tome I 3, édité par Rolf Tiedemann et Hermann Schweppenhäuser, qui contient un important dossier consacré aux travaux sur Baudelaire (p. 1064-1222).

M.V. Walter Benjamin, *Œuvres, I, Mythe et violence,* essais traduits de l'allemand par Maurice de Gandillac, Les Lettres Nouvelles, Denoël, Paris, 1971.

P.R. Walter Benjamin, *Œuvres, II, Poésie et révolution,* essais traduits de l'allemand par Maurice de Gandillac, Les Lettres Nouvelles, Denoël, Paris, 1971.

S.U. Walter Benjamin, *Sens unique,* précédé de *Enfance berlinoise,* traduit de l'allemand par Jean Lacoste, Lettres Nouvelles/Maurice Nadeau, Paris, 1978.

Corr. Walter Benjamin, *Correspondance,* tome I (1910-1928) et tome II (1929-1940), traduit de l'allemand par Guy Petitdemange, Aubier-Montaigne, Paris, 1978-1979.

LE PARIS DU SECOND EMPIRE CHEZ BAUDELAIRE

La bohème

1. *La bohème* : Les manuscrits contiennent ici deux notes (*G.S.* I 3, p. 1193) : « Ici manque un passage d'environ neuf pages qui expose la corrélation entre la standardisation croissante de l'architecture parisienne, les travaux d'Haussmann et le despotisme bonapartiste. Il décrit les efforts du feuilleton pour faire naître grâce à ses fantasmagories un divertissement dans le désert de la vie citadine. » « Ici manque un passage d'environ six pages qui brosse une brève histoire de la bohème selon les générations. Il définit la bohème dorée de Gautier et de Nerval, la bohème de la génération de Baudelaire, Asselineau, Delvau, enfin la toute dernière bohème, la bohème prolétarisée dont Vallès fut le porte-parole. »

Pour Balzac, la Bohème (« qu'il faudrait appeler la Doctrine du Boulevard des Italiens ») (*Un prince de la bohème*) se composait de jeunes gens « peu connus encore » mais « tous hommes de génie ». Mais G. Guillemot note plus tard, dans *La bohème* (1868) : « Bohème est un mot du vocabulaire courant de 1840. Dans le langage d'alors, il est synonyme d'artiste ou d'étudiant, viveur, joyeux, insouciant du lendemain, paresseux et tapageur » (p. 7 sq.). On peut se demander par ailleurs si W. Benjamin a lu le livre de **Léon** Daudet qui évoque Vallès, la bohème et la Commune (*Flamme,* 1930). (Voir Louis Chevalier, *Montmartre du plaisir et du crime,* p. 114.)

2. *Marx et Engels,* dans cet article analysent le livre d'A. Chenu ex-capitaine des gardes du citoyen Caussidière, *Les Conspirateurs; Les sociétés secrètes; La préfecture de police sous Caussidière; Les*

corps-francs (Paris 1850) et *La Naissance de la République en Février 1848* de Lucien de la Hodde (Paris 1850). La Hodde est un « mouchard de Louis-Philippe » et Chenu un « conspirateur de profession ». Aux yeux des auteurs de l'article publié dans la *Neue Rheinische Zeitung, Politische-ökonomische Revue,* Londres, (1850) les conspirateurs qui cherchent l'insurrection immédiate perdent de l'influence à mesure que le prolétariat parisien s'organise en parti. (Marx-Engels, *Werke,* t. 7, p. 275).

3. *Gustave Geffroy :* Le livre de G. Geffroy, *L'Insurgé,* va jouer un rôle essentiel dans le rapprochement effectué par Benjamin entre Baudelaire et Blanqui. Mais la référence ici est fausse. Geffroy se contente d'évoquer (p. 152) « un cas tel que celui de Lucien de la Hodde, intelligent et adroit, conspirateur et mouchard ».

4. *Second Empire :* Cf. *Zentralpark,* 3. C'est Valéry qui parle de « raison d'Etat » à propos de Baudelaire dans l'introduction aux *Fleurs du Mal* (« Situation de Baudelaire », Variétés II, Paris, 1930). Cf. ici, p. 159.

5. *Jules Lemaître :* Dans *Les contemporains. Etudes et portraits littéraires. 4e série.*

6. Sur *Bagatelles pour un massacre, Céline* et le *« culte de la blague »* : Voir ce qu'écrit G. Scholem dans *Walter Benjamin, Histoire d'une amitié,* Calmann-Lévy, Paris, 1980, p. 136. W. Benjamin mentionne le « nihilisme médical » de Céline dans une lettre à G. Scholem du 2 juillet 1937 et *Bagatelles pour un massacre* dans une lettre du 16 avril 1938 à Horkheimer. L'allusion à l'actualité la plus récente doit, par un choc, faire redécouvrir le passé (baudelairien) en en montrant le caractère prophétique.

7. Auguste Blanqui, *Instructions pour une prise d'armes. L'Eternité par les astres.* Editées par M. Abensour et V. Pelosse. La Tête de feuilles, Paris, 1972.

8. *Putschiste :* Plus loin (p. 143), c'est la technique poétique de Baudelaire qui évoquera l'image du putsch. Le terme est particulièrement ambigu. Evoque-t-il un glissement vers des pratiques d'extrême-droite chez Baudelaire et Blanqui, qui s'opposeraient à la patience et à l'organisation communistes, ou bien faut-il l'associer à la fulguration du geste qui sauve ? (cf. *Thèses sur la philosophie de l'histoire, P.R.* VII).

9. *Idées fixes :* Cf. Zentralpark 9.

10. *Vin de la barrière :* W. Benjamin avait sans aucun doute lu ce texte d'Eugène Buret, *De la misère des classes laborieuses,* I, p. 307 : « Peut-on penser sans effroi à ces milliers de pauvres travailleurs, qui n'ont d'autre distraction à leurs fatigues que le triste repos du lundi, que les grossiers plaisirs du cabaret et des barrières ? Si le peuple ne trouve pas des émotions dans les nobles plaisirs, il cherchera ses joies

dans le vin et l'alcool, il demandera à l'ivresse des rêves impurs, et des distractions à la débauche. »

11. *Chiffonnier :* Adorno accorde une place très importante au chiffonier dans sa critique (lettre à W. Benjamin du 10 novembre 1938). Il note en particulier : « Serait-ce excessif de ma part de supposer que cette carence se rattache au fait que n'est pas articulée la fonction capitaliste du chiffonnier, à savoir que la mendicité elle-même est assujettie à la valeur d'échange ? » (Corr., II, p. 271). Gavarni, Traviès et Daumier ont souvent représenté des chiffonniers. Mais c'est un drame en 5 actes de Félix Pyat, *Le Chiffonnier de Paris,* de 1847, qui aurait pu intéresser Benjamin, puisque on y voit un chiffonnier, le père Jean, « espèce de Diogène parisien », tirer de sa hotte une couronne. C'est le thème baudelairien de l'auréole perdue.

12. *Le budget :* Le budget de Le Play est aussi un document psychologique pour Benjamin lui-même. Dans une lettre citée dans *Histoire d'une amitié* (p. 242) Benjamin évoque sa propre misère : « Il n'y a pas de temps à perdre. Ce qui m'avait maintenu à flot au cours des années antérieures, c'était l'espoir de trouver un jour, auprès de l'Institut, une position permanente à peu près digne d'un être humain. Par " à peu près digne d'un être humain ", j'entends le revenu minimum de 2 400 Francs que j'ai actuellement. » On a conservé un budget de Benjamin qui détaille cette misère (*G.S.* II 3, p. 1343).

13. *Granier de Cassagnac :* « Lorsque Guizot, à l'époque de son ministère, employait ce Granier dans une petite feuille contre l'opposition dynastique, il avait coutume de le vanter en disant : " C'est le roi des drôles. " » Marx, *Le 18 Brumaire de Louis Bonaparte,* Paris, 1969, p. 76.

14. *Liturgie ophitique :* de *ophis,* en grec le serpent. Il s'agit d'une secte gnostique qui considérait le Serpent de la Genèse comme un messager qui promet au monde un royaume au-delà de celui créé par Dieu. Le Serpent est le premier rebelle contre Yahwe. Jésus serait la dernière incarnation de ce Serpent (cf. Ernst Bloch, *Das Prinzip Hoffnung,* III 53). C'est probablement G. Scholem qui a révélé à W. Benjamin l'existence de cette secte (cf. *Les Grands courants de la mystique juive,* p. 252).

15. *Mémoires du comte Horace de Viel-Castel sur le règne de Napoléon III,* 3 t., Paris, 1883.

Mimi et *Schaunard* sont des personnages des *Scènes de la vie de bohème* de Murger (1848).

16. *La crise de la poésie lyrique :* C'est le point de départ des *Thèmes baudelairiens, P.R.* p. 225 (ici p. 147). La dédicace du *Spleen de Paris* à Arsène Houssaye définit très clairement l' « idéal obsédant » d'une « prose poétique » « assez souple et assez heurtée »

pour s'adapter « aux soubresauts de la conscience » que provoque « la fréquentation des villes énormes ».

17. Le regard de la *Méduse* pétrifiait. Cette pétrification peut se rattacher à la mélancolie et à cette paresse du cœur que les théologiens appelaient *acedia* (cf. *Ursprung des deutschen Trauerspiels, G.S.* I1, p. 331 sq. et *Thèses sur la philosophie de l'histoire, P.R.*, VII, p. 280). Mais cette pétrification peut aussi se rattacher, comme c'est le cas ici, à l'attitude exactement contraire, à « la conscience de faire éclater le continu de l'histoire » qui est « propre aux classes révolutionnaires dans l'instant de leur action » (*Thèses P.R.* XV, p. 285).

18. *Feuilleton :* « On appelle feuilleton, c'est-à-dire petite feuille, la partie littéraire, formant comme une sorte de feuille à part dans les journaux et qui se trouve encadrée dans la portion intérieure de leurs colonnes » (Pierre Larousse, article « Feuilleton » du *Grand dictionnaire*, source probable de W. Benjamin ici). *La Presse* de Girardin fut fondée en 1836.

19. Siegfried Kracauer a décrit le *boulevard* en des termes proches de ceux de W. Benjamin dans son livre sur Offenbach, en particulier le chapitre intitulé « *Die Heimat der Heimatlosen* » (la patrie des apatrides) (*Jacques Offenbach und das Paris seiner Zeit,* 1937). Sur l'oisiveté, cf. *Zentralpark* 37.

20. Le passage du paysan « parcellaire » à *Lamartine* est un bel exemple de ce « tribut au marxisme » qu'Adorno reproche à Benjamin dans la lettre du 10 novembre 1938. « L'induction immédiate de l'impôt sur le vin à " L'Ame du vin " attribue justement aux phénomènes cette sorte de spontanéité, d'évidence concrète, d'épaisseur qu'ils ont perdue dans le capitalisme » (*Corr.* II, p. 270). Selon Adorno, qui craint sans doute de retrouver dans cette démarche la « pensée massive » (*plumpes Denken*) de Brecht, « l'énumération matérielle prend un pouvoir d'illumination presque superstitieux, lequel n'est jamais du ressort de l'indication pragmatique, mais de la seule construction théorique » (II, p. 271). Mais on peut se demander si Benjamin ne cherche pas précisément ce choc, cette illumination. Il est frappant de constater que les citations de Marx censées « expliquer » selon un grossier schéma base économique/superstructure contiennent toujours des métaphores développées par Benjamin (le « bouquet » du gouvernement, p. 32 ; ici le « ciel » et la « parcelle » ; l' « âme » de la marchandise, p. 83). Marx est moins une autorité qu'une source de métaphore.

21. *Lamartine :* Allusion aux événements du 16 avril 1848 : « (...) Tout à coup, se répandit d'un bout à l'autre de Paris, avec la rapidité de l'éclair, le bruit que les ouvriers s'étaient assemblés en armes au Champ-de-Mars sous la direction de Louis Blanc, Blanqui, Cabet et

Raspail pour se rendre de là à l'Hôtel de ville, renverser le gouvernement provisoire et proclamer un gouvernement communiste. On battit la générale (...) ; en une heure 100 000 hommes sont sous les armes. (...) Le " terrible " attentat du 16 avril fournit le prétexte du rappel de l'armée à Paris — but véritable de la comédie grossièrement montée » (Marx, *Les luttes de classes en France*, Editions Sociales, p. 61 sq.).

Le flâneur

1. *Panorama* : cf. *Sens unique*, « Panorama impérial », p. 163, et surtout la description du « Panorama impérial » dans *Enfance berlinoise*, in *Sens unique*, p. 35. Cf. aussi *Paris, capitale du xixe siècle* (1935), *P.R.* p. 126.
2. *Fuchs* : W. Benjamin a publié en 1937 dans le n° 6 de la *Zeitschrift für Sozialforschung* un essai sur E. Fuchs. Cf. « Eduard Fuchs, collectionneur et historien », trad. fr. P. Ivernel, *Macula* 3/4, 1979.
3. *Passages* : C'est le thème et le titre de la grande œuvre inachevée de W. Benjamin. Adorno reproche à Benjamin, dans la lettre du 10 novembre 1938, d'introduire trop discrètement « les passages par l'indication sur l'étroitesse des trottoirs qui gêne le flâneur dans les rues. Cette introduction pragmatique me semble porter préjudice (...) à l'objectivité de la fantasmagorie [et] (...) réduire celle-ci aux modes de comportement de la bohème littéraire » (*Corr.* II, p. 268). On trouvera de précieuses indications sur les passages dans *Paris, capitale du xixe siècle, P.R.*, p. 123-126, en particulier le rapprochement avec le phalanstère de Fourier.
4. Le *basilic* est un monstre fabuleux qui avait le pouvoir de tuer par son regard.
5. *Simmel* : Le texte original de cette « sociologie des sens » se trouve dans *Soziologie. Untersuchungen über die Formen der Vergesellschaftung*, 1908, p. 650 sq. Cette citation de Simmel parut fort discutable à Adorno qui avoue dans sa lettre du 10 novembre 1938 son « aversion pour tout genre particulier de concret et ses aspects behavioristes » (*Corr.* II, p. 270). « Du point de vue de la méthode », ajoute-t-il, « il est maladroit d'interpréter en termes " matérialistes " des aspects particuliers qui relèvent évidemment de la superstructure, ceci en les rapportant sans médiation ou même par voie de causalité, à des aspects correspondants de l'infrastructure. La détermination matérialiste des caractères culturels n'est possible que la médiation du procès global. » Cf. aussi l'autre lettre d'Adorno (1.2.1939, *G S.*

I3, p. 1108). W. Benjamin défend Simmel en écrivant à Adorno le 23 février 1939 : « Ne serait-ce pas l'heure de respecter en lui l'un des ancêtres du bolchevisme culturel ? Je me suis plongé récemment dans sa *Philosophie de l'argent.* (...) J'ai été frappé par sa critique de la théorie de la valeur chez Marx » (*Corr.* II, p. 289 sq.). Mais il écrit plus tard, à propos de la nouvelle version (*Thèmes baudelairiens*) : « Votre objection contre le passage de Simmel m'est apparue d'emblée justifiée » (6.8.1939) (*Corr.* II, p. 304).

6. *Goethe :* Benjamin a trouvé cette citation de Goethe et ce passage d'*Eugène Aram* dans le livre de R. Messac, *Le « détective novel » et l'influence de la pensée scientifique,* Paris 1929. En fait, par un procédé très caractéristique, Benjamin fait dire au texte presque le contraire de ce qu'il décrit, puisque Bulwer parle plutôt de « plaisir » : « Un des plus grands plaisirs qui soient au monde est de se promener seul, la nuit, à l'heure où il y a encore foule, à travers les longues voies semées de réverbères de cette énorme métropole » (*op. cit.,* p. 417).

7. *Fantasmagorie :* C'est, dans la philosophie de l'histoire de W. Benjamin, un terme essentiel. Il vient de Marx et de l'analyse du fétichisme : dans le capitalisme le rapport social des hommes entre eux « prend la forme fantasmagorique d'un rapport entre les choses » (*Das Kapital, Marx-Engels Werke,* t. 23, p. 86 ; cf. *Le Capital,* I, t. 1, Editions Sociales, p. 85 « fantastique » (trad. J. Roy)). La fantasmagorie est l'art de faire voir et de faire « parler en public » des fantômes par illusion d'optique. La fantasmagorie est une « illusion » (*P.R.* p. 137), une « transfiguration » qui détourne le regard de l'homme de la réalité et qui le distrait (*P.R.* p. 129), un « voile » (*P.R.* p. 133) et une « ivresse ». Adorno avait essayé d'utiliser cette catégorie dans son livre sur Wagner (trad. fr. *Essai sur Wagner,* Gallimard, Paris, 1966, p. 114-126). Elle devait permettre de montrer, dans l'esprit d'Adorno et de Benjamin, le caractère illusoire de la culture, des biens culturels dans une société dominée par la marchandise. L'œuvre d'art comme fantasmagorie et « *Blendwerk* » cherche à faire oublier les conditions de sa production et donc sa nature de marchandise. Mais pour Benjamin est fantasmagorique tout produit culturel qui hésite encore un peu avant de devenir pur et simple marchandise. Chaque innovation technique qui rivalise avec un art ancien prend pendant quelque temps la forme sans transparence et sans avenir de la fantasmagorie : les méthodes de construction nouvelles donnent naissance à la fantasmagorie des passages, la photographie fait naître la fantasmagorie des panoramas, le feuilleton s'accompagne de physiologies, l'urbanisme à la Haussmann, dans sa brutalité, s'oppose à la flânerie fantasmagorique. L'intérieur de l'homme privé et du collectionneur est aussi une fantasmagorie.

Enfin, c'est avec l'Exposition universelle de 1867, qui transfigure la valeur d'échanges de marchandises, que la fantasmagorie de la civilisation capitaliste atteint son développement le plus rayonnant (cf. *Paris, capitale du XIXe siècle* (1935), *P.R.*, p. 131).

8. *Citadin* : cf. *Le Spleen de Paris*, « Les Foules » et « Les Dons des Fées ».

9. Cf. Delvau, *Les Heures parisiennes*, 1866.

10. *Idole du marché* : Francis Bacon distingue dans le *Novum Organum* quatre « idoles » ou illusions (les idoles de la tribu, de la caverne, du marché et du théâtre). L'idole du marché (*idola fori*) à laquelle Benjamin fait allusion est l'idole qui naît du commerce des hommes et donc du langage. C'est prendre les signes conventionnels du langage, l'apparence, pour l'essence des choses. Peut-être faut-il rapprocher cette critique du langage conventionnel des propres remarques de W. Benjamin « Sur le langage en général et sur le langage humain », in *M.V.*, p. 79.

11. *Roman policier* : Malgré son aspect ratiocinant, calculateur et donc sobre (*nüchtern*), le roman policier est fantasmagorique, il transfigure le rôle de la masse dans les grandes villes. Il faut mentionner toutefois l'intérêt fort vif de W. Benjamin pour les romans policiers (cf. *Histoire d'une amitié* de G. Scholem, p. 45). La critique de la « culture industrielle » fantasmagorique est chez Benjamin beaucoup moins radicale et univoque que chez Adorno (par exemple dans les *Minima Moralia*). L'essai de Benjamin sur « L'œuvre d'art... » (*P.R.*, p. 172 sqq.), dans ses illusions mêmes sur le caractère révolutionnaire des arts de masse, est à cet égard également significatif.

12. *Paul Féval* : Dans *Les Couteaux d'Or* (1856). W. Benjamin, dans tout ce passage, s'inspire de R. Messac, *Le « détective novel »*, p. 424 sq.

13. L'opposition entre l' « émotion » (*Betroffenheit*) provoquée par une image et le « choc » du désir chez le solitaire se retrouve dans *Thèmes baudelairiens* (*P.R.*, p. 242, ici p. 170). Benjamin oppose Eros à Sexus. Et il note, dans son texte sur Karl Kraus : « C'est au fond la correspondance parfaite entre ces deux formes d'existence que sont la vie sous le signe de l'esprit seul et la vie sous le signe de la sexualité pure, qui fonde cette solidarité de l'homme de lettres avec la prostituée dont le témoignage le plus irréfragable fut l'existence de Baudelaire » (*G.S.* II 1, p. 352). Cf. aussi *Enfance berlinoise*, « Eveil du sexe », et *Sens unique*, p. 185.

14. *Stefan George* avait traduit Baudelaire. En un sens George et son cercle occupent, dans la culture allemande de l'époque, le terrain que Benjamin veut explorer et conquérir. Cela est vrai pour Goethe, avec le livre de Gundolf qui sert de cible à l'article de Benjamin sur

les *Affinités électives,* comme pour Baudelaire avec le livre de Klassen. Cf. ici p. 106.

15. *Makart* (1840-1884) : peintre à la cour de Vienne. Symbole pour W. Benjamin et Ernst Bloch de la décoration intérieure surchargée. Benjamin rapproche le poème « Une Martyre » des *Fleurs du Mal* de ce peintre (*G.S.* I 3, p. 1147).

L'intérieur est une fantasmagorie que le bourgeois nourrit comme une illusion protectrice. Il doit le protéger contre l'anonymat des grandes villes qui tend à effacer les traces naturelles de l'existence. En un certain sens l'intérieur, avec ses objets, ses traces et ses collections tend à pallier l'absence de personnalité, conséquence du développement des rapports marchands. Voir *Paris, capitale du xixe siècle, P.R.*, p. 131 sq. et *Enfance berlinoise.*

Dans une lettre à Adorno du 9 décembre 1938, Benjamin oppose la « trace » à l'aura (*Corr.* II, p. 275).

16. *Photographie :* Ces remarques viennent compléter la *Petite histoire de la photographie* (*P.R.*, p. 15 sqq.).

17. *Gaz :* cf. une page très significative dans Louis Chevalier, *Montmartre du plaisir et du crime,* Paris, 1980, p. 22. Adorno cite, dans une lettre à Benjamin (août 1938 ; *G.S.* I 3, p. 1085), un passage d'une lettre qu'il a reçue du critique et historien de l'art Meyer Schapiro : « Benjamin sait probablement que dans les années 70 certains critiques attribuèrent l'impressionnisme à l'influence de la lumière du gaz et que Baudelaire a étudié l'influence du gaz et de sa lumière sur le goût (voir ses *Curiosités esthétiques*). » M. Schapiro avoue en revanche ne pas connaître le texte de Stevenson cité plus loin (« A Plea for Gas Lamps ») qui doit sa naissance aux premières tentatives d'éclairage à l'électricité, avenue de l'Opéra, en 1878.

18. Le texte de Louis Veuillot auquel Benjamin fait allusion décrit en fait une chanteuse de café-concert au Bataclan, sur le boulevard du Prince-Eugène : « Cette fausse grossièreté, cette pauvre chétive personne qui se démenait dans ce lieu visité par la mort commerciale sous ce gaz qui semblait ne brûler qu'à regret, comme tremblant de n'être pas payé, c'était ce que l'on peut imaginer de plus sinistre. Je m'attendais à voir entrer le croque-mort. »

19. *Attractions de ce genre :* cf. E. Bloch, *Héritage de ce temps,* p. 40 (Sur un marathon de danse).

20. *Labyrinthe :* cf. *Zentralpark* 16 et 17 : « Le labyrinthe est la patrie de celui qui hésite. » Avec le grand magasin « la flânerie elle-même devient utilisable pour l'échange des marchandises » (*Paris, capitale du xixe siècle, P.R.*, p. 133). Benjamin ne semble pas avoir lu *Au Bonheur des dames.*

21. *Marx : Le Capital,* Livre I, tome I, p. 94 (Editions sociales). Une note de Benjamin (*G.S.* I 3, p. 1178) peut éclairer cette analyse

capitale de l'ivresse du flâneur : « Schéma de l'intropathie. Il es double. Il comprend l'expérience vécue (*Erlebnis*) de la marchandise et l'expérience vécue du client. L'expérience vécue de la marchandise est l'intropathie avec le client. L'intropathie avec le client est l'intropathie avec l'argent. La virtuose de cette intropathie est la prostituée. L'expérience vécue du client est l'intropathie avec la marchandise. L'intropathie avec la marchandise est intropathie avec le prix (valeur d'échange). Baudelaire était un virtuose de cette intropathie. Son amour pour la prostituée en représente l'accomplissement. »

Intropathie est la traduction proposée par Flournoy pour l'*Einfühlung* de Lipps (cf. Lalande, *Vocabulaire technique et critique de la philosophie*). Lipps, dans sa *Raumästhetik* (1893-1897), définissait l'*Einfühlung* comme la projection par sympathie, dans un objet ou une personne distincts, de ce qu'éprouve le sujet.

Cette notion de psychologie et d'esthétique reprise par Worringer — qui l'oppose en 1907 à l'abstraction (cf. W. Worringer, *Abstraction et Einfühlung*, Présentation Dora Vallier, coll. L'esprit et les formes, Klincksieck, Paris, 1978) — passe avec Benjamin dans le domaine de la sociologie et de la philosophie de l'histoire. Pour Lipps et Worringer l'*Einfühlung* décrit une jouissance esthétique de type presque panthéiste où l'esprit humain se retrouve dans la nature, dans un rapport heureux avec le monde organique. Pour Benjamin, tout d'abord, l'intropathie s'établit avec la matière morte, inorganique. Commentant le poème « Spleen » II (« Je suis un vieux boudoir plein de roses fanées... »), Benjamin rapproche l'intropathie du fétichisme (*G.S.* I 3, p. 1139). Mais surtout, dès le livre sur le drame allemand (*G.S.* I 1, p. 234), Benjamin condamne l'intropathie comme méthode historique qui tend à supprimer toute distance entre l'œuvre et l'interprète et à donner à celui-ci l'illusion d'une compréhension immédiate, par-delà les ans et siècles. C'est pourquoi Benjamin finira, dans ses *Thèses sur la philosophie de l'histoire* (*P.R.*, p. 280), par dire que la méthode historique par intropathie, par projection, est née de « la paresse du cœur », de l'*acedia*, et de la tristesse. « La nature de cette tristesse devient plus évidente lorsqu'on se demande avec qui proprement l'historiographe historiciste entre en intropathie. La réponse est inéluctable : avec le vainqueur. »

22. *Shelley : Peter Bell the Third* (1819), *Part III Hell*. Benjamin cite la traduction de Brecht (*Poésies*, L'Arche, t. 6, p. 155). Dans son *journal de travail* (16.8.38), Brecht écrivait : « on est pris d'effroi à lire les poèmes de shelley (pour ne pas parler des chants de paysans égyptiens d'il y a plus de 3 000 ans), déplorant l'oppression et l'exploitation ! est-ce qu'on nous lira ainsi, sous le même régime d'oppression et d'exploitation, en disant : à cette époque déjà... ? »

(trad. fr. P. Ivernel, L'Arche, Paris, 1976). C'est une remarque tout à fait dans l'esprit de Benjamin.

23. Si la foule est un *voile* qui cache aux yeux du flâneur l'image infernale de la ville, l'émeute, l'insurrection à la Blanqui, déchire ce voile et dissipe cette ivresse en vidant les rues. Benjamin retrouve une expérience de ce genre dans la photographie surréaliste et chez Atget (cf. *Le surréalisme, M. V.*, p. 303 et *Petite histoire de la photographie, P.R.*, p. 27 sq.).

24. « Fantômes » : Dans les *Orientales*.

25. *La masse :* Benjamin emprunte cette citation à l'article de G. Bounoure, « Abîmes de Victor Hugo », dans *Mesures* (juillet 1936). Sur le marché, voir Marx, *Le Capital*, I, 1, p. 179 (Editions sociales) et sur le caractère monstrueux de la foule, cf. *Enfance berlinoise* « Société », p. 77, et « Crimes et accidents », p. 123.

26. *Monde des esprits :* cf. *Zentralpark* 38.

27. *Ad plures ire :* rejoindre le grand nombre. L'expression signifiait mourir. Cf. *Sens Unique,* p. 235.

28. Benjamin semble opposer la masse (*die Masse*) et la foule (*die Menge*), la foule des morts, des clients et des votants, le « peuple », qui est une illusion, une fantasmagorie sociale. Cf. *Zentralpark* 38.

29. *Gardien du seuil :* Rudolf Steiner avait écrit en 1912 un drame intitulé *Le gardien du seuil.* L'image joue un grand rôle chez Benjamin. Cf. *Enfance berlinoise,* p. 35, 53.

La Modernité

1. *Flâneur :* Quoique en apparence opposées, l'attention réfléchie du détective et la curiosité extatique du badaud (cf. la citation de V. Fournel) sont deux fantasmagories. La lucidité de Baudelaire, qui présente le poète comme un héros, est plus grande parce qu'il a en partie déchiré le voile de la « foule » et a saisi le caractère monstrueux de la « masse ».

2. *Improvisations :* On entrevoit peut-être là ce qui eût été l'idée centrale du livre sur Baudelaire, le lien entre les chocs de la vie moderne et la prosodie, la structure des vers. La grande ville est présente dans l'art même d'écrire de Baudelaire. Il n'avait donc pas besoin de la décrire thématiquement. Sur l'improvisation, voir *Sens unique,* p. 156 et 233.

3. *Hôtel Pimodan :* dans l'île Saint-Louis, 17, quai d'Anjou. Benjamin souligne dans l'essai sur Karl Kraus que l'écrivain n'est pas un créateur (ex nihilo) mais un producteur (*G.S.* II 1, p. 366). Baudelaire, comme Benjamin lui-même, incarne la nudité de l'écri-

vain séparé de ses conditions matérielles d'existence. Baudelaire fait de nécessité vertu, héroïquement, contrairement à la bohème qui transfigure mensongèrement cette détresse.

4. *Agitation figée* : allusion à un vers de Keller, cf. *Zentralpark* 16. Ce « sectionnement du temps » s'oppose à l'évolution, à l'illusion du progrès. Benjamin retrouve cette « agitation figée » dans les derniers vers de « Destruction », en relation avec l'intention allégorique (*G.S.* I3, p. 1147).

5. *Klassen* : Il s'agit du livre de Peter Klassen, *Baudelaire. Welt und Gegenwelt.* Weimar, 1931 (cf. *G.S.* III, p. 303). Le Casque d'acier est une association d'anciens combattants d'extrême-droite, qui soutint Hitler en 1931 et qui fut incorporée aux S.A. en 1933.

6. *Les parcs,* au beau milieu de la ville de pierre, et de ses classes sociales, ouvrent un espace où le rêve du citadin est emporté par une nostalgie mythologique, peut-être la nostalgie d'une société sans classes. Cf. « Tiergarten » dans *Enfance berlinoise* et le titre même de *Zentralpark,* qui évoque peut-être les Buttes-Chaumont du *Paysan de Paris* d'Aragon (cf. « Le sentiment de la nature aux Buttes-Chaumont »). Il est question en tout cas dans ce texte d'une « mythologie moderne », ce qui n'a pu que frapper Benjamin.

7. *Suicide :* La tentation du suicide fut parfois très forte chez Benjamin, comme le note G. Scholem (*Histoire d'une amitié,* p. 201), en particulier à partir des années 1930 (en mai 1931, lors d'un séjour à Juan-les-Pins). On sait que Benjamin se suicida en septembre 1940 à la frontière franco-espagnole.

8. *Rethel :* Alfred Rethel (1789-1869). Baudelaire évoque sa *Danse des morts en 1848* dans « L'art philosophique » : « C'est un poème réactionnaire dont le sujet est l'usurpation de tous les pouvoirs et la séduction opérée sur le peuple par la déesse fatale de la mort. »

9. *La mode :* La mode dans la philosophie de l'histoire de Benjamin est le contraire et la caricature de la révolution. La mode croit introduire du nouveau en citant un costume ancien. En fait elle ne fait que consolider la continuité et le retour du même. La révolution, au contraire, « cite » le passé pour le venger et rendre justice aux vaincus de l'histoire. Elle cite pour interrompre la continuité, qui caractérise l'histoire écrite par les vainqueurs, l' « éternel retour du même ». Cf. *Thèses sur la philosophie de l'histoire, P.R.,* p. 285.

10. *Chiffonnier :* Benjamin retrouve l'analogie du début entre le poète et le chiffonnier (cf. plus haut p. 33), l'un et l'autre occupés solitairement à la collection des rebuts. A propos du « Vin des chiffonniers », Benjamin écrit (*G.S.* I3, p. 1145) : « Le chiffonnier, la figure la plus provocante de la misère humaine, le lumpenprolé-

taire au sens littéral » (car *Lumpen* : chiffons). L'opposition, par ailleurs, entre le « collectionneur » et la passion bourgeoise de l accumulation est bien marquée dans *Enfance berlinoise* : « Dans mon esprit il importait moins de maintenir le neuf que de renouveler l'ancien » (*Enfance berlinoise,* « Armoires », p. 114).

11. *Croniamental :* Le « poète assassiné » et avec lui le thème baudelairien de la mort moderne de la poésie apparaissent à plusieurs reprises chez Benjamin ; en 1929, à propos du *Flâneur des deux rives* (*G.S.* III, p. 176), et du surréalisme (*G.S.* II 1, p. 303 ; *M.V.,* p. 307), et en 1934 dans l'article sur la situation sociale actuelle de l'écrivain français (*G.S.* II 2, p. 776), W. Benjamin parle du « pogrom » des poètes.

12. *Horst Wessel :* membre du parti nazi en 1926, homme de main des S.A. et proxénète, victime d'un attentat en janvier 1930. Il devint une sorte de héros, grâce au *Horst-Wessel-Lied,* chant national antisémite du nouveau régime.

13. *Péguy :* Commentaire d'Adorno (10 novembre 1938 ; *Corr.* II, p. 269) : « A la préhistoire du XIXe siècle se substitue, dans la troisième partie, la préhistoire au XIXe siècle — ce qui apparaît de la manière la plus nette dans la citation de Péguy sur Victor Hugo. » Adorno voit là la manifestation chez Benjamin d'une sorte d'indulgence pour le XIXe siècle. Sans vraiment le dire, il craint que le travail de Benjamin, présentation « plus ou moins innocente des donnés », ne devienne lui-même une fantasmagorie.

Dans sa réponse, Benjamin note : « La figure du chiffonnier est de provenance infernale. Elle réapparaîtra dans la troisième partie en contraste avec la figure " chtonique " du mendiant hugolien » (9 décembre 1938 ; *Corr.* II, p. 278).

La notion de « chtonique » (ou chthonien) vient sans doute de Bachofen (*G.S.* II 1, p. 223) et de ses livres sur le culte des morts et la piété collective. C'est par lui que la transition se fait, aux yeux de Benjamin, entre l'idéal humanitaire, démocratique, de Hugo, avec sa vision spirite de la foule des morts (*ad plures ire*) et les aberrations mythologiques de l'époque (Klages en particulier). Il ne fait pas de doute que Klages représentait pour W. Benjamin une tentative rivale et pervertie de penser les rapports entre mythologie et histoire. Le philosophe révolutionnaire de l'histoire, selon Benjamin, doit arracher à l'oubli des « images dialectiques ». Selon Klages, le philosophe ésotérique doit arracher à l'oubli des images originaires (*Urbilder*) (cf. *G.S.* II 1 p. 229). Où est la différence entre l'ésotérisme réactionnaire et le messianisme révolutionnaire ? La confrontation entre Baudelaire et Hugo, le chiffonnier et le mendiant, devait sans doute, aux yeux de Benjamin, contribuer à dissiper cette parenté fatale.

14. Benjamin lecteur de *Léon Daudet,* la chose peut surprendre. On sait peut-être que Benjamin déclare lire l'*Action française* en juin 1924 (au moment où il est supposé devenir marxiste) (*Corr.* I, p. 320). En fait, Benjamin lisait sans doute avec intérêt et répugnance (*Corr,* II, p. 242) la critique du XIXe siècle et de la notion humaniste de progrès par la science : « C'est une des plus grandes leçons de l'histoire que le siècle de l'humanitarisme et du pacifisme théorique ait été aussi celui de l'enrôlement universel et des plus atroces boucheries que le monde ait connues » (L. Daudet, *Le Stupide XIXe siècle,* Paris, 1922, p. 59). Cf. *M.V.,* p. 320.

15. *Le « Squelette laboureur »* : Le poème a pour prétexte une planche dans un livre d'anatomie représentant un squelette travaillant la terre : « Voulez-vous (d'un destin trop dur/Epouvantable et clair emblème !/Montrer que dans la fosse même/Le sommeil promis n'est pas sûr ? » Au lieu du repos éternel, et donc de la béatitude, l'homme ne rencontre que la peine sempiternelle, la mauvaise répétition de la souffrance, le cruel retour du même. C'est l'expérience historique que décrivent les *Thèses sur la philosophie de l'histoire* (VIII) et le passage de *Zentralpark* sur le kaléidoscope (7). Peut-être Benjamin considère-t-il que Meryon exprime un désespoir de ce genre, plus profond même, parce que moins étonné que Baudelaire. Le vieux pont « neuf » a été « radoubé de neuf ». Rien n'a changé, malgré les fausses nouveautés. Permanence de l'oppression. Mais alors pourquoi ne pas faire de même avec les hommes, les pétrifier définitivement, et ainsi éterniser l'histoire telle qu'elle est, assurer la pérennité de la domination ? Cette interprétation, en elle-même assez arbitraire, est soutenue par la citation de Geffroy : la vie, les espoirs du jeune enseigne sont « inscrits » et comme pétrifiés dans une maison « dure comme une forteresse ».

16. Femme héroïque de la modernité, *Claire Demar* l'est non seulement par son refus de la maternité, mais aussi par son suicide en août 1833. F. Maillard (*La légende de la femme émancipée,* Paris, sans date, p. 87) raconte le suicide de Claire Démar. « On trouva (...) un rouleau de papier soigneusement scellé sur lequel Claire avait écrit : " Je désire que ce rouleau de papier, formé de deux cahiers, ayant pour titre *Ma loi d'avenir* soit remis à M. Vinçard (...) pour être lu à la famille saint-simonienne de Paris et ensuite être déposé entre les mains du Père Enfantin. " » Cf. Claire Demar, *Textes sur l'affranchissement des femmes,* présentation de Valentin Pelosse, Bibliothèque Historique, Payot, Paris, 1976.

17. *Foyer :* cf. *Zentralpark* 14.

18. *Statuts :* Dans un quotidien féministe, *La voix des femmes,* dirigé par Eugénie Niboyet.

19. *Fragment de 1844 :* Le poème commençant par « Prêtresse de

débauche et ma sœur de plaisir/Qui toujours dédaignas de porter et nourrir/Un homme en tes cavités saintes/... ».

20. *G. Sand :* cf. *Zentralpark* 14 et la note.

21. *Mauvaise étoile :* cf. cette note de Benjamin à propos du « Voyage » : « Baudelaire — le mélancolique que son étoile invite à partir au loin. Mais il ne l'a pas suivie. Les images du lointain apparaissent dans ses poèmes uniquement comme des îles qui surgissent de la mer du passé ou du brouillard parisien » (*G.S.*, 13 p. 1148).

22. *Commerce mondial :* cf. *Sens unique,* « Bar », p. 238.

23. *Baudelaire :* cf. *Zentralpark* 8.

24. *Rôle du héros :* cf. *Zentralpark* 12.

25. *Incognito :* C'est ici que le rapprochement avec Blanqui prend toute sa signification. Une note concernant le poème « Au lecteur » disait déjà que Baudelaire rassemblait ses lecteurs comme une camarilla (*G.S.* 13, p. 1148). Mais ici Benjamin va plus loin. C'est le geste stylistique de la métaphore dans les poèmes mêmes, dans leur écriture, qui est assimilé à une conspiration. De même que la révolte abolit l'ordre ancien, la signification nouvelle que fait fulgurer la métaphore abolit les sens anciens et traditionnels.

26. *Temps :* La remarque de Claudel est citée par Rivière dans son article (*Etudes*). Mais Benjamin la mentionne dès 1924 dans une lettre à Hofmannsthal (*Corr.* I, p. 302) qui permet de comprendre comment Benjamin est passé de la traduction des *Fleurs du Mal* aux essais sur Baudelaire. Benjamin parle du « style » de Baudelaire qui l'a « fasciné plus que toute autre chose » et qu'il qualifie de « baroque de la banalité ».

27. *La sœur du rêve :* Citation du « Reniement de saint Pierre » : « Certes je sortirai, quant à moi, satisfait/D'un monde où l'action n'est pas la sœur du rêve. » Rolf Tiedemann, dans l'édition allemande (Nachwort, p. 196), oppose à cette conclusion la note de Brecht : « Baudelaire, c'est le coup de poignard dans le dos de Blanqui. La défaite de Blanqui est sa victoire à la Pyrrhus » (*Die Schönheit in den Gedichten des Baudelaire* [La beauté dans les poèmes de Baudelaire], in Brecht, *Gesammelte Werke,* Schriften, VIII 2, Francfort, 1967, p. 409).

SUR QUELQUES THÈMES BAUDELAIRIENS

1. *Buch der Lieder :* Le *Livre des chants* de H. Heine (1827). « Comme beaucoup de Juifs de la génération d'avant Hitler, nous

nous sentions tous deux aucune affinité pour Heine ». G. Scholem, *Walter Benjamin, Histoire d'une amitié,* p. 81.

2. *Expérience : Erfahrung.* Cf. *Le Narrateur, P.R.,* p. 139 et *Erfahrung und Armut* [Expérience et pauvreté], *G.S.* II 1, p. 213.

3. *Proust :* Sur la mémoire involontaire, cf. *Corr.* II, p. 326 et surtout *Pour le portrait de Proust, M.V.,* p. 326. Benjamin, pensant manifestement à sa propre théorie des « images dialectiques », écrit : « Proust a réussi ce tour de force : dans l'instant laisser vieillir le monde entier autour d'une vie d'homme. Mais justement cette concentration par laquelle se consume avec la rapidité de l'éclair ce qui, sans elle, est promis à la décrépitude et au crépuscule, c'est ce qui a nom rajeunissement. »

4. *K. Kraus :* cf. *Sens unique,* « Monument aux morts », p. 203 et surtout le long article sur Kraus, *G.S.* II 1, p. 334. Sur l'information, cf. *Le Narrateur, P.R.,* p. 145.

5. *Culte :* cf. « *L'œuvre d'art...* », *P.R.,* p. 179.

6. *Remémoration :* la remémoration (*Eingedenken*) s'oppose chez Benjamin au souvenir (*Andenken*). Cf. *Zentralpark* 32 a. La remémoration lie dans l'expérience (*Erfahrung*) mémoire collective et mémoire individuelle. Le souvenir est au contraire une relique, il est lié à l'expérience morte, c'est le complément de l'*Erlebnis,* de l'expérience vécue du choc.

7. *Freud :* Adorno écrit dans une lettre du 29 février 1940 (*G.S.* I 3, p. 1130) : « La théorie de l'oubli et du choc est en étroits rapports avec certaines de mes analyses musicales, en particulier en ce qui concerne la perception des musiques à succès (...) Je pense en particulier au passage sur l'oubli, le souvenir et la publicité dans mon essai sur le fétichisme (« Sur le caractère fétichiste dans la musique et la régression de l'audition », *Zeitschrift für Sozialforschung,* Jg. 7, 1938, p. 342).

8. *Faits :* Benjamin écrit *Sachverhalte.* Sur l'opposition entre *Sachverhalt* et *Wahrheitsgehalt,* voir l'article sur les *Affinités électives* dans *M.V.,* p. 161. Benjamin oppose le commentateur qui cherche des « faits » et le critique qui cherche des *Wahrheitsgehalte,* des « teneurs de vérité ».

9. *Vécu : erlebt.* Nous traduisons *Erlebnis* par expérience vécue. Une bonne traduction serait : traumatisme.

10. *Expérience vécue :* cf. cette remarque d'Adorno (lettre à Benjamin du 29 février 1940 ; *G.S.* I 3, p. 1130) : « L'oubli est d'une certaine façon le fondement des deux choses : de la sphère de l'expérience (*Erfahrung*) et de la mémoire involontaire, et du caractère réflexe automatique, où le souvenir brutal suppose l'oubli. (...) Ne faudrait-il pas rattacher l'opposition de l'expérience vécue (*Erlebnis*) et de l'expérience (*Erfahrung*) à une théorie dialectique de

l'oubli ? On pourrait dire : à une théorie de la réification. Car toute réification est un oubli. »

11. *Rivière :* J. Rivière écrit dans *Etudes* (p. 14) : « Etrange train de paroles ! Tantôt comme une fatigue de la voix, comme une modestie soudaine qui prend le cœur, comme une démarche pliante, un mot plein de faiblesses. »

12. *Foule amorphe :* cf. plus haut, p. 95.

13. *Public :* cf. plus haut, p. 90 sqq.

14. *Mystères de Paris :* cf. *La Sainte Famille* de Marx-Engels (1845). Le chapitre VIII est consacré à l'œuvre d'E. Sue.

15. *Engels :* cf. plus haut, p. 85.

16. *Squelettes isolés :* « Le Squelette laboureur ». Cf. plus haut, p. 125 et la note.

17. « *A une passante* » *:* cf. plus haut, p. 69.

18. *Eros :* cf. plus haut, p. 70 et la note.

19. *Instances sociales :* Peut-être une façon pour Benjamin de se défendre contre les critiques d'Adorno et de justifier son marxisme brutal du texte de 1938. Le récit de Poe y est déjà cité, cf. plus haut, p. 78.

20. *Nante :* Personnage d'Adolf Glassbrenner (1810-1876), écrivain berlinois, auteur de satires.

21. *VIII :* Adorno écrit dans sa lettre du 29 février 1940 que « les chapitres VIII et IX sont [ses] préférés » (*G.S.* 13, p. 1130).

22. *Parcs d'attractions :* cf. plus haut, p. 80. Dans sa lettre du 29 février 1940, Adorno écrit : « Je puis dire que toutes mes réflexions concernant l'anthropologie matérialiste sont centrées, depuis que je suis en Amérique, sur le concept de « caractère réflexe ».

23. *Praxis de la destruction :* cf. *L'œuvre d'art..., P.R.,* p. 207 sq. « Seule la guerre permet de mobiliser tous les moyens techniques du temps présent sans rien changer au régime de propriété. »

24. *Jeu :* cf. « Le Jeu » dans *Les Fleurs du Mal,* « Le joueur généreux » dans *Le Spleen de Paris* et cette note de *Fusées* (VI) : « La vie n'a qu'un charme vrai : c'est le charme du Jeu. Mais s'il nous est indifférent de gagner ou de perdre ? » Le jeu est une fantasmagorie, une transfiguration du temps. Il n'est pas inutile de rappeler que Benjamin avait lui-même la passion du jeu (cf. *Histoire d'une amitié,* p. 148).

25. *Le souhait :* cf. *Enfance berlinoire,* p. 49. Sur l'étoile filante comme réalisation d'un vœu, *Les Affinités électives, M.V.,* p. 257.

26. *Iracundia :* L' « humeur irascible ». Chapelle Scrovegni de l'Arena de Padoue.

27. *Sectionnement du temps :* par là Baudelaire et Proust se rattachent au geste révolutionnaire qui, dans l'instant de son action, fait éclater le continu de l'histoire (cf. *Thèses sur la philosophie de*

l'histoire, P.R. p. 285). C'est « le signe d'un arrêt messianique du devenir, autrement dit d'une chance révolutionnaire dans le combat pour le passé opprimé » (p. 287).

28. *Le beau :* cette note difficile appelle d'autant plus un commentaire qu'elle présente deux aspects contradictoires du beau dans l'œuvre d'art. Benjamin définit le beau par rapport à l'histoire et par rapport à la nature. Ces deux relations mettent en évidence ce qui dans le beau est « aporétique », problématique, ce qui est apparence et faux-semblant (*Schein*). Si le beau contient un élément aporétique ou problématique, il n'est pas la solution des problèmes philosophiques, la résolution harmonieuse des contradictions discursives (Schelling ou Hegel). En un sens, tout d'abord, et du point de vue de l'*histoire,* l'œuvre n'existe pas. Foyer d'un rassemblement des admirateurs, fantasmagorie du *ad plures ire* (cf. note p. 60), l'œuvre d'art n'existe en fait que par la postérité. C'est là qu'intervient la distinction si importante de l'article sur les *Affinités électives* entre le commentateur et le critique qui dégage *a posteriori* la vérité de l'œuvre d'art (*M.V.,* p. 161 sq.).

L'œuvre d'art s'apparente, dans la tradition idéaliste, à un objet de culte, c'est l'incarnation visible d'une Idée divine, la belle totalité où l'idéal s'exprime. Telle est l'apparence que Benjamin veut détruire. Le critique, en effet, a pour tâche de manifester la vérité dans l'œuvre par un art singulier de la citation. Il ne doit pas respecter l'œuvre comme totalité organique et vivante, il doit la détruire, la transformer en ruine. Alors seulement la signification (*Bedeutung*) peut transparaître. La signification s'oppose à l'apparence (*Schein*) comme « l'armature » et le squelette chez Baudelaire s'opposent à la belle surface visible. De ce point de vue la signification qui surgit au milieu des ruines est le contraire de l'expression. La ruine, comme citation, est l'inexpressif (*das Ausdruckslose*). Le squelette est inexpressif. Le regard du critique, sous lequel l'œuvre devient un champ de ruines et donc de citations, est un regard allégorique. L'intention allégorique, pour Benjamin, est toujours destruction (cf. un passage très significatif dans *Zentralpark* 19), mais destruction sobre (*nüchtern*), le contraire de l'ivresse et de la fantasmagorie.

Le regard allégorique, sobrement destructeur, est ainsi le contraire et l'antidote du mythe. Benjamin, en rattachant l'œuvre d'art comme totalité et belle apparence au mythe, porte sur elle un jugement d'ordre moral. L'œuvre d'art, quand elle n'est pas soumise au traitement critique, affirme que le monde est beau. Elle est promesse de bonheur, selon l'expression de Stendhal, mais promesse déjà réalisée et illusoire réconciliation. L'œuvre d'art comme totalité organique transfigure un monde radicalement mauvais, elle renforce, qu'elle le veuille ou non, les puissances mythologiques qui pèsent sur l'homme, elle instaure entre eux une harmonie prématurée et mensongère. « Tant qu'il y a encore un mendiant, il y a encore un mythe » (cit. dans R. Tiedemann, *Studien zur Philosophie Walter Benjamins,* Francfort, 1973, p. 99).

Il est clair cependant que la deuxième partie (l'aporétique, le problématique du beau dans les rapports avec la *nature*) va au-delà de cette condamnation de l'art. Par un renversement dialectique étonnant, Benjamin considère en effet que la mortification allégorique de l'œuvre, sa destruction et sa réification, dégagent autre chose, qui était oublié, met au jour des contenus utopiques et de vraies promesses. Telle est sans doute l'intuition centrale de Benjamin : l'espérance ne peut venir « problématiquement » qu'à ceux qui ont perdu l'espérance. Ainsi les correspondances chez Baudelaire ne peuvent surgir qu'après l'expérience vécue (*Erlebnis*) du choc. Mais elles nous donnent à la fois la nostalgie et la promesse, fugitive et peut-être impuissante, d'une expérience autre (*Erfahrung*), d'une autre relation à la nature libérée de l'obsession occidentale de la maîtrise (*Sens unique,* p. 242), d'une restauration de l'aura.

Il faut prendre conscience du déclin radical de l'aura, et donc s'exposer à toutes les formes modernes du choc (Baudelaire, le montage surréaliste, la « pauvreté » de Brecht, le marxisme) pour pouvoir espérer ressaisir le contenu mythique, utopique, la promesse de bonheur. De même, seule la réification la plus extrême, l'adhésion la plus totale aux choses du monde bourgeois, peuvent donner à l'enfant berlinois une relation avec la nature où celle-ci recouvre son aura, et répond aux regards, selon la définition de la p. 200. (cf. *Enfance berlinoise*). Benjamin donne de ces idées un exemple saisissant quand il évoque dans *Zentralpark* (19) la première strophe du *Voyage*. La poésie lyrique de Baudelaire se fonde sur l'impossibilité (sociologique) du lyrisme et donc de l'aura. Il est essentiel pour Baudelaire de renoncer aux charmes, aux sortilèges du lointain. Car l'expérience de l'aura est l'expérience du lointain. Mais cette destruction de l'apparence (*Schein*) a une « majesté » et pour tout dire un charme « fulgurants » (cf. *Zentralpark* 33) : « Pour l'enfant, amoureux de cartes et d'estampes, / L'univers est égal à son vaste appétit. / Ah ! que le monde est grand à la clarté des lampes ! / Aux yeux du souvenir que le monde est petit ! ». Le choc, chez Baudelaire, devient un principe *poétique*.

Cette fulguration, l'instant « ici » où l'imparfait devient « événement », trouve sa formulation mystique à la fin de la note grâce à une citation de Goethe : « *Das Unzulängliche, Hier wird's Ereignis* » ; *Faust II, Chorus Mysticus,* v. 12106-12107.

29. *Abdiquer :* Le sentiment que le salut (*die Rettung*) ne peut advenir à l'homme qu'*in extremis,* au moment où tout espoir semble

perdu, et comme une brève lueur dans un cnamp de ruines, est peut-être l'intuition centrale de Benjamin Cf. *Sens unique*, p. 163 sq., et notre préface.

30. *Colère* : cf. *Zentralpark* 15.

31. *Préhistoire* : ce passage éclaire un thème important : la préhistoire se définit par l'aura. C'est le souvenir d'une nature plus que naturelle, sacrée. Mais l'histoire vue en toute lucidité, sous le regard du mélancolique, apparaît comme une histoire de la nature, purement naturelle (par opposition à l'histoire du salut) (au sens de saint Augustin comme de sa version laïcisée, la religion du progrès) (cf. Rolf Tiedemann, *Studien zur Philosophie Walter Benjamins*, 1973, p. 133, 160). Il faut donc, pour retrouver le messianisme authentique et avoir une chance de retrouver cette « préhistoire », cette nature surnaturelle d'avant l'histoire, d'abord se défaire des espérances trompeuses, des fantasmagories du progrès et de la « marche en avant ». Il faut fonder le concept de progrès sur l'idée de catastrophe (*Zentralpark*) et le spleen est le sentiment qui correspond à la catastrophe en permanence (*Zentralpark* 5).

32. *Daguerre* : cf. « Daguerre ou les panoramas », *Paris, capitale du XIXe siècle*, *P.R.*, p. 126. *Petite histoire de la photographie*, *P.R.*, p. 17.

33. *Crise de la reproduction* : C'est tout le thème de l'article sur *L'œuvre d'art...*, *P.R.*, p. 171.

34. *Hélène* : *Faust* II, acte 1, la salle des chevaliers, v. 6487 sqq. Cf. l'article sur les *Affinités électives*, *M.V.*, p. 230. Hélène, comme évocation et fantasmagorie, est l'image même de la beauté comme apparence (*Schein*).

35. *Aura* : Cette définition importante vient compléter les analyses de l'article sur *L'œuvre d'art*, *P.R.*, p. 174. Adorno, dans sa lettre du 29 février 1940, rapproche ce transfert de la construction de la fantasmagorie chez Wagner : l'aura serait la trace du travail humain oublié dans la chose. Les spéculations idéalistes seraient des tentatives pour fixer et conserver cette trace même dans les choses mortes, aliénées. Mais Benjamin répond le 7 mai 1940 (*Corr.* II, p. 326) : « Il doit (...) y avoir dans les choses une part humaine qui n'est pas fondée par le travail ». L'aura semble désigner un rapport avec la nature qui est aux yeux de Benjamin définitivement perdu. Toute apparence d'aura (autour d'une invention technique) est une illusion, une fantasmagorie, qui se dissipe sous le regard mélancolique, dans l'allégorie. L'allégorie est la mort, la ruine de l'aura. Cf. *Zentralpark* 19

36. *Auréole* : Benjamin rapproche la « perte de l'auréole » et le regard du mourant (*das brechende Auge*) à propos d'un vers des

« Petites vieilles » : leurs yeux sont « luisants comme ces trous où l'eau dort dans la nuit » (v. 18). *G.S.* 13, p. 1142.

37. *Flâneur :* Baudelaire n'est pas un flâneur (cf. plus haut, p. 101). Car le flâneur, comme le joueur, le détective ou le collectionneur, sont victimes d'une fantasmagorie. Le flâneur donne une âme et une vie à la foule, simple réunion d'intérêts privés.

38. « *Coudoyé par les foules* » · Benjamin écrit en allemand : recevoir des coups, des chocs.

39. *L'argent :* Allusion aux *Fusées* (XV) : « Le monde va finir. »

ZENTRALPARK

1. Il s'agit du livre du Dr René Laforgue, *L'échec de Baudelaire. Etude psychanalytique sur la névrose de Charles Baudelaire.* Denoël et Steele, Paris, 1931. Laforgue analyse en particulier un rêve que Baudelaire raconte dans une lettre du 13 mars 1856 à Asselineau. « Comme nous le voyons, la censure masque à Baudelaire le fait que, dans ce rêve et dans cette maison close, il cherche tout simplement à réaliser l'inceste » (p. 127). Laforgue fait dire à Baudelaire : « Je me garde bien de devenir actif et reste un spectateur passif qui ne sort pas de son rôle d'observateur scientifique et objectif (...) » (p. 129). Benjamin insistera au contraire sur l'héroïsme de Baudelaire. Sur la « littérature baudelairienne » en général, Benjamin note dans une lettre à Horkheimer (6 janvier 1938) qu' « on eût pu la faire telle si Baudelaire n'avait jamais écrit *Les Fleurs du mal*. En effet, le débat, tout au long, porte sur ses écrits théoriques, les notes de souvenirs et surtout la chronique scandaleuse » (*Corr.* II, p. 232).

2. On pourrait retraduire la traduction de Stefan George par « mélancolie et sublimation ». Benjamin emploie plus loin *Vergeistigung* pour désigner la « sublimation » de la sexualité dans l'amour saphique (21) et rattache ainsi ce terme au modern style tel qu'il le définit dans *Zentralpark*. Cf. aussi p. 250 et la note p. 260.

3. Remarque rayée par Benjamin : « L'histoire de l'allégorie a trois âges : l'allégorie chez les Romains, au XVIIe siècle et chez Baudelaire » (*G.S.* I3, p. 1219).

4. On trouve dans *Fusées* (9) des notes de Baudelaire sur un ouvrage de Brierre de Boismont, *Du suicide et de la folie-suicide* (1856) : « L'acedia, maladie des moines, le taedium vitae. »

5. Ajout manuscrit de Benjamin : « Les endroits où la tradition s'interrompt » (*G.S.* I3, p. 1219). Une lettre à Horkheimer précise qu' « une introduction établit, par le biais de la méthode, le rapport

de ce travail » (sur Baudelaire) « au matérialisme dialectique, sous la forme d'une confrontation entre le « sauvetage » et l' « apologie ordinaire » (*Corr.* II, p. 240 sq.).

6. *Les Fleurs du Mal*, « Le Soleil ».

7. C'est Valéry qui parle de « raison d'Etat » à propos de Baudelaire dans l'introduction à l'édition Crès des *Fleurs du Mal*, reprise dans « Situation de Baudelaire »; cf. « Thèmes baudelairiens », *P.R.*, p. 234, ici p. 159.

8. Il s'agit d'Adrienne Monnier, la fameuse libraire de la rue de l'Odéon, dont l'amitié fut très importante pour Benjamin (cf. *Corr.* II, p. 199). Elle joua en particulier un rôle décisif quand il s'est agi de délivrer Benjamin prisonnier dans un camp à Nevers en 1939 (cf. *Corr.* II, P. 334).

9. Cette remarque rattache étroitement *Zentralpark* aux « Thèses sur la philosophie de l'histoire » écrites en 1940 (en particulier, *P.R.*, p. 280 sq.), et donc à la critique de la conception social-démocrate et optimiste du cours de l'histoire. Mais il est intéressant de noter que cette remarque et la suivante semblent devoir leur naissance au poème « Spleen IV » des *Fleurs du Mal* (« Quand le ciel bas et lourd pèse comme un couvercle... »), où Benjamin décèle une allusion au coup d'Etat de Napoléon III (*G.S.* I3, p. 1139).

10. Peut-être un commentaire de « La Mort des amants ». Sur la distinction entre Eros et la sexualité, voir « Thèmes baudelairiens », V, *P.R.*, p. 242, ici p. 170.

11. Sur le modern style (*Jugendstil*), cf. *Corr.*, II, p. 241 : « Le premier » (excursus) « examine la question de savoir dans quelle mesure les premiers linéaments du *Jugendstil* filtrent déjà dans la conception baudelairienne du nouveau. » Le modern style naît du bouleversement qui vient détruire l'intérieur bourgeois et ses fantasmagories. Il représente l'ultime tentative de « l'art assiégé par la technique » (« Paris, capitale du xixe siècle », *P.R.*, p. 132). Benjamin dit ailleurs (*G.S.* 13, p. 1152) que « *Les Fleurs du Mal* sont en même temps les premiers ornements du modern style ».

12. R. Tiedemann déclare n'avoir rien trouvé de correspondant dans les notes pour l'article sur « L'œuvre d'art à l'ère de sa reproductibilité technique » (*G.S.* I3, p. 1221).

13. Le thème de la « perte d'auréole » sert de conclusion aux « Thèmes baudelairiens », p. 206. On sait qu'il apparaît dans *Le Spleen de Paris* (46) et dans *Fusées* (11).

14. Fidus est le pseudonyme de Hugo Höppener (1868-1948), architecte et dessinateur du modern style.

15. Meryon était un officier de marine « qui avait dit adieu aux solennelles aventures de l'Océan pour peindre la noire majesté de la plus inquiétante des capitales », dit Baudelaire dans le *Salon de 1859*.

Benjamin voyait une illustration de cette « fragilité désespérée de la grande ville » (*G.S.* I3, p. 1139) dans la première strophe de « Spleen I » (« Pluviôse, irrité contre la ville entière, . »).

16. Dans une lettre capitale à Horkheimer (6 janvier 1938), Benjamin écrit : « Ces dernières semaines, j'ai eu la chance de faire une trouvaille rare dont l'influence sur mon travail sera déterminante : je suis tombé sur le texte écrit en dernier par Blanqui dans son ultime prison, le Fort du Taureau. C'est une spéculation cosmologique. Il s'appelle *L'éternité par les astres...* » (*Corr.* II, p. 231). Il ajoute : « La vision du monde que Blanqui esquisse là (...) est de fait une vision infernale (...), sous la forme d'une vision naturelle, le complément de l'ordre social qu'au soir de sa vie Blanqui dut reconnaître qu'il était vainqueur » (*id.*, p. 232).

17. Nietzsche, *Le Gai savoir,* IV, 295.

18. *Les Fleurs du Mal,* « Danse macabre ».

19. La fantaisie (*Phantasie*) s'oppose chez Benjamin à l'imagination (*Einbildung*) comme la couleur changeante et les formes des nuages s'opposent à la *Gestalt* bien dessinée (du moins dans un article sur Jean Paul, *G.S.* III, p. 416 sq.).

20. On trouve dans l'étude sur Eduard Fuchs, collectionneur et historien, une analyse de la *Gemütlichkeit* (chapitre 2). La « quiétude » s'oppose à la conscience du caractère destructeur de technique, qu'il appartenait à notre siècle de découvrir (tr. fr. Philippe Ivernel, Macula 3/4, 1979, p. 38-59).

21. Rayé par Benjamin : « Ce serait une grave erreur que de chercher dans les positions artistiques de Baudelaire après 1850, si nettement distinctes de celles qu'il avait vers 1848, le précipité d'une évolution. (Il y a peu d'artistes dont la production révèle aussi peu une évolution que celle de Baudelaire.) Il s'agit dans ces positions d'extrêmes théoriques dont la médiation dialectique est assurée par l'œuvre de Baudelaire, sans jamais être présente à sa pensée. Sa réflexion théorique est souvent vite essoufflée » (*G.S.* I3, p. 1220).

22. Adorno avait publié en 1933 sa thèse d'habilitation sur Kierkegaard (cf. *Corr.* II, p. 79). Voir à ce propos l'analyse de Martin Jay dans *L'imagination dialectique,* Payot, Paris, 1977, p. 87. M. Jay souligne l'influence de W. Benjamin sur cette étude.

23. « *Erstarrte Unruhe* ». L'expression est de Keller (« Verlorenes Recht, verlorenes Glück »). Selon Benjamin, la fin de « Destruction » dans *Les Fleurs du Mal* donnerait une image de l' « agitation figée » (*G.S.* 13, p. 1147). Voir aussi Bloch, *Héritage de ce temps,* Payot, Paris, p. 343.

24. R. Tiedemann donne la citation de Louis Veuillot à laquelle Benjamin renvoie : « Les constructions du nouveau Paris relèvent de tous les styles ; l'ensemble ne manque pas d'une certaine unité, parce

que tous ces styles sont du genre ennuyeux, et du genre ennuyeux le plus ennuyeux, qui est l'emphatique et l'aligné. Alignement! fixe! Il semble que l'Amphion de cette ville soit caporal (...) Il pousse quantité de choses fastueuses, pompeuses, colossales : elles sont ennuyeuses ; il en pousse quantité de fort laides : elles sont ennuyeuses aussi. Ces grandes rues, ces grands quais, ces grands édifices, ces grands égouts, leur physionomie mal copiée ou mal rêvée, garde je ne sais quoi qui sent la fortune soudaine et irrégulière. Ils exhalent l'ennui. » Veuillot, *Les odeurs de Paris,* Paris, 1914, p. 9 (*G.S.* I3, p. 1221).

25. Baudelaire reprochait à George Sand, « la théologienne du sentiment », de « supprimer l'Enfer par amitié pour le genre humain » (*Edgar Poe, sa vie, ses œuvres,* 1). D'où, dans *Mon Cœur mis à nu,* (32) : « La femme Sand est intéressée à croire que l'Enfer n'existe pas ».

26. Allusion, peut-être, à « Une martyre ».

27. Par le contenu, et par l'allusion biblique au miracle de Josué, cette note évoque les « Thèses sur la philosophie de l'histoire », *P.R.,* p. 286.

28. Le labyrinthe joue un grand rôle dans *Enfance berlinoise,* tr. fr. Lettres Nouvelles/Maurice Nadeau, en particulier dans le premier texte, « Tiergarten ».

29. Il est peut-être difficile de concilier cette remarque avec la description des jeux de hasard dans les « Thèmes baudelairiens », p. 182-188. L'enfant d'*Enfance berlinoise* sait flâner et collectionner. Il ne joue pas (en ce sens-là). D'autre part, « la passion du jeu aurait l'impatience pour substrat » p. 188.

30. Rayé par Benjamin : « La fuite des images — vers l'agitation figée » (*G.S.* I3, p. 1220).

31. « Arcane » fait peut-être allusion au « Crépuscule du soir » : « La Prostitution s'allume dans les rues ; / Comme une fourmilière elle ouvre ses issues ; / Partout elle se fraye un occulte chemin... »

32. Voir « Eveil du sexe » dans *Enfance berlinoise,* op. cit.

33. Sur les correspondances voir « Thèmes baudelairiens », p. 189. Les correspondances « contiennent une conception de l'expérience qui fait place à des éléments cultuels », mais ces « données de la remémoration » (p. 191) sont pour Baudelaire un « passé irrécupérable » : « Le Printemps adorable a perdu son odeur » (« Le Goût du néant »).

34. « Méditatif » traduit, tant bien que mal, *Grübler*. C'est une façon de relier le « génie mélancolique » de Baudelaire à la « mélancolie héroïque de la Renaissance » (Dürer, etc.) (*G.S.* I3, p. 1151).

35. Il s'agit de la citation du *Salon de 1859* qu'on trouve dans les « Thèmes baudelairiens », p. 204 : « Je désire être ramené vers

les dioramas dont la magie énorme et brutale sait m'imposer une utile illusion. Je préfère contempler quelques décors de théâtre, où je trouve, artistement exprimés et tragiquement concentrés, mes rêves les plus chers. Ces choses, parce qu'elles sont fausses, sont infiniment plus près du vrai, tandis que la plupart de nos paysagistes sont des menteurs, justement parce qu'ils ont négligé de mentir. »

36. Une citation révélatrice de ce que peut être la « dissipation de l'illusion » : « Et le visage humain, qu'Ovide croyait façonné pour refléter les astres, le voilà qui ne parle plus qu'une expression de férocité folle, ou qui se détend dans une espèce de mort » (*Fusées,* 3) (*G.S.,* I 3, p. 1138).

37. Hans Makart (1840-1884), peintre de cour. Cf. Bloch, *Héritage de temps,* tr. fr., Payot, p. 332. L'appartement devient, dans l'intérieur à la Makart, une sorte d'habitacle fermé et pompeux. Benjamin note (*G.S.* I3, p. 1147) que dans « Une martyre » la nature envahit cet intérieur.

38. Cette réponse est un trait essentiel de l'aura, telle qu'elle est définie dans « L'œuvre d'art », *P.R.,* p. 174 sqq. et dans les « Thèmes baudelairiens », p. 200 : « L'expérience de l'aura repose donc sur le transfert, au niveau des rapports entre l'inanimé — ou la nature — et l'homme, d'une forme de réaction courante dans la société humaine. Dès qu'on est — ou qu'on se croit — regardé, on lève les yeux. Sentir l'aura d'une chose, c'est lui conférer le pouvoir de lever les yeux. »

39. « Je m'en vais m'exercer seul à ma fantasque escrime », « Le Soleil ».

40. *Manuel pour habitants des villes,* série de poèmes de B. Brecht. Benjamin en commente certaines pièces dans ses *Essais sur Brecht,* tr. fr. Paul Laveau, Maspero, 1969, en particulier p. 81.

41. Citation de Proust : « Le monde de Baudelaire est un étrange sectionnement du temps où seuls de rares jours notables apparaissent » (« A Propos de Baudelaire », N.R.F., 1921, p. 652). Cette remarque joue un rôle important dans l'interprétation des correspondances par Benjamin (« Thèmes baudelairiens », p. 188).

42. Probablement un souvenir de conversations avec Brecht à Skovbostrand, au Danemark. Voir *Corr.* II, p. 253 sq. Brecht a rassemblé quelques notes où l'influence (et la critique) des conceptions de Benjamin se font brutalement sentir (« *Die Schönheit in den Gedichten des Baudelaire* », *Gesammelte Werke,* Schriften, VIII 2, Suhrkamp, p. 408).

43. *Les Fleurs du Mal,* « La destruction ». A propos de ce poème Benjamin note (*G.S.* I3, p. 1147) qu' « il contient l'évocation sans doute la plus puissante du génie allégorique. L'appareil sanglant de la destruction qu'il éparpille est l'instrument par lequel l'allégorie transforme le monde des choses en fragments défigurés et mis en

pièces, sur la signification desquels elle peut régner désormais ».

44. « Hommes du XIXᵉ siècle, l'heure de nos apparitions est fixée à jamais, et nous ramène toujours les mêmes, tout au plus avec la perspective de variantes heureuses. Rien là pour flatter beaucoup la soif du mieux. Qu'y faire ? Je n'ai point cherché mon plaisir, j'ai cherché la vérité. Il n'y a ici ni révélation, ni prophète, mais une simple déduction de l'analyse spectrale et de la cosmogonie de Laplace. Ces deux découvertes nous font éternels. Est-ce une aubaine ? Profitons-en. Est-ce une mystification ? Résignons-nous. » Auguste Blanqui, *L'éternité par les astres. Hypothèse astronomique,* Paris, 1872, p. 74 sq. (cité par R. Tiedemann, *G.S.* I 3, p. 1221).

45. Proust, « A propos de Baudelaire », *op. cit.*, p. 652.

46. S'agit-il de Pierre Leyris (Tiedemann) ou Michel Leiris, qui connaissait Adrienne Monnier ? Sur « familier » cf. en tout cas les « Thèmes baudelairiens », p. 201.

47. Cf. une remarque identique dans « Thèmes baudelairiens », p. 162 : « Rivière a indiqué ces heurts souterrains qui ébranlent les vers de Baudelaire. Il semble parfois que le mot s'écroule sur lui-même. »

48. « Le faubourg secoué par les lourds tombereaux », « Les sept vieillards ».

49. « Les petites vieilles ». Le texte de Poe (« L'hommes des foules », dans les *Nouvelles histoires extraordinaires*) est analysé dans les « Thèmes baudelairiens », p. 171.

50. Cf. « Thèmes baudelairiens », p. 175 : « Vers 1840, il fut quelque temps de bon ton de faire promener des tortues dans les passages ». Benjamin se réfère à une notice des *Passages* que R. Tiedemann cite et qui est très éclairante : « L'ennui est une étoffe grise et chaude qui est toujours garnie d'une doublure très colorée et très brillante. Nous nous enveloppons dans cette étoffe lorsque nous dormons. Car nous sommes chez nous dans les arabesques de sa doublure. Mais le dormeur ainsi enveloppé paraît gris et ennuyé. Et lorsqu'il se réveille et qu'il veut raconter ce à quoi il rêvait, il ne communique la plupart du temps que cet ennui. Qui pourrait en effet retourner d'un coup vers l'extérieur la doublure du temps ? Et pourtant raconter des rêves ne veut rien dire d'autre. Et l'on ne peut traiter autrement des passages, de ces architectures au sein desquelles nous revivons comme dans un rêve la vie de nos parents, de nos grands-parents, comme l'embryon dans le ventre de sa mère revit la vie des animaux. L'existence dans ces espaces s'écoule aussi dépourvue d'accents que les événements dans les rêves. Flâner est le rythme de cet assoupissement. En 1839 une mode des tortues envahit Paris. On peut imaginer que les élégants pouvaient imiter le tempo de ces

créatures dans les passages plus facilement encore que sur les boulevards » (*G.S.* I3, p. 1222).

51. Mayeux est un personnage de Traviès, un des caricaturistes dont parle Baudelaire dans *Quelques caricaturistes français*. Benjamin note, à propos du « Vin des chiffonniers » : « Le chiffonnier est la figure la plus provocante de la misère humaine, le lumpenprolétaire au sens littéral » (puisqu'on pourrait traduire *Lumpen* par « chiffons »). Benjamin cite ensuite un passage de *Du vin et du haschish* bien fait pour attirer son attention : « Voici un homme chargé de ramasser les débris d'une journée de la capitale. Tout ce que la grande cité a rejeté, tout ce qu'elle a perdu, tout ce qu'elle a dédaigné, tout ce qu'elle a brisé, il le catalogue, il le collectionne. Il compulse les archives de la débauche, le capharnaüm des rebuts. Il fait un triage, un choix intelligent ; il ramasse, comme un avare un trésor, les ordures qui, remâchées par la divinité de l'industrie, deviendront des objets d'utilité ou de jouissance ». « Baudelaire se reconnaît dans le chiffonnier » ajoute Benjamin (*G.S* I3, p. 1145).

52. Le 11 décembre 1861, au fauteuil de Lacordaire...

53. A propos de « La Béatrice », Benjamin note que « le nuage en plein midi où habitent les démons » est une image proche de Meryon (*G.S.* I3, p. 1147).

54. Benjamin distingue d'ordinaire l'*Erfahrung* au sens strict, l'expérience immémoriale liée à la tradition et au récit, et l' « expérience vécue » (*Erlebnis*), en particulier l'expérience vécue qui résume la vie moderne chez Baudelaire et Poe, l'expérience vécue du choc (*Chokerlebnis*). Voir « Le Narrateur », *P.R.*, p. 139 sq., « Thèmes baudelairiens », p. 159. Voir aussi Martin Jay, *L'Imagination dialectique,* op. cit., p. 241.

55. *Le Livre des chants* de Heinrich Heine. Cf. « Thèmes baudelairiens », p. 150.

56. Sur la notion d'instant et de sauvetage voir les « Thèses sur la philosophie de l'histoire », *P.R.,* p. 279 sqq, et notre préface à *Sens unique,* Lettres Nouvelles/Maurice Nadeau, 1979. L'article sur Jochmann se trouve dans le volume II des *Gesammelte Schriften.*

57. Le futurisme joue un rôle important dans l'épilogue à l'article sur « L'œuvre d'art », *P.R.,* p. 207. Marinetti « attend de la guerre la satisfaction artistique d'une perception sensible modifiée par la technique » (*id.,* p. 210).

58. Ajout de Benjamin : « et ce parce qu'elle s'enivre de la ville » (*G.S.* I3, p. 1220).

59. Benjamin explique ainsi cette absence d'étoiles : « L'abîme de Baudelaire est sans étoiles. De fait la poésie lyrique de Baudelaire est la première où les étoiles n'apparaissent pas. Le vers « Dont la lumière parle un langage connu » (« Obsession ») est la clé de cette

poésie. Dans son énergie destructrice elle ne rompt pas seulement — grâce à la conception allégorique — avec la nature de l'inspiration poétique, elle ne rompt pas seulement — grâce à son évocation de la ville — avec la nature agreste de l'idylle, elle rompt, grâce à la résolution héroïque avec laquelle elle installe le lyrisme au cœur de la réification, avec la nature des choses » (*G.S.* I3, p. 1152).

60. Cf. « Tombeaux et lupanars montrent sous leurs charmilles/ Un lit que le remords n'a jamais fréquenté » (« Les Deux bonnes sœurs »).

61. Benjamin fait sans doute allusion à une remarque de Baudelaire dans *Mon Cœur mis à nu* (32) : « Théorie de la vraie civilisation. Elle n'est pas dans le gaz, ni dans la vapeur, ni dans les tables tournantes, elle est dans la diminution des traces du péché originel. » Benjamin avait lu le livre de Gustave Simon, *Chez Victor Hugo. Les tables tournantes de Jersey. Procès verbaux des séances*, Paris 1923.

62. Benjamin renvoie ici à un poème de Hugo, « Pente de la rêverie » dont il cite certains vers : « La nuit avec la foule, en ce rêve hideux,/Venait, s'épaississant ensemble toutes deux,/Et, dans ces régions que nul regard ne sonde,/Plus l'homme était nombreux, plus l'ombre était profonde. » « Foule sans nom! chaos! des voix, des yeux, des pas./Ceux qu'on n'a jamais vus, ceux qu'on ne connaît pas./ Tous les vivants! — cités bourdonnant aux oreilles/Plus qu'un bois d'Amérique ou des ruches d'abeilles. » Cf. p. 91.

63. « Glorifier le culte des images (ma grande, mon unique, ma primitive passion » (*Mon Cœur mis à nu*, p. 38).

64. « Créer un poncif, c'est le génie. Je dois créer un poncif » (*Fusées,* 13). Cf. Lemaître, *Les Contemporains* IV, Paris, 1889, p. 32.

65. Baudelaire en 1848 : « Mon ivresse en 1848. De quelle nature était cette ivresse? Goût de la vengeance. Plaisir naturel de la démolition » (*Mon Cœur mis à nu*, 5).

66. Allusion probable à « Qu'est-ce que l'art? Prostitution » (*Fusées,* 1).

67. On trouvera cette citation de Valéry dans les « Thèmes baudelairiens », p. 159 : « Le problème de Baudelaire pouvait donc — devait donc — se poser ainsi : être un grand poète, mais n'être ni Lamartine, ni Hugo, ni Musset. Je ne dis pas que ce propos fût conscient, mais il était nécessairement en Baudelaire, et même essentiellement Baudelaire. »

68. Cette remarque est faite par Benjamin à propos du poème « Au lecteur » (*G.S.* I3, p. 1139), qui joue un rôle important dans les « Thèmes baudelairiens », p. 149. Benjamin dit que ce poème rassemble ses lecteurs comme une camarilla.

69. Cette étude des *Affinités électives* de Goethe se trouve dans

Mythe et violence, tr. fr. M. de Gandillac, Denoël, 1971. La distinction qui est faite ici entre *Sachverhalt* et *Wahrheitsgehalt* apparaît dans cette étude dès la première page. Elle correspond à la différence entre le commentaire et la critique.

70. « Spleen II ».

71. *Ursprung des deutschen Trauerspiels* (1928), le livre dans lequel Benjamin propose une théorie de l'allégorie baroque.

INDEX

Alain, 183.
Appollinaire (Guillaume), 116.
Archiloque, 194.
Aupick (général —), 27.

Babou (Hippolyte), 65.
Bacon (Francis), 62.
Balzac (Honoré de), 48, 53, 61, 63 sqq., 71, 108, 110, 115, 130, 217.
Banville (Théodore de), 103.
Barbey d'Aurevilly (Jules-Amédée), 40, 130, 194.
Barbier (Auguste), 42, 167 sq., 174.
Barrès (Maurice), 99.
Barthélémy (Auguste-Marseille), 39.
Bergson (Henri), 151, 184, 188, 191, 195 sq.
Blanqui (Louis Auguste), 29, 30, 31, 126, 143-145, 218, 227, 229 sq., 234, 247.
Börne (Ludwig), 185.
Bounoure (Gabriel), 114.
Boyer (Adolphe), 111.
Brecht (Bertholt), 232.
Buret (Eugène), 34.
Byron (lord —), 39

Cassagnac (Bernard Granier de), 37.

Cavaignac (Louis Eugène), 96.
Céline (Louis-Ferdinand), 27, 230.
Champfleury (Jules Husson, dit), 140.
Chateaubriand (François René de), 138.
Chénier (André), 51.
Chesterton (Gilbert Keith), 102.
Cladel (Léon), 160.
Claudel (Paul), 143.
Cooper (Fenimore), 64 sq.
Courbet (Gustave), 140, 234.
Cousin (Victor), 119.
Crépet (Jacques), 72.

Daguerre (Jacques), 44, 197.
Dante, 238.
Daudet (Léon), 123.
Daumier (Honoré), 57, 217.
Delacroix (Eugène), 130.
Delvau (Alfred), 61, 76, 166.
Demar (Claire), 131 sq., 134.
Desbordes-Valmore (Marceline), 191.
Desjardins (Paul), 167.
Dickens (Charles), 75 sq., 102.
Dilthey (Wilhelm), 151.
Du Camp (Maxime), 124 sq.
Dumas (Alexandre), 47 sqq. 245.
Duveyrier (Charles), 131.

Enfantin (Prosper Barthélémy, dit le père —), 131.
Engels (Friedrich), 85-87, 164-167.
Ensor (James), 178.
Ezéchiel, 77, 173.

Fargue (Léon-Paul), 237.
Féval (Paul), 64.
Fidus, 216.
Flaubert (Gustave), 26, 132 sq.
Foucaud (Edouard), 60.
Fourier (Charles), 28, 189.
France (Anatole), 187.
Frégier (H.-A.), 32 sq.
Freud (Sigmund), 155-158, 160.
Fuchs (Eduard), 56, 219.

Gall (Franz Joseph), 61.
Gautier (Théophile), 130, 139, 161, 217, 244 sq.
Geffroy (Gustave), 126 sq., 144.
George (Stefan), 70, 106, 171, 211.
Gide (André), 141, 162.
Giotto, 188.
Girardin (Mme de), 44.
Girardin (Emile), 43, 55.
Glasbrenner (Adolf), 176.
Goethe (Johann Wolfgang), 59, 185, 190 sq., 235, 249.
Gogol (Nicolas), 177.
Gozlan (Léon), 166.
Gourdon (Edouard), 187.
Gourmont (Rémy de), 100.
Guys (Constantin), 58, 73, 100, 118, 161, 203.

Hamp (Pierre), 128.
Hamsun (Knut), 249.
Haussmann (baron), 57, 124 sq.
Hegel (G. W. F.), 166.
Heine (Henri), 178.
Hoffmann (E. T. A.), 74, 176 sq.
Houssaye (Arsène), 101, 162.
Hugo (Victor), 27, 28, 88-98, 115, 118, 121 sq., 125 sq., 139, 142, 150, 159, 164, 167 sq., 212, 217, 220, 222, 241, 245.

Josué, 222.
Joubert (Joseph), 125, 186, 188.
Jung (Carl Gustav), 151.
Juvénal, 249.

Kafka (Franz), 249.
Kahn (Gustave), 100, 117.
Karr (Alphonse), 49.
Keller (Gustave), 219.
Kierkegaard (Soeren), 221, 230.
Klages (Ludwig), 151.
Klassen (Peter), 106.
Kraus (Karl), 154, 200.

De la Flotte (baron —), 45.
Laforgue (Jules), 82, 141, 217.
Laforgue (Dr René), 211.
De la Hodde (Lucien), 23 sq.
Lamartine (Alphonse de), 47, 49 sqq., 139, 150, 159, 217.
Latouche (Henri de), 130.
Lavater (Johann Kaspar), 61.
Lebrun (Pierre), 142.
Leconte de Lisle, 142, 217.
Leiris (Michel), 236.
Lemaître (Jules), 25, 39, 135, 141, 226, 246.
Lemercier (Népomucène), 142.
Lénine, 30.
Le Play (Frédéric), 33.
Louis-Philippe, 70.
Lurine, 166.
Lytton (Edward George Bulwer, lord —), 59.

Maeterlinck (Maurice), 232, 242.
Maistre (Joseph de), 62.
Makart (Hans), 71, 226.
Marx (Karl), 23-32, 39, 41, 46, 49, 59, 83, 105 sqq., 164, 174, 180 sq.
Melanchthon, 250.
Meryon (Charles), 126-128. 216, 240.
Messac (Régis), 64.

Monet (Claude), 177.
Monnier (Adrienne), 56, 214, 230.
Musset (Alfred de), 53, 99, 159, 217, 220.

Nadar, 161.
Napoléon Ier, 72, 106, 185.
Napoléon III, 24 sq., 39, 42, 51, 76, 106, 144 sq., 213.
Nargeot, 160.
Nietzsche (Friedrich), 110, 212, 218, 230, 234, 241 sq.
Noir (Victor), 143.
Novalis, 200.

Ossian, 240.

Péguy (Charles), 121.
Pélin, 96.
Piranèse, 129.
Poe (Edgar), 65-68, 73 sq., 76-80, 82, 119, 159, 171-178, 180-182, 184, 194 sq., 237, 241.
Pontmartin (Armand de), 160.
Prarond (Ernest), 103.
Prolès (Charles), 27.
Proudhon (Joseph), 24.
Proust (Marcel), 107, 129, 152 sq., 155, 157, 159, 170 sq., 188-193, 196, 199 sqq., 236.

Rattier (P.-E.), 81.
Raumer (Friedrich von), 122.
Raynaud (Ernest), 52.
Reik (Theodor), 155 sq.
Rethel (Alfred), 111.
Rigault (Raoul), 27.
Rimbaud (Arthur), 150, 217, 230.
Rivière (Jacques), 141, 162.
Rollinat (Maurice), 216.
Romains (Jules), 163.

Rousseau (Jean-Jacques), 110.

Sade (marquis de —), 67.
Saint-Simon (comte de —), 131 sq.
Sainte-Beuve (Charles Augustin), 35 sq., 44, 51, 53, 90, 142.
Salvandy (Narcisse Achille), 49.
Sand (George), 135, 223.
Senefelder (Aloys), 80, 183.
Shelley (Percy Bysshe), 88.
Simmel (Georg), 58 sq., 203
Socrate, 244.
Sorel (Georges), 27.
Spuller (Eugène), 96.
Stevenson (Robert Louis), 77.
Strindberg (August), 242.
Sue (Eugène), 47, 49, 111, 164.

Taylor (F. W.), 81, 175.
Tertullien, 77, 79, 173.
Thibaudet (Albert), 70, 170.
Thiers (Adolphe), 29, 31.
Timon d'Athènes, 194.
Tridon, 29.
Troubat (Jules), 53.

Valéry (Paul), 66, 158 sq., 178, 190 sq., 198, 201, 248.
Vallès (Jules), 140.
Verhaeren (Emile), 120.
Verlaine (Paul), 139, 150, 217
Veuillot (Louis), 50, 222.
Viel-Castel (comte —), 39.
Vigny (Alfred de), 39, 142.
Villemain (Abel François), 119.
Vischer (F. T.), 113 sq.

Wagner (Richard), 118.
Wessel (Horst), 117.
Whitman (Walt), 243.

Petite Bibliothèque Payot / nouvelle présentation

Sigmund Freud
Cinq leçons sur la psychanalyse, *suivi de* Contribution à l'histoire du mouvement psychanalytique/**1**
Marthe Robert
La révolution psychanalytique. La vie et l'œuvre de Freud/**2**
John Kenneth Galbraith, La crise économique de 1929/**3**
Blandine Barret-Kriegel, L'Etat et les esclaves/**4**
Gérard Mendel, Pour décoloniser l'enfant/**5**
Johan Huizinga, L'automne du Moyen Age/**6**
Paul Diel, Le symbolisme dans la mythologie grecque/**7**
Jean-Paul Aron, Le mangeur du XIXe siècle/**8**
Sigmund Freud, Totem et tabou/**9**
Léon Chertok, L'hypnose/**10**
Sigmund Freud, Psychopathologie de la vie quotidienne/**11**
G. G. Scholem, La Kabbale et sa symbolique/**12**
Marcel Mauss, Manuel d'ethnographie/**13**
François Rivenc, Introduction à la logique/**14**
Sigmund Freud, Essais de psychanalyse/**15**
Sigmund Freud, Introduction à la psychanalyse/**16**
Eric Fromm, Le langage oublié/**17**
Mélanie Klein/Joan Riviere, L'amour et la haine/**18**
Paul Diel, Éducation et rééducation/**19**
Paul Diel, Le symbolisme dans la Bible/**20**
Commission « Efficacité de l'Etat » du Xe Plan présidée par **François de Closets.** Le pari de la responsabilité/**21**
Otto Rank, Le traumatisme de la naissance/**22**
Otto Rank, Don Juan et Le double/**23**
John Maynard Keynes
Essais sur la monnaie et l'économie/**24**
Albert Einstein, La relativité/**25**
Alfred Adler, Connaissance de l'homme/**26**

Sigmund Freud/William C. Bullitt
Le Président T. W. Wilson. Portrait psychologique/**27**

Bronislaw Malinowski
La sexualité et sa répression dans les sociétés primitives/**28**

Wilhelm Reich, Ecoute, petit homme!/**29**

Margaret S. Mahler, Psychose infantile/**30**

Noam Chomsky, Le langage et la pensée/**31**

P.-C. Racamier, Les schizophrènes/**32**

Konrad Lorenz
Évolution et modification du comportement/**33**

Elisabeth Labrousse, La révocation de l'Edit de Nantes/**34**

Moses I. Finley
Démocratie antique et démocratie moderne/**35**

Christian David, L'état amoureux/**36**

Eric Berne, Analyse transactionnelle et psychothérapie/**37**

Albert Schweitzer, Les grands penseurs de l'Inde/**38**

Walter Benjamin, Charles Baudelaire/**39**

A. de Mijolla, S. A. Shentoub
Pour une psychanalyse de l'alcoolisme/**40**

*Ouvrage imprimé sur presse CAMERON
dans les ateliers de la S.E.P.C.
à Saint-Amand-Montrond (Cher)
en octobre 1990*

ISBN 2-228-88311-5

— N° d'impression : 2246. —
Dépôt légal : octobre 1990.

Imprimé en France